Lissabon

Zeit für das Beste

Highlights – Geheimtipps – Wohlfühladressen

»Quem não viu Lisboa, não viu coisa boa.«

»Wer Lissabon nicht gesehen hat, hat noch nichts Schönes gesehen.«

Antonio Nobre

W0334514

BRUCKMANN

Lissabon

Zeit für das Beste

Lothar Schmidt
Holger Leue

BRUCKMANN

Seite 1: Neugierige Katze im Bairro Alto
Vorangehende Doppelseite: Am Miradouro de São Pedro de Alcantara
Oben: Mit Kacheln geschmückte Häuserfassaden sind typisch für die Altstadt von Lissabon …
Mitte: … ebenso, wie die Parks.
Unten: Surfer an der Costa da Caparica

INHALTSVERZEICHNIS

Die Top Ten 6
Trendstadt Lissabon – wo das Schöne boomt 8

BAIXA UND ALTSTADT

1 Unterwegs in der Baixa 32
2 Praça do Comércio / Terreiro do Paço 40
3 Elevador de Santa Justa 46
4 Rossio / Praça da Figueira 48
5 Avenida da Liberdade 54
6 Parque Eduardo VII. 60
7 Unterwegs im Chiado-Viertel 62
8 Museo do Chiado 70

OBERSTADT

9 Unterwegs im Bairro Alto 76
10 Igreja de São Roque 84
11 Miradouro de São Pedro de Alcântara 88
12 Jardim do Príncipe Real 90
13 Jardim Botânico 92
14 Bica-Viertel und Cais do Sodré 96
15 Rato, Estrela, Madragoa und Lapa 102
16 Casa Fernando Pessoa 110
17 Casa-Museu Amália Rodriques 114
18 Basílica da Estrela 116
19 Museu Nacional de Arte Antiga 118
20 Museu do Oriente 124
21 Aqueduto das Águas Livres 128

ALFAMA, GRAÇA UND DER OSTEN

22 Durch die Mouraria nach Graça 134
23 Erkundungen in der Alfama 138
24 Castelo de São Jorge 146
25 Kathedrale Sé Patriarcal 150
26 Museu do Fado 154
27 Mosteiro de São Vicente de Fora 158
28 Panteão Nacional 160

AUSSERHALB DES ZENTRUMS

29 Die nördlichen Avenidas 166
30 Fundaçao Gulbekian 172
31 Palácio dos Marquêses de Fronteira 178
32 Museu Nacional do Azulejo 180
33 Parque das Nações 184
34 Oceanário 192

ALCÂNTARA, AJUDA UND BELÉM

35 Unterwegs in Alcântara 198
36 Palácio Nacional da Ajuda 202
37 Jardim Botânico d'Ajuda 208
38 Spaziergang durch Belém 210
39 Museu Nacional dos Coches 216
40 Mosteiro dos Jerónimos 220
41 Museu da Marinha 226
42 Centro Cultural de Belém 228
43 Torre de Belém 232

UMGEBUNG UND AUSFLÜGE

44 Cascais und Estoril 238
45 Palácio de Queluz 246
46 Sintra 250
47 Palácio Nacional de Sintra 256
48 Palácio da Pena 262
49 Palácio Nacional de Mafra 266
50 Costa da Caparica 270

LISSABON VON A BIS Z

Lissabon für Kinder und Jugendliche 282
Kleiner Sprachführer 284

Register 286
Impressum 288

Oben: Das Wahrzeichen – die Hängebrücke Ponte 25 de Abril
Mitte: Das Meer auf dem Tisch: Fisch und Meeresfrüchte sind Grundpfeiler der Lissabonner Küche.
Unten: Stadterkundung mal anders – unterwegs im GoCar

DIE TOP TEN

MOSTEIRO DOS JERÓNIMOS (S. 220)

Wer glaubt, Portugal sei ein eher armes und kleines Land, wird hier eines Besseren belehrt. Das riesige, reich verzierte Hieronymuskloster erinnert an die Zeiten, als die Portugiesen die Welt entdeckten. Hinter der 300 Meter langen Fassade warten eine prachtvolle Klosterkirche mit Königskrypta und einem exotisch anmutenden Kreuzgang.

PRAÇA DO COMÉRCIO (S. 40)

Der riesige Platz wird von einheitlichen, mit Arkaden gestützten Fassaden umschlossen. Er ist die herrschaftliche Empfangshalle Lissabons. Wenn es etwas Großes zu feiern gibt, findet es auf diesem 200 mal 200 Meter großen Karree statt.

LINIE 28 (S. 150)

Die alten Trambahnen der Linie 28 quietschen um die schönsten Ecken der Altstadt. Hat man erst einmal einen Platz am Fenster ergattert, kann man genießen. Die »Elektrische« kurvt an der Kathedrale vorbei, durch die Gassen der Alfama, kreuzt die Unterstadt, die Baixa, und schafft spielerisch den Anstieg zum Chiado.

CASTELO DE SÃO JORGE (S. 146)

Wahrscheinlich nutzten schon die Römer, die Griechen und Phönizier den höchsten Hügel der Stadt. Erst die Mauren und später die Portugiesen bauten die Festung, deren Reste noch heute auf dem höchsten Hügel der Stadt zu sehen sind. Die Burg liegt strategisch einfach günstig. Von dort oben, liegen einem die Stadt und das Gassengewirr der Alfama zu Füßen.

PASTÉIS DE BELÉM (S. 221)

Die Portugiesen mögen fremde Länder entdeckt haben, den Seeweg nach Indien und manches mehr. Eine der größten Entdeckungen ist aber der Fábrica dos Pastéis de Belém zu verdanken. Im Vorort Belém wurde das Rezept der äußerst köstlichen Puddingtörtchen erfunden. Ofenwarm und mit Zimt und Puderzucker bestreut sind sie einfach unwiderstehlich.

MUSEU NACIONAL DO AZULEJO (S. 180)

Der berühmten portugiesischen Kachelkunst begegnet man in Kirchen, Palästen und selbst in Metrostationen. Im ehemaligen Kloster Madre de Deus feiert sie ihre größten Feste. Im Kreuzgang, in der Klosterkirche und natürlich in den Ausstellungsräumen finden sich Kachelgemälde, Kachelzyklen oder kunstvolle Muster aus den vergangenen 500 Jahren.

DOCAS (S. 141)

In die ehemaligen Docks, Doca de Alcântara und Doca de Santo Amaro, ist in der Nacht mehr los als am Tag. An den Wochenenden strömen nach Mitternacht die Massen in angesagte Clubs wie das »Lux Frágil«. Man kann sich aber auch schon früher an die Ufer des Tejo trauen. Cafés, Restaurants und Shops sind in die alten Speicherhallen eingezogen.

OCEANÁRIO (S. 192)

Was schwimmt denn da? In den Tanks des Meeresaquariums, das zu den größten Europas zählt, kann man stundenlang den Fischen zuschauen, wie sie durchs Wasser gleiten. Und da die Unterwasserwelt, wie der Name schon sagt, eine eigene Welt ist, zumal eine mit unterschiedlichen Regionen und Klimazonen, gibt es im Oceanário sowohl arktische als auch gemäßigte oder tropische Gewässer.

CASCAIS (S. 238)

Von der Stadt ans Meer sind es nur wenige Kilometer. Cascais ist der beliebteste Badeort im Umland. Am großartigen Surferstrand von Guincho steigen die Wellenreiter aufs Brett.

SINTRA (S. 250)

25 Kilometer westlich von Lissabon haben sich Könige und Aristokraten herrliche Paläste bauen lassen. Die waldreiche und bergige Kulturlandschaft ist Weltkulturerbe und bietet nicht nur gekrönten Häuptern oder betuchten Romantikern eine willkommene Sommerfrische.

Oben: Das Herz der Stadt schlägt am Rossio. Eigentlich heißt der Platz Dom Pedro IV.
Mitte: Am Tag in einem der Cafés im Alfama-Viertel …
Unten: … und am Abend am Miradouro de São Pedro de Alcântara.

Trendstadt Lissabon – wo das Schöne boomt

Einst war die Schöne am Tejo die Hauptstadt eines Weltreiches. Das Erbe dieser großen Vergangenheit begleitet den Besucher auf Schritt und Tritt. Sei es in Belém und seinem Hieronymuskloster, den prachtvollen Palästen oder den botanischen Gärten und Parkanlagen. Es heißt, die Metropole im Südwesten Europas sei melancholisch wie die Fado-Musik, die hier entstand. Sie sei nostalgisch wie die alten Caféhäuser oder seine mehr als 100 Jahre alten Trambahnen. Lissabon ist aber auch eine weltoffene Stadt voll Kreativität, der langen Nächte, der coolen Bars und schicken Restaurants. Welches Gesicht der Stadt man auch bevorzugt – dem Charme von Lissabon kann man sich kaum entziehen.

Die Schönheit von Lissabon wurde schon oft beschrieben und ja, besungen wurde sie auch. Wer wagt es da, am Glanz zu kratzen. Und doch ist es so, dass nicht alles schön ist, was da im Südwesten Europas in der Sonne glänzt. Der Reisende, der mit einem Auto unterwegs ist oder sich mit dem Flugzeug der Metropole nähert, sieht zunächst zweifelhafte Wohnblocks vor allem am nordöstlichen Stadtrand. Dort schlingen sich auch die Ausfallsstraßen und Autobahnen zu einem kaum nachvollziehbaren Gewirr, dass man, wenn man dort umherirrt, sich schwört, nie mehr ohne Navigationsgerät zu verreisen.

Ganz anders zeigt sich die portugiesische Hauptstadt, wenn man vom Meer her kommt, oder sich mit dem Auto über die große Hängebrücke, die Ponte 25 de Abril, vom Süden her nähert. Da liegt

Steckbrief Lissabon

Lage: 38° 43 0 N, 9° 10 0 W. Lissabon liegt an der Westküste der Iberischen Halbinsel im Mündungsgebiet des Tejo, zwölf Kilometer vom Atlantik entfernt. Die Stadt verteilt sich auf insgesamt sieben Hügeln und hat eine Fläche von 85 Quadratkilometern.

Region: Lisboa

Wappen:

Der Legende nach wurde der Leichnam des Märtyrers und heutigen Stadtheiligen Vinzenz mit einem Schiff von Valencia nach Lissabon gebracht. Ab der Algarveküste soll das Boot von zwei Raben begleitet worden sein. Dieses Motiv wird im Stadtwappen dargestellt.

Amtssprache: Portugiesisch. *Português* ist eine romanische Sprache. Gemeinsam mit der spanischen Hochsprache, dem Kastilischen und dem Katalanischen gehört sie zur Iberoromanischen Sprachfamilie. Portugiesisch und Galicisch waren bis ins Mittelalter identisch. Durch die Entwicklung Portugals zu einem Kolonialreich ab dem 15. Jahrhundert wird die Sprache auch in Teilen Südamerikas und Afrikas gesprochen. Insgesamt wird Portugiesisch von etwa 245 Millionen Menschen gesprochen.

Einwohner: Stadt: 560 000.
Großraum: ca. 2,1 Mio.

Bevölkerungsdichte: 6421 Einwohner pro Quadratkilometer

Stadtgliederung: Lissabon gliedert sich in 53 Stadtgemeinden, die *freguesias*. Diese gehören zu einer der vier übergeordneten Bezirke, den *bairros* 1 bis 4.

Währung: Euro

Zeitzone: Im Unterschied zu Deutschland, Österreich und der Schweiz gilt in Portugal während der Winterzeit die Greenwich Mean Time (GMT).

Staat und Verwaltung: Portugal ist eine parlamentarische Republik. Der Präsident wird alle fünf Jahre direkt gewählt. Er befehligt die Streitkräfte und ernennt den Premierminister und den Ministerrat, wobei er sich am Ergebnis der Parlamentswahlen zu orientieren hat.

Wirtschaft: Der Raum Lissabon ist die reichste Region des Landes. Hier werden 45 Prozent des Bruttoinlandprodukts geschaffen. Die meisten Arbeitsplätze finden sich im Dienstleistungssektor, gefolgt vom Seehandel und der Industrie. Portugal befindet sich wie das Nachbarland Spanien in einer Wirtschaftskrise. 2013 betrug die Arbeitslosenquote 17,7 Prozent. Portugal gilt als das ärmste Land Westeuropas.

Religion: 81 Prozent der Bevölkerung sind Katholiken, 3,3 Prozent gehören anderen christlichen Religionen an. Muslime und andere Religionen machen nur 0,6 Prozent aus, während sich 15,1 Prozent keiner Religion zugehörig fühlen.

Oben: Stadt der sieben Hügel. Die Baixa, die Unterstadt, wird von der Alfama und dem Castelo de São Jorge im Osten, vom Bairro Alto und dem Chiado im Westen flankiert.
Unten: Diese schöne Stadtansicht findet sich im Chiado-Museum.

Lissabon – wie Rom spannt sich die Stadt über sieben Hügel. Die hellen, manchmal pastellfarbenen Häuserfassaden schimmern und strahlen in einem sich immer wieder verändernden Licht. Ja, auch ein Himmel, der gelegentlich von einem Dunstschleier oder der einen oder anderen Wolke getrübt wird, wirft ein faszinierendes Licht auf die 560 000-Einwohner-Stadt. Die Schönheit von Lissabon wurde nicht nur beschrieben und besungen, sie wurde auch schon oft gemalt und gezeichnet. Es gibt zahllose Panoramaansichten, die im Lauf der Jahrhunderte entstanden sind. Einige davon kann man sich im Stadtmuseum, dem Museu da Cidade anschauen, oder als 20 Meter breites Kachelpanorama aus dem 17. Jahrhundert im Museu Nacional do Azulejo.

Fado – der Klang der Stadt

Nicht nur vom Tejo aus, etwa bei einem Ausflug ans südliche Ufer nach Cacilhas, bietet sich einem dieses gewachsene Bild einer Stadt, deren Ursprünge im 1. Jahrtausend v. Chr. liegen. Wer in der Altstadt und an ihren Rändern unterwegs ist, wird immer wieder an einem Aussichtspunkt landen. Manche Hauptstädter haben eine fast senti-

Auch Kunst: Graffiti im Bairro Alto

mentale Beziehung zu ihrem *Miradouro*, und wahrscheinlich werden dort nicht nur Betrachtungen über die Stadt angestellt, sondern auch über das Leben, die Arbeit oder was auch immer man gelegentlich mit etwas Abstand sehen sollte.

Das Bild des Hauptstädters, der seinen Gedanken oder womöglich wagen Sehnsüchten nachhängt, durchzieht die Lissabon-Literatur – zumindest die der Reiseliteratur – wie ein roter Faden. Wehmut und Melancholie, die wie die Wolken vom Atlantik herüberwehen – ja, vielleicht strahlen tatsächlich diese Stimmung aus, die die Portugiesen *saudade* nennen. Es heißt, dass die verlorene Größe der einstigen Weltmacht diese Phantomschmerzen hervorrufen würde. Mag sein, dass dies so ist. Mag sein, dass dies auch eine literarische Fiktion ist. Nicht abstreiten lässt sich allerdings, dass die Musik, die im 19. Jahrhundert in den Spelunken und Absteigen des Mouraria-Viertels entstand, etwas Wehmütiges und Melancholisches hat. Der Fado ist voller Gefühl. Manchmal hört er sich an, als wolle da jemand in den Schmerz und das Leid hinabtauchen, und als gäbe es kein größeres Glück. Dieses einzigartige Vermächtnis aus Armut, Lebensfreude und den Liedern, die die Seeleute aus

Zeit für ein Eis – Familienpause auf der Praça Dom Pedro IV.

Oben: Hoch und runter – die schönste Art ins Chiado-Viertel zu gelangen ist die Auffahrt im Elevador Santa Justa.
Unten: Der 1902 eröffnet Aufzug ist nicht nur ein technisches Meisterwerk, er ist auch ästhetisch schön.

fernen Häfen mitgebracht hatten, ist noch immer lebendig, wird weitergetragen, weiter gesungen. Vielleicht weil der Fado wie das Leben ist: schön und vergeblich.

Die Anfänge der Stadtgeschichte

Die ersten Entdecker, von denen man zumindest ein wenig weiß, waren die Phönizier. Natürlich entdeckten sie nicht Lissabon, weil es die Stadt noch gar nicht gab. Sie entdeckten die ungemein günstige Lage des natürlichen Hafens in der Mündung des großen Tejo-Flusses. Sehr willkommen war wahrscheinlich auch der Hügel, auf dem Jahrhunderte später das Castelo de São Jorge errichtet wurde. Von hier aus hatten die neuen Siedler die »stille Bucht« gut im Blick. »Alis Ubbo« wurde sie im ersten Jahrtausend vor Christus genannt. Eine schöne Legende, die mit den Griechen zusammenhängt, die in der Antike den Seeweg an den Tejo befuhren, behauptet, dass Odysseus der Gründer Lissabons sei. Die Griechen nannten die Stadt Olisippo. Sollte ein Historiker jemals beweisen, dass der Held Homers auf seinen Irrfahrten den Tejo fand und Lissabon gründete, wäre ihm nach seinem Ableben ein Ehrenplatz im Nationalen Pantheon im Alfama-Viertel sicher.

Der Mittelmeerraum ist sozusagen imprägniert mit römischen Hinterlassenschaften. Um es kurz zu machen, sie finden sich auch in Lissabon. Man muss nur die Schichten der letzten 2000 Jahre abtragen. In der Nähe der Kathedrale sind die Reste eines Theaters zu besichtigen. Die Römer eroberten Olisippo 205 v. Chr. und bauten die Colonia Felicitas Iulia zu einem wichtigen Stützpunkt der Provinz Lusitania aus. Was danach geschah, ähnelt der Geschichte, wie sie sich auch in anderen Teilen der Iberischen Halbinsel abspielte. Die wilden Horden aus dem Norden, erst die Sueben, dann die

Oben: Azulejos sind allgegenwärtig. Nicht alle sind so kunstvoll wie das Fliesenbild am Pavilhão Carlos Lopes im Parque Eduardo VII.
Unten: Die ausdrucksstarke Büste von Bruno Cherier bewahrt das Gulbenkian-Museum.
Linke Seite: Einst bewachte die Torre de Belém die Zufahrt zum Tejo.

Oben: Spuren des Erdbebens von 1755 sind noch immer zu sehen; die Kirchenruine Igreja do Carmo. **Mitte:** Im Königspalast von Queluz **Unten:** Einst war Portugal ein Weltreich – Blick vom Padrão dos Decubrimentos in Belém.

Die Kuppel des Pantheons in der Alfama von außen

Westgoten, drangen während der Völkerwanderung bis in den Süden vor und blieben, bis ihr schwaches Machtgebiet von den Muslimen, die 711 bei Gibraltar übersetzten, einfach überrannt wurde.

Lissabon wird christlich

Bis ins Jahr 1147 konnten die Mauren die Angriffe der Christen abwehren oder die Stadt nach kurzer Zeit zurückerobern. Lissabon, das zeitweilig zum Kalifat von Córdoba gehörte, wuchs heran. In dieser Zeit entstanden die Stadtviertel unterhalb der Festung, die Alfama und die Mouraria. Der muslimisch-mittelalterliche Charakter dieser Viertel ist ähnlich wie in den *Pueblos Blancos* von Andalusien noch heute deutlich spürbar.

Von Portugal kann bis dahin noch keine Rede sein. Das änderte sich erst, als Heinrich von Burgund die Grafschaft Portucale, das spätere Porto und Galicien, zugesprochen bekam und Feldzüge gegen die »Ungläubigen« unternahm. Trotz kleinerer Erfolge blieben Lissabon und der Süden der Iberischen Halbinsel muslimisch. Erst Dom Afonso Henriques gelang es, die Stadt endgültig einzunehmen. Unterstützt wurde er dabei von einem Kreuzritterheer. 1256 wurde Lissabon Hauptstadt des noch jungen Königreichs Portugal. Eine Pest-

epidemie und ein Erdbeben ließen die Bevölkerung, die die Katastrophen im 14. Jahrhundert überlebt hatten, ihrem Gott danken oder an ihm zweifeln. Am unaufhaltsamen Aufstieg änderte dies nichts. Nachdem die Stadt von einem neuen Mauerring geschützt war, konnte sich Henrique de Avis ferneren Zielen zuwenden. Auf den Thron brauchte sich der vierte Sohn Königs João I. keine Hoffnungen zu machen. Er fand ein anderes Betätigungsfeld. Der sogenannte Heinrich der Seefahrer legte die Grundlagen für die künftigen See- und Kolonialmacht Portugal. Nachdem Ceuta 1415 erobert wurde, begannen die Entdeckungsreisen seiner Flotte entlang der afrikanischen Westküste. Sein ehrgeiziges Ziel war, einen Seeweg nach Indien zu finden. Dafür ließ er einen neuen Schiffstyp entwickeln, die Karavelle. Als Heinrich 1460 stirbt, haben die von ihm initiierten Entdeckungsfahrten die Azoren erreicht, die Kapverdischen Inseln, und sind an der Küste bis auf Höhe des heutigen Liberia vorgedrungen. Das Geschäftsmodell dieser Erkundungen basierte nicht unwesentlich auf dem Sklavenhandel.

Während Kolumbus glaubte, 1492 die Westindischen Inseln entdeckt zu haben, tatsächlich aber einen neuen Kontinent betreten hatte, folgten die Portugiesen dem Weg entlang des afrikanischen Kontinents. Indien wird 1499 von Vasco da Gama erreicht, kurz darauf wird Brasilien »entdeckt«. Das kleine Portugal wird zu einer Kolonialmacht, ja, zu einer Weltmacht.

Das goldene Zeitalter

Macht und Reichtum wollen gezeigt werden. Manuel I. lässt in Belém ein Kloster bauen, wie man es im Land noch nicht gesehen hat. Auch die Residenz auf dem Castelo de São Jorge passt nicht

Oben: In himmlischen Sphären – die Kuppel des Nationalen Pantheons
Mitte: Am Grab der Fado-Sängerin Amália Rodrigues
Unten: Bescheidenheit ist keine Tugend – Karosse des päpstlichen Gesandten im Museu dos Coches in Belém.

mehr zur neuen Größe. Auch am Terreiro do Paço wird gebaut. Lissabon ist eine Großstadt, zumindest für damalige Verhältnisse. Immerhin rund 100 000 Menschen leben in der Stadt, in der Waren aus aller Welt verladen werden. Der Sklavenhandel floriert, was der Kirche kein Grund zur Besorgnis ist. Ganz im Gegenteil, zur moralischen Festigung des Glaubens, der in einer Zeit, wo so viel Neues und Exotisches an Waren und Ideen ins Land strömt, besonderen Schutz verlangt, wird 1530 die Inquisition eingeführt. Der Reichtum, das Selbstvertrauen, der Stolz darüber, in bis dahin unbekannte Weltgegenden vorgedrungen zu sein, schlägt sich auch künstlerisch nieder. Das sichtbarste Zeugnis dieses neuen Selbst- und Weltverständnisses ist der manuelinische Baustil des Hieronymusklosters. Wie selbstverständlich werden Stilelemente, die im fernen Osten oder in Lateinamerika gesehen wurden, mit gotischen und maurischen Elementen verknüpft. Aber auch die fernöstliche Kunst reagiert auf die fremden Besucher aus dem Westen. In Museen wie dem Museu do Oriente, dem Museu de Macau, der Stiftung Gulbenkian oder dem Museum für Alte Kunst (Museu Nacional de Arte Antiga) befinden sich Kunstschätze aus Ostasien, wie man sie in dieser Fülle wohl in keiner anderen europäischen Stadt vereint hat.

Untergang und Aufbau

Als am Allerheiligentag des Jahres 1755 die Erde zu beben begann, stürzte das, was in Jahren und Jahrzehnten aufgebaut worden war, buchstäblich in sich zusammen. Aber nicht nur der Königspalast am Terreiro do Paço fiel wie ein Kartenhaus zusammen, ein Großteil der Stadt wurde zerstört. Was die Erdstöße nicht schafften, besorgte eine Flutwelle, die sich in die Baixa ergoss. Tausende Menschen starben – die Schätzungen gehen weit

Oben: Nicht in der Antike, sondern erst im 18. Jh., wurde das Aquädukt von Lissabon erbaut.
Unten: Kachelmuster und Motive gibt es überall – dieses stammt von einer Fassade in der Mouraria.

auseinander: Die Zahl der Opfer lag irgendwo zwischen 30 000 und 60 000.

Das Jahr 1755 ist eine Zäsur, die die Stadtgeschichte in ein »davor« und ein »danach« trennt. Davor war etwa das Goldene Zeitalter der Entdeckungen und der Vorherrschaft im Handel mit den Ländern im Fernen Osten. Diese Epoche war nun vorüber, nicht nur wegen des Erdbebens. Die Katastrophe von Lissabon markiert aber auch einen Neubeginn. Marquês de Pombal – ein fortschrittlicher wie kompromissloser Premierminister – organisiert den Neuaufbau mit fast diktatorischer Strenge. Am Reißbrett entsteht die moderne Baixa. Zwischen schachbrettartig angelegten Straßen mit Kanalisation werden Häuser gebaut, die ein mittleres Beben unbeschadet überstehen sollen. Pombal modernisiert auch das Staatswesen und die Wirtschaft und schränkt die Machtbefugnisse des Klerus ein.

So wegweisend und modern die Ansätze Pombals waren, das Land kommt in den folgenden Jahr-

Azulejos und chinesisches Porzellan treffen im Palácio Nacional de Sintra aufeinander.

Oben: Auch die Portugiesen haben ein Schloss Neuschwanstein: den Palácio da Pena bei Sintra.
Unten: Im schönsten Rokoko erstrahlt der Thronsaal des Palácio Nacional de Queluz.

Oben: Die Igreja de São Roque mit illusionistischer Deckenbemalung
Unten: Für die nötige Klangkulisse sorgt die barocke Orgel.
Rechte Seite: Auf dem Höhepunkt der Macht – das ab 1500 erbaute Mosteiro dos Jerónimos in Belém

zehnten nicht mehr richtig auf die Beine beziehungsweise kann nicht mehr an seine Bedeutung im 16. Jahrhundert anschließen. Erst sind es die Truppen Napoleons, die im Namen der Freiheit 1807 ins Land eindringen, dann ist es der Verlust der an Gold reichen Kolonie Brasilien, der den Staatshaushalt empfindlich schwächt. Die politischen Kämpfe spitzen sich zu. 1908 sterben bei einem Attentat auf der Praça do Comércio König Carlos I. und sein Sohn. Der letzte Monarch Manuel II. flieht zwei Jahre später.

Portugal wird eine Republik, doch die Euphorie der ersten Jahre währt nicht lange. Eine Regierung löst die nächste ab, bis das Militär die Macht an sich reißt. Unter António de Oliveira Salazar wird das Land 1932 eine faschistische Diktatur mit einem Polizeiapparat, der sich selbst der größten Verbrechen schuldig macht.

Nelken und Träume

Auch die am längsten währende Diktatur in Europa fand ein Ende. 1974 waren es aufständische Soldaten, die das Regime zum Sturz brachten. Unterstützt von der Bevölkerung, die den Soldaten rote Nelken in die Gewehrläufe steckte, war der Spuk des »Novo Estado«, von Salazars »Neuem Staat«, fast ohne Blutvergießen gebannt. Nun gab es viel nachzuholen. 1986 wurde Portugal EU-Mitglied, im Bairro Alto entwickelte sich eine kreative, schrille Szene. Mit dem EU-Beitritt flossen auch viele Gelder ins Land und in die Stadt. Die Infrastruktur wurde deutlich verbessert. Auch Groß- beziehungsweise Prestigeprojekte wie die Weltausstellung im Jahr 1998 waren möglich. Im Rausch des Neubeginns wurden aber auch Entscheidungen getroffen, die der Stadt geschadet haben. In den 1990er-Jahren wurde die Altstadt fast systematisch vernachlässigt, während histori-

Oben: Am Fuß des Monsantoberges liegt der Palácio Fronteira. **Unten:** Der Palálio ist von einer herrlichen Gartenanlage im romanischen und im barocken Stil umgeben.

sche Gebäude, etwa an der Avenida da Liberdade, unschönen Betonklötzen weichen mussten. Während man heute versucht, den Verfall zu stoppen, lässt die Wirtschaftskrise, unter der Portugal seit Jahren leidet, kaum Spielraum für nötige Investitionen. Nicht nur der längst geplante neue Flughafen Alcochete muss auf bessere Zeiten warten, auch viele Hauptstädter mussten und müssen den Gürtel enger schnallen. Viele, vor allem junge ausgebildete Portugiesen wandern aus, zum Beispiel nach Deutschland, wo sie hoffen, einen Arbeitsplatz zu finden.

Hafen der Hoffnung

Es gab Zeiten, da war es genau umgekehrt. Wer konnte, floh aus Deutschland und versuchte sich während des 2. Weltkriegs irgendwie durch Frankreich und Spanien hindurchzuschlagen, bis zum »Hafen der Hoffnung«. So nannte der Pavel Schnabel seinen 1993 gedrehten Dokumentarfilm über die Stadt am Tejo. Nach der Machtergreifung

Grüne Lunge – der Parque Eduardo VII. aus der Luft

der Nazis in Deutschland im Jahr 1933 wurde Lissabon zur Drehscheibe, über die meist jüdische Emigranten Europa verließen. Unter ihnen waren Schriftsteller wie Lion Feuchtwanger, Alfred Döblin und Stefan Zweig. Glücklich, es vor den Schergen bis an die Mündung des Tejo geschafft zu haben, warteten sie doch voller Ungeduld darauf, dass sie ihre Ausreisepapiere erhielten und auf einem Schiff nach New York aufbrechen konnten.

Lissabon wird in jener Zeit einmal mehr eine Stadt der Literaten, eine bedachte und beschriebene Stadt, eine, deren komplexe Gegenwart, immer zugleich ein wenig wirkt, als sei sie erdacht. Ian Fleming, der in jener Zeit im Casino von Estoril saß – was nur wenige Kilometer von der Hauptstadt entfernt liegt – formte aus den Geschichten, die er über Agenten und Doppelagenten, über Schurken und Geheimnisträger hörte, eine Romanfigur, die erst auf der Leinwand ihre wahre Größe erreicht hat: James Bond.

Im Pantheon Santa Engràcia

Oben: Die Festung über der Stadt: das Castelo de São Jorge
Unten: Die ereignisreiche Geschichte der Stadt erzählt das Lisboa Story Center.

Lissabon – wo das Schöne boomt

Nach dem Ende der Kolonialkriege und der Unabhängigkeit der afrikanischen Kolonien 1975 rollt die nächste Welle an. Diesmal sind es keine Verfolgte des Naziregimes, sondern Rückkehrer und Einwanderer aus Afrika. Während die Einwanderer aus Brasilien sich sozusagen geräuschlos in die portugiesische Gesellschaft integriert haben, tut sich Letztere mit der afrikanisch stämmigen Bevölkerung schwer. Aber die Situation scheint sich zu verbessern. Die Barackensiedlungen am Stadtrand, in denen die Rückkehrer sich ansiedelten, sind verschwunden. Die afrikanische oder auch kapverdische Kultur, ihre Küche und ihr Lebensstil sind trendfähig geworden. Auch das ist Lissabon, ein kosmopolitisches Völkergemisch mit Menschen aus Ostasien, Osteuropa, Afrika und Südamerika.

Rossio – das Herz der Altstadt

Nun aber hinein in die Stadt, auf den Platz, der Lissabons unbestrittenes Zentrum ist, der Rossio. Hier sieht man schon sehr viel von dem, was das Hauptstadtgefühl ausmacht. Auf dem Boden wogt ein kunstvolles Muster aus schwarzen und weißen Steinchen. Der Rossio, der eigentlich Platz des Dom Pedro IV. heißt, aber von niemandem so genannt wird, ist wie viele Gehsteige und Plätze der Stadt mit dieser für Lissabon typischen Straßenkunst gepflastert. Rund um die Plaça reiht sich Alt neben Neu. In ehrwürdigen Cafés wie dem Nicola und Suiça trinken die Lissabonner ihren *cafezinho*, essen süße Köstlichkeiten oder ein Tagesmenü, während die Fast-Food-Lokale nebenan von einer Menge junger Menschen belagert werden, die aus allen Teilen der Welt stammt. Immer ist irgendetwas los auf dem Rossio. An der Ecke zum Largo São Domingos treffen sich die Afrikaner, an einer anderen die Einwanderer aus Osteuropa. Am alten Kirschlikör-Ausschank nehmen Einheimische ein Becherchen Hochprozentiges zu sich, während

Oben: Bunt und herrschaftlich – Häuserfassade im Graça-Viertel
Mitte: Nicht nur Touristen, auch Angler zieht es zum Denkmal der Entdeckungen.
Unten: Schätze – Vintage-Portweine
Linke Seite oben: Abendstimmung
Linke Seite unten: Auszeit am Strand von Caparica

Die illuminierte Baixa und die Praça do Comércio

Schmale Gassen durchziehen das Alfama-Viertel.

eine Gruppe Touristen aus dem Flughafenbus aus- oder einsteigt.

Vom Rossio aus erschließt sich die Stadt. Zum Tejo hin breitet sich die Baixa mit ihren rechtwinklig angelegten Straßen aus. Langsam, kaum merkllich, fällt das Terrain in Richtung Fluss ab, ehe es auf der quadratischen Praça do Comércio mündet, dem herrschaftlichen Entrée. Die Unterstadt wird von zwei Hügeln flankiert. Nach Osten hin geht es in die ältesten Stadtviertel, die Mouraria und die Alfama, deren enges Gassengewirr noch eine Ahnung von den längst vergangenen Zeiten gibt, als über Lissabon noch der Halbmond wehte. Auf deren Hügelplateau wacht die Burg São Jorge. Ganz anders, aber nicht minder sehenswert, zeigen sich die höher gelegenen Viertel auf der westlichen Seite der Baixa. Hier steigt man hinauf und nimmt den Electrico oder den Aufzug Santa Justa ins noble Chiado-Viertel. Im frühen 20. Jahrhundert trafen sich dort die Künstler und Literaten. Einige ihrer Treffpunkte wie das Café A Brasileira gibt es bis heute. Der Chiado geht über ins Bairro Alto-Viertel, das man wahrscheinlich erst gegen Abend aufsuchen wird. Das »Oberen-Viertel« ist noch immer die lebendigste Partyzone der Stadt. Mindestens bis 2 oder 3 Uhr drängeln sich in den Bars und den autofreien Gassen die Nachtschwärmer, ehe es sie hinunter in die Clubs an den Ufern des Tejo zieht. Zum Beispiel zum Doca de Santo Amaro unterhalb der großen Hängebrücke oder ins Lux Fragil unterhalb des Bahnhofs Santa Apolónia.

Lissabon ist eben nicht nur die Stadt der *saudade*, sondern auch des exzessiven Nachtlebens. Mit seinen 560 000 Einwohnern ist die eigentliche Stadt nicht sonderlich groß. Die Zahlen des Großraums Lissabon sehen schon anders aus, rund 2,1 Millionen Menschen, also 21 Prozent aller Portugiesen, leben hier. So kommt es, dass die Metropole – so kann man sie trotz der überschaubaren Größe doch nennen – mal dörflich und bodenständig ist, dann wieder international und urban. Es gibt viele Lissabons: das der Caféhäuser, der schönen Parks und Museen, das der Einwanderer und Kulturen, das der coolen Bars und Modemacher, das der dunklen Erinnerungen an die Diktatur, das der Paläste, ja, und das der Drogen, der Armut und anderer Schattenseiten. Vielleicht ist das alles viel zu viel für eine Stadt, die so schön ist, dass man sie immer wieder besuchen und sie anschauen muss, von einem der *Miradouros* aus, von einer Fähre, die über den Tejo tuckert oder beim Anflug über dem Hafen am Meer mit dem markanten Turm Torre Belém.

Farben und Flair – in der Costa do Castelo

Oben: Malerische Altstadt – Blick vom Jardim do Principe Real zur Ponte 25 de Abril
Unten: Nicht nur den Gärten und Parks kommt das feuchtwarme Atlantikklima zugute; ein Balkon im Bairro Alto.

Geschichte im Überblick

Um 1000 v. Chr.: Die Phönizier nutzen das Mündungsgebiet des Tejo als Hafen und gründen die Siedlung Alis Ubbo.

218 v. Chr.: Beginn der röm. Herrschaft

ab 410 n. Chr.: Zerfall des Römischen Reiches. Alanen, Sueben und Westgoten erobern weite Teile der Iberischen Halbinsel, auch Lissabon.

714: Die Mauren erobern Stadt und Land. Sie errichten eine Festung, an deren Fuß die Alfama entsteht.

1139: Afonso Henriques lässt sich zum König von Portugal ausrufen.

13. Jh.: Lissabon wächst und wird Hauptstadt. Gründung der ersten Universität. Besiedlung der Unterstadt, die Baixa entsteht.

Um 1375: Unter Ferdinand I. wird ein Mauerring um die Stadt errichtet, die *Cerca Fernandina*. Lissabon hat etwa 60 000 Einwohner.

14. und 15. Jh.: Der Handel mit Flandern, England und der Deutschen Hanse floriert. Beginn der Entdeckungsfahrten von Belém aus entlang der afrikanischen Westküste unter Heinrich dem Seefahrer.

1500: Manuel I. lässt das Kloster San Jerónimo in Belém und einen Palast am Terreiro da Paço errichten.

1580: Sebastião stirbt bei einem Eroberungszug nach Marokko, ohne einen Nachfolger zu hinterlassen. Ende der Avis-Dynastie. Philipp II. von Spanien beansprucht den Thron und erobert Portugal.

1640: Nach mehreren Befreiungskriegen wird Portugal wieder unabhängig. Der Herzog von Bragança wird zum König João IV.

1755: Ein starkes Beben zerstört weite Teile der Stadt. Premierminister Marquês de Pombal organisiert den Wiederaufbau und modernisiert das Staatswesen.

1807: Die Truppen Napoleons marschieren in Portugal ein. Die Königsfamilie flieht nach Brasilien.

1822–1834: Brasilien wird unabhängig. Die erste liberale Verfassung wird verabschiedet, aber wenige Jahre später von König Miguel außer Kraft gesetzt. Daraufhin kommt es zu einem Bürgerkrieg zwischen Miguelisten und Reformern. Nach dem Sieg der Liberalen werden Klöster säkularisiert und eine Nationalversammlung einberufen.

1908: Bei einem Anschlag auf der Praça do Comércio werden Carlos I. und sein Sohn ermordet. Manuel II. wird der letzte Monarch des Landes.

1910: Auf der Praça do Municipio wird die Republik ausgerufen. König Manuel II. flieht ins Exil. In den folgenden 16 Jahren wechseln sich 44 Regierungen ab.

1926: Militärputsch unter General Gomes da Costa. Beginn der Diktatur.

1932: António de Oliveira Salazar wird Ministerpräsident. Der Volkswirtschaftler löst das Parlament auf. Verfassung des *Estado Novo*, des »Neuen Staats«.

1939–1945: Portugal beteiligt sich nicht am 2. Weltkrieg und bleibt neutral.

1949: Portugal ist Gründungsmitglied der NATO.

1968: Marcelo Caetano übernimmt die Regierungsgeschäfte. Am diktatorischen System ändert sich nichts.

25.4.1974: Das Movimento das Forças Armadas MFA, eine Gruppe links gerichteter Soldaten, putscht gegen das Regime. Dieser Putsch geht als *Nelkenrevolution* in die Geschichte ein.

1975: Portugals afrikanische Kolonien erkämpfen sich die Unabhängigkeit. Zustrom von Flüchtlingen aus Mosambik und Angola. Es entstehen Armutssiedlungen.

1976: Verabschiedung einer demokratischen Verfassung. Erster Präsident wird der ehemalige General António Ramalho Eanes. Premierminister wird Mário Soares von der Sozialistischen Partei.

1986: Portugal tritt der EU bei.

1988: Durch eine Brandkatastrophe im Chiado wird etwa ein Dutzend Häuser zerstört. Der Wiederaufbau des Viertels zieht sich bis ins Jahr 1999 hin.

1994: Lissabon ist europ. Kulturhauptstadt.

1998: Weltausstellung in Lissabon. Neue Gebäude wie der Bahnhof Oriente und die Brücke Vasco da Gama werden gebaut.

2002: José Manuel Barroso (Sozialdemokratische Partei), der spätere Präsident der EU, wird Premierminister.

2004: Portugal richtet die Fußballeuropameisterschaft aus. Griechenland gewinnt beim Finale im Estadio da Luz gegen den Gastgeber mit 1:0.

2005/2006: José Sócrates von der Sozialistischen Partei wird Premierminister. Der frühere Premierminister Ánibal Cavaco Silva (Sozialdemokratische Partei) wird Staatspräsident.

2007: Portugal übernimmt EU-Ratspräsidentschaft. Reformvertrag von Lissabon.

2009: Die weltweite Wirtschafts- und Finanzkrise trifft Portugal hart.

2011: Staatspräsident Cavaco Silva wird wiedergewählt. Premierminister José Sócrates tritt zurück, nachdem seine Pläne für einen Sparhaushalt abgelehnt wurden. Portugal muss EU-Hilfen aus Brüssel beantragen.

Juni 2011: Neuer Premierminister wird Pedro Passos Coelho.

2013: Die Arbeitslosigkeit steigt auf die Höchstmarke von 17,7 Prozent. Die Reformpolitik zeigt Wirkung. Ökonomen rechnen damit, dass das Land 2015 den Euro-Rettungsschirm wieder verlassen kann.

15
COLINAS DE LISBOA
Tickets inside
yellow bus
FLORISTA

BAIXA UND ALTSTADT

1 Unterwegs in der Baixa
Altstadtzentrum mit rechten Winkeln 32

2 Praça do Comércio / Terreiro do Paço
Empfangssaal der Stadt 40

3 Elevador de Santa Justa
Lissabons berühmtester Fahrstuhl 46

4 Rossio / Praça da Figueira
Das Herz der Stadt 48

5 Avenida da Liberdade
Lissabons prachtvoller Boulevard 54

6 Parque Eduardo VII.
Bühne der Natur 60

7 Unterwegs im Chiado-Viertel
Vom Erbe der Literaten und der Kultur des Kaufens 62

8 Museu do Chiado
Portugals Weg in die Moderne 70

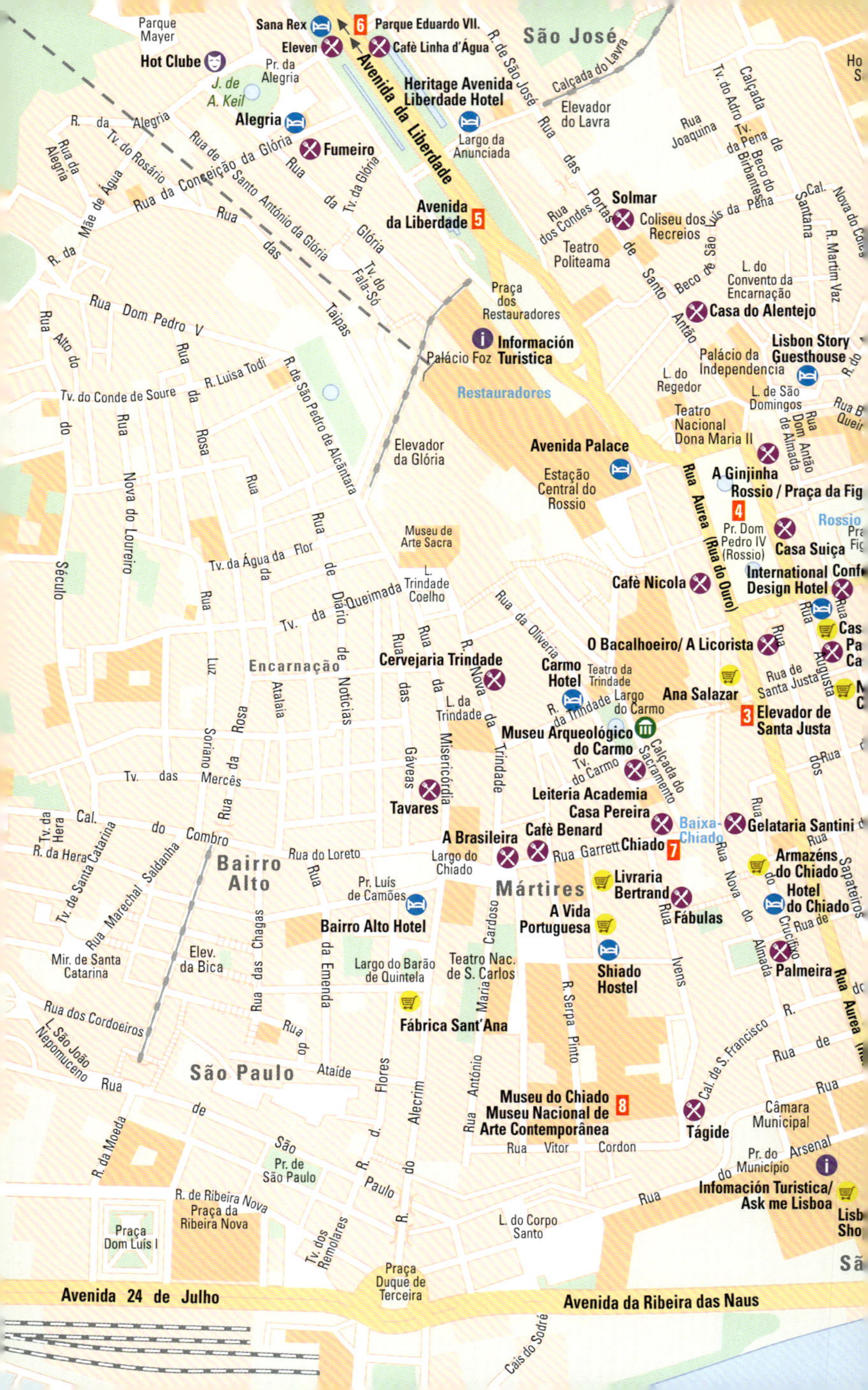

Parque Mayer
Sana Rex
6 Parque Eduardo VII.
São José
Eleven
Café Linha d'Água
Hot Clube
Pr. da Alegria
J. de A. Keil
Avenida da Liberdade
Heritage Avenida Liberdade Hotel
R. de São José
Calçada do Lavra
Elevador do Lavra
Largo da Anunciada
Alegria
Fumeiro
Rua da Alegria
Tv. do Rosário
Rua da Conceição da Glória
Rua de Santo António da Glória
Rua da Mãe de Água
Rua das Taipas
Rua da Glória
Tv. da Glória
Avenida da Liberdade 5
Rua das Portas de Santo Antão
Solmar
Coliseu dos Recreios
Rua dos Condes
Teatro Politeama
Rua Joaquina
Tv. do Adro
Calçada de Santana
Tv. da Pena
Beco do Birbante
Cal. Nova do Colégio
R. Martim Vaz
Rua de São Luís da Pena
Beco de São Luís da Pena
L. do Convento da Encarnação
Casa do Alentejo
Tv. do Fala-Só
Praça dos Restauradores
Información Turística
Palácio Foz
Restauradores
Rua Dom Pedro V
Rua Alto do Século
Tv. do Conde de Soure
R. Luisa Todi
R. de São Pedro de Alcântara
Rua da Rosa
Rua Nova do Loureiro
Lisbon Story Guesthouse
Palácio da Independência
L. do Regedor
L. de São Domingos
Teatro Nacional Dona Maria II
Rua Dom Antão de Almada
Elevador da Glória
Avenida Palace
Estação Central do Rossio
A Ginjinha
Rossio / Praça da Figueira
Rossio
Rua Aurea (Rua do Ouro)
4
Pr. Dom Pedro IV (Rossio)
Casa Suiça
Museu de Arte Sacra
Tv. da Água da Flor
Rua da Atalaia
Rua do Diário de Notícias
Tv. da Queimada
L. Trindade Coelho
Café Nicola
International Design Hotel
Rua da Oliveira
Rua da Misericórdia
Rua das Gáveas
R. Nova da Trindade
Rua Augusta
O Bacalhoeiro/ A Licorista
Encarnação
Cervejaria Trindade
Carmo Hotel
Teatro da Trindade
Rua da Luz Soriano
L. da Trindade
R. da Trindade
Largo do Carmo
Ana Salazar
Rua de Santa Justa
3 Elevador de Santa Justa
Museu Arqueológico do Carmo
Tv. do Carmo
Calçada do Sacramento
Tv. das Mercês
Tavares
Leiteria Academia
Casa Pereira
Baixa-Chiado
Gelataria Santini
Tv. da Hera
R. da Hera
Cal. do Combro
Tv. de Santa Catarina
Rua Marechal Saldanha
Bairro Alto
Rua do Loreto
A Brasileira
Café Benard
Rua Garrett
Chiado 7
Largo do Chiado
Armazéns do Chiado
Rua dos Sapateiros
Pr. Luís de Camões
Mártires
Livraria Bertrand
Hotel do Chiado
Bairro Alto Hotel
A Vida Portuguesa
Fábulas
Rua Nova do Almada
Rua do Crucifixo
Rua Ivens
Elev. da Bica
Rua das Chagas
Rua da Emenda
Mir. de Santa Catarina
Largo do Barão de Quintela
Teatro Nac. de S. Carlos
Rua António Maria Cardoso
Shiado Hostel
Palmeira
R. Serpa Pinto
Rua dos Cordoeiros
L. São João Nepomuceno
Rua do Ataíde
Fábrica Sant'Ana
Rua das Flores
Rua do Alecrim
Cal. de S. Francisco
São Paulo
Rua de São Paulo
Museu do Chiado Museu Nacional de Arte Contemporânea 8
Rua Vitor Cordon
Tágide
Câmara Municipal
R. da Moeda
Pr. de São Paulo
Pr. do Município
Rua do Arsenal
Infomación Turística/ Ask me Lisboa
R. de Ribeira Nova
Praça da Ribeira Nova
Praça Dom Luís I
Tv. dos Remolares
L. do Corpo Santo
Praça Duque de Terceira
Avenida 24 de Julho
Avenida da Ribeira das Naus
Cais do Sodré

Rua da Palma
Rua das Olarias
Tv. do Nazaré
Calçada do Monte
Jardim Augusto Gil
Cal. Agostinho de Carvalho
Rua do Benformoso
Beco da Barbadela
Martim Moniz
Socorro
R. do Terreirinho
Tv. do Jordão
Largo das Olarias
Rua dos Lagares
Cal. da Mouraria
Tv. do Terreirinho
Tv. dos Lagares
Rua dos Cavaleiros
R. do Capelão
Rua da Mouraria
R. da Guia
Cal. de Santo André
Rua da Amendoeira
Rua Martim Moniz
Esc. da Saúde
R. do Marquês de Ponte de Lima
Rua do São Pedro Mártir
Santiago
Costa do Castelo
L. da Rosa
Castelo
Castelo de São Jorge
R. das Farinhas
Jardim do Castelo de São Jorge
L. de Santa Cruz do Castelo
São Cristóvão e São Lourenço
Costa do Castelo
R. de São Cristóvão
Cal. do Marquês de Tancos
Rua do Regedor
R. de Santa Cruz do Castelo
R. do Chão da Feira
Esplanada do Castelo
L. Adelino Amaro da Costa
Rua da São Mamede
R. dos Cegos
R. de São Tomé
Rua do Salvador
Largo de Santa Marinha
Calçada de São Vicente
Largo do Outeirinho da Amendoeira
Calçada do Trijolo
R. das Escolas Gerais
Esc. do Arco de Dona Rosa
Rua das Escolas Gerais
L. do Salvador
Rua do Vigário
L. de Santo Estêvão
Rua da Regueira
Rua dos Remédios
Museu de Artes Decorativas
L. dos Lóios
Rua das Damas
R. da Saudade
Alfama
Rua de São Miguel
São Miguel
L. do Terreiro do Trigo
R. do Jardim do Tabaco
Museu do Fado
Alfândega
L. de São Rafael
Rua do Terreiro do Trigo
R. do Limoeiro
Igreja São Nicolau
Rua dos Fanqueiros
Rua da Madalena
Tv. do Almada
Rua de Pedras Negras
Artbeat Rooms
Rua A. Rosa
Avenida Infante Dom Henrique
Doca do Terreiro do Trigo
Rua de São João da Praça
Rua da Prata
Vincci Baixa
R. dos Bacalhoeros
Sé
R. do Cais de Santarém
Madalena
Jardim do Tobaco
Rua da Alfândega
da Arcada
Museu Cerveja
Aura
R. do Instituto Virgílio Machado
Lisboa Story Center
Lust Lisbon
Comercio / do Paço
Avenida Infante Dom Henrique
Doca da Marinha
Terréiro do Paço
Estação Fluvial Terréiro do Paço
Rio Tejo
das Colunas
Rua Marquês Fronteira
Café Linha d'Agua
Sana Rex
Alameda do Cardeal Cerejeira
São Sebastião da Pedreira
Avenida Sidónio
Av. António Augusto de Aguiar
Rua de São Sebastião da Pedreira
R. Tomás Ribeiro
Rua Viriato
Parque
Estufa Fria
Pavilhão Carlos Lopes
Parque Eduardo VII
6 Parque Eduardo VII.
Pais
Avenida Fontes Pereira de Melo
Rua Alameda Edgar Cardosa
Rua Rodrigo da Fonseca
Rua Marquês de Subserra
Castilho
Eleven
Marquês de Pombal
Rua Actor Tasso
R. Eça de Queirós
Av. Duque de Loulé
Rua Joaquim António de Aguiar
Praça Marquês de Pombal
Sehenswürdigkeit, Denkmal
Aktivität, Ausgehen, Theater
Museum, Galerie
Shopping
Restaurant, Bar, Café
Übernachtungsmöglichkeit
Kirche, Moschee
0
150 m
N

Seite 28/29: Sightseeing-Tram am Praça do Comércio in der Baixa
Oben: Straßen im rechten Winkel und gleichförmige Gebäude – das war schon vor 250 Jahren modern.
Unten: Die prächtigste Straße der Baixa ist auch die Belebteste – die Rua Augusta.

1 Unterwegs in der Baixa

Altstadtzentrum mit rechten Winkeln

Nach dem verheerenden Erdbeben und der Flutwelle von 1755 wurde die Unterstadt Lissabons, die sogenannte Baixa am Ufer des Tejo, vollständig neu aufgebaut. Seit dieser Zeit heißt es oft, dass Lissabon das Unglück braucht, damit etwas Neues entstehen kann. In der einheitlichen Gestaltung des schachbrettartig angelegten Viertels spürt man den Geist des damals fortschrittlichen und aufgeklärten Absolutismus. Um das einmalige Ensemble steht es allerdings nicht zum Besten. Viele Gebäude müssten dringend renoviert werden.

Anders als im Alfama-Viertel oder im ehemaligen maurischen Stadtteil der Mouraria wird man sich in der Baixa kaum verirren. Die Straßenzüge der Unterstadt verlaufen gerade und parallel zueinander. Acht Straßen verbinden die drei wichtigsten innerstädtischen Plätze miteinander: die Praça do

MAL EHRLICH

DROGEN, NEIN DANKE!
Am liebsten möchte man sich ein Schild umhängen, auf dem groß und auf Portugiesisch steht »Nein danke, ich möchte keine Drogen«. Alle gefühlten 20 Meter wird man am Abend am Rossio und der Praça Figueira von jungen Männern angesprochen: »Haschisch?« Ein freundliches »Nein« hilft nichts, schließlich könnte es ja sein, dass man ein anderes Mittel bevorzugt, das er natürlich auch im Verkaufsprogramm hat. Nichts sagen und einfach weitergehen klappt am besten, auch wenn man sich dabei unwohl fühlen mag.

Comércio und die Praça Figueira und den Rossio. Besonders gut erkennt man das Muster dieser Stadtplanung vom Kastell São Jorge aus oder von der Aussichtsplattform des Elevador de Santa Justa. Das Zentrum bildet die Baixa, das Geschäfts- und Bankenviertel. Es liegt eingebettet in einem Tal zwischen dem Burgberg, den Stadtvierteln Alfama, Chiado und Barrio Alto.

Die regelmäßige und gleichförmig erscheinende Baixa mit ihren neoklassizistischen Prachtbauten ist als Ganzes sehenswert. Besondere Sehenswürdigkeiten sind auch die Praça do Comércio, der Aufzugturm Elevador de Santa Justa und der Rossio mit seinem Bronzespringbrunnen und der Statue Pedros IV. An der Praça do Municipio, an der Rückseite des Patio da Galé (Praça do Comércio), befindet sich das Rathaus (Câmara Municipal) an einem Platz mit schönem Schwarzweißmosaik. Vom Balkon aus wurde am 5. Oktober 1910 die Republik ausgerufen. Dass in einem aufgeklärt absolutistischen Stadtplan mit klaren Linien auch eine Kirche Platz findet, zeigt die Igreja de São Nicolau, die an der Ecke der Straßen Prata und Victória etwas zurückversetzt ins Häuserensemble eingebunden ist. Nicht versäumen sollte man bei einem Spaziergang durch die Baixa einen Besuch im Designmuseum MUDE und den Núcleo Arqueológico in der Rua dos Correreiros (NARC), einem Tunnelnetz unterhalb der Banco Comercial Portuguesa. Dort lässt sich eine römische Therme der frühen Siedlungsgeschichte der Stadt erforschen. Das Stadtmuseum bietet geführte Touren an.

Das Erdbeben von 1755

Im Mittelalter, als die maurisch geprägte Alfama und der Chiado bereits aus allen Nähten platzten, wurde es eng in Lissabon. Das Feuchtgebiet am Fuß des Burgbergs wurde trockengelegt und be-

AUTORENTIPP!

DESIGNTRESOR

Lissabon ist eine kreative Stadt. Mode- und Industriedesign, Architektur und Kunst sind in der Hauptstadt Portugals zu Hause. Da ist es nur folgerichtig, dass dem Design ein eigenes Museum gewidmet wird. Das Konzept ist außen wie innen ausgesprochen gelungen, die Präsentation der Exponate ein echtes Erlebnis! Die beiden ersten Etagen der ehemaligen Banco Nacional Ultramarino wurden entkernt, die rohen, industriell wirkenden Betonwände in ihrer Schlichtheit belassen. Eine Art Endlos-Theke, die zugleich als indirekte Beleuchtung dient, gliedert den Raum und schafft Orientierung. Das Museum will kein klassischer »White Cube« sein. Das ist es auch nicht, sondern eher eine Bühne für die sich abwechselnden Ausstellungen. Zu sehen sind Klassiker des Möbel-, Industrie- und Modedesigns ab dem frühen 20. Jahrhundert. Sie stammen im Wesentlichen aus der Sammlung Francisco Capelo.

MUDE. Di–So 10–18 Uhr (letzter Einlass 17.45 Uhr), Rua Augusta 24, Tel. 21/888 61 17, Fax 21/888 61 24, www.mude.pt, Metro: Baixa-Chiado, Terreiro do Paço

siedelt. So entstand die Baixa. Bis ins Jahr 1755 drängten sich hier die Häuser dicht an dicht, während Kanalisation oder andere Errungenschaften eines fortschrittlichen Städtebaus auf sich warten ließen. Nirgendwo in Lissabon wirkte sich deswegen das Erdbeben dramatischer aus als im Gassengewirr der Unterstadt. Sie wurde fast komplett zerstört.

Es war der erste November des Jahres 1755, als in Lissabon die Welt aus den Fugen geriet. Wahrscheinlich dauerten die ersten Stöße nur wenige Minuten. Aber sie reichten aus, um zahlreiche Häuser sowie den Königspalast am Terreiro do Paço zum Einsturz zu bringen. Das Beben löste eine Flutwelle aus, die sich mit rasender Geschwindigkeit in die Mündung des Tejo ergoss. Was nach mehreren Tagen und trotz der Überflutungen noch stehen blieb, fiel schließlich den Flammen zum Opfer. Rund 85 Prozent der Stadt wurden zerstört. Neben den Bauwerken gingen einmalige Kulturzeugnisse für immer verloren, wie etwa Gemälde von Rubens (1577–1640) und Tizian (um 1490 bis 1576) sowie Zehntausende kostbarer Bücher. Man schätzt, dass zwischen 30 000 und 60 000 Menschen ums Leben kamen. Noch nie hatte man in der Geschichte von einem ähnlich schweren Unglück gehört. War die Katastrophe eine Strafe Gottes?

Das Beben von Lissabon erschütterte das damalige Weltbild. Geowissenschaften gab es nach heutigem Verständnis noch nicht. Die Idee der Plattentektonik, wonach sich die Kontinente in einer fortwährenden Bewegung befinden, brauchte noch rund 150 Jahre, bis sie geboren wurde. Daher überrascht es nicht, dass die Frage der Theodizee heftig diskutiert wurde. Was war das für ein Gott, der zuließ, dass den Menschen derartiges Leid widerfuhr? Wieso bebte es gerade an einem Feiertag,

Oben: Weit und breit das schönste Kirchenportal hat die Igreja da Conceiçao Velha.
Mitte: Gedenken und Protest am Jahrestag der Nelkenrevolution, dem 25. April
Unten: Wo kein Meer ist, pflastert man sich eins – Straßenkunst.

Spaziergang durch die Baixa

A Praça do Comércio – Der weitläufige Platz am Tejo-Ufer wurde nach dem großen Erdbeben von 1755 angelegt.

B Cais das Columnas – Bei einem Spaziergang entlang der Mole umweht einen die salzige Meeresbrise.

C Lisboa Story Centers – Wer Lust auf eine Zeitreise hat, kann hier spielerisch die Geschichte der Stadt erkunden.

D Igreja de São Nicolau – Das Gotteshaus liegt im Herzen der rechtwinklig angelegten Unterstadt, der Baixa Pombalina, die ebenfalls nach dem Erdbeben entstand. Barocke Pracht verzaubert das Kircheninnere.

E Rossio – Der Rossio zählt zu den drei größten und wichtigsten Plätzen in Lissabon; vom gleichnamigen Bahnhof, der im neo-manuelistischen Stil erbaut wurde, geht ein besonderer Reiz aus.

F Elevador de Santa Justa – Am Ende der Rua Santa Justa geht es mit dem Aufzug hinauf zur Aussichtsplattform des 1902 fertiggestellten Eisenturms. Dort genießt man eine tolle Aussicht über die Unterstadt.

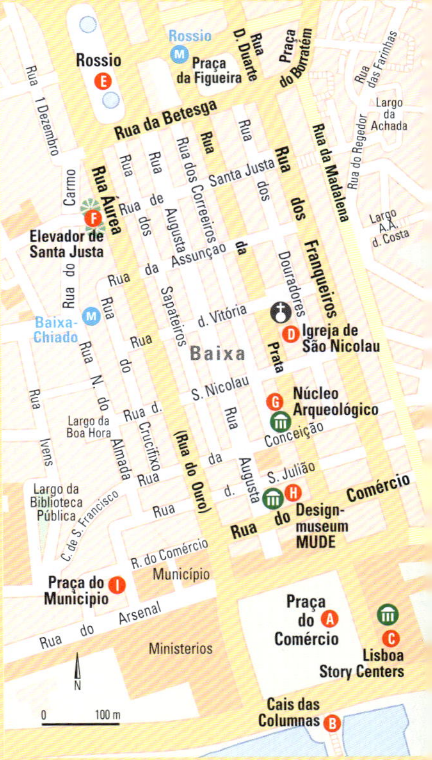

Sicht vom Fahrstuhl Santa Justa aus auf die Baixa

G Núcleo Arqueológico – Im Keller einer Bank befinden sich Reste aus römischer Zeit. Die Grabungsstätte gibt einen Einblick in die frühe Siedlungsgeschichte der Stadt.

H Designmuseum MUDE – Nicht nur die Einrichtungs- und Modeobjekte sind sensationell, auch das Museum selbst ist sehenswert.

I Praça do Municipio – Am Rathausplatz kann man noch einen Zwischenstopp im Patio da Galé einlegen, einem Shop mit netten Lissabon-Souvenirs.

AUTORENTIPP!

IN DEN KELLER DER GESCHICHTE

Eigentlich sollte unter dem Bankgebäude der Millennium BCP in der Rua Augusta eine Tiefgarage gebaut werden. Aber daraus wurde nichts, denn der Boden der Baixa war und ist an dieser Stelle so reich bestückt mit den Hinterlassenschaften früherer Lusitaner, dass er zu einem begehbaren Kapitel der Stadtgeschichte wurde. Aus dem 1. Jahrhundert v. Chr. stammen große Tongefäße, in denen die Römer *Garum*, eine damals heiß geliebte Fischpaste herstellten. In jener Zeit lag in diesem Bereich das Hafengebiet der Stadt. Drei Jahrhunderte später stand an den Ufern des Tejo wohl ein Badehaus, dessen Mosaike zum Teil erhalten geblieben sind. In Schichten liegen die historischen Phasen der Stadt hier übereinander. Dass die Führung ein wenig unheimlich ist und von feuchter, modrig riechender Luft begleitet wird, steigert nur das Erlebnis.

Núcleo Arqueológico. Mi–Sa 10–12 und 15–17 Uhr, Do nur nachmittags, geführte Besichtigung (45 Min.), Rua dos Correiros 9, Tel. 21/321 17 00, Metro: Baixa-Chiado, Terreiro do Paço

an Allerheiligen? Weshalb betraf es die Baixa stärker als das als verrucht geltene Alfama-Viertel?

Eine Strafe Gottes?

Die Philosophen hatten ein Problem. Was war von den Gedanken eines frühen Aufklärers wie Gottfried Wilhelm Leibniz (1646–1716) zu halten, der die Welt als harmonisches Ganzes dachte. Voltaire (1694–1778) ereiferte sich, schrieb ein Gedicht über die Katastrophe und verarbeitete sie in seinem *Candide*. Johann Wolfgang von Goethe, Immanuel Kant, Jean-Jacques Rousseau bis hin zu Theodor W. Adorno im 20. Jahrhundert haben sich mit den philosophischen Fragen beschäftigt, die das Beben aufgeworfen hat.

Während die Kirche mit einem Inquisitionsgericht auf dem Terreiro do Paço das menschliche Leid noch zu verschlimmern drohte, erkannte ein Pragmatiker wie Marquês de Pombal (1699–1782), der später zum Premierminister aufstieg, die Chance, der Katastrophe doch noch Gutes abzugewinnen. »Beerdigt die Toten und ernährt die Lebenden« war seine erste Devise. Dann organisierte er effizient den Wiederaufbau. Gegen den Willen der Kirche wurden die Leichen aufs offene Meer geschafft. Die Stadt wurde abgeriegelt, damit keine Kultur-

MAL EHRLICH

BESSER MIT KARTE

Um mit dem Elevador de Santa Justa einmal hoch und wieder herunter zu fahren, muss man 5 € bezahlen. Das ist viel Geld und nur wegen der aufwendigen Wartung und Pflege des betagten Geräts zu erklären. Wer sich für einen oder mehrere Tage eine Lisboa Card besorgt – man bekommt sie in der Touristeninformation – kann so oft Aufzug fahren wie er möchte.

güter fortgeschafft werden konnten und die Bevölkerung nicht floh. Alle wurden gebraucht, um die Stadt wieder zu errichten. Plünderer erwartete der sichere Tod am Galgen.

Der Plan, im unversehrt gebliebenen Belém eine neue Stadt zu errichten, wurde fallen gelassen. Stattdessen wurde die Baixa komplett neu angelegt. Breite, rechtwinklig verlaufende Straßen durchzogen sie, für die Gebäude erdachte man eine tragende Holzbalkenstruktur, die flexibel genug sein sollte, weiteren Beben standzuhalten. Zwischen die Giebel der Stadthäuser wurden hohe Brandschutzmauern gezogen, unter der Erde eine Kanalisation verlegt. Die Baixa Pombalina wurde zum Vorzeigemodell eines fortschrittlichen Städtebaus.

Baixa Pombalina

Die Straßen der Unterstadt wurden nach Handwerken gegliedert, was man noch am Namen der Rua dos Sapateiros ablesen kann, der Straße der Schuhmacher, oder der Rua da Prata, der Straße der Silberschmiede. Heute zeigt sich ein gemischtes Bild. Kleine Läden mit Kurzwaren finden sich in der Rua do Conceição, Brautmoden in der Rua da Prata. Banken und größere Modehäuser haben sich in der prachtvollsten Einkaufsmeile, der Rua Augusta, eingemietet. Diese Mittelachse der Baixa endet am Triumphbogen der Praça do Comércio. Zahlreiche Cafés und Cafeterien reihen sich an der Rua Augusta aneinander, die bis zum frühen Abend gut besucht sind. Vielleicht braucht der ehemals glänzende Stadtteil einen neuen Impuls, wie ihn das Chiado-Viertel oder zuletzt die Praça do Comércio erlebt haben. Dann wird die Baixa auch wieder für Anwohner interessant. In der Nacht war in der Unterstadt noch nie viel los. Sind die Geschäfte erst einmal geschlossen, werden die Bürgersteige hochgeklappt.

AUTORENTIPP!

TOURISTENBUSSE

Mit dem Doppeldecker-Bus durch die Stadt kutschiert zu werden, der an den wichtigsten touristischen Attraktionen hält, das ist einfach praktisch. Zwei Unternehmen bieten diesen beliebten Service an: Yellow Bus nennt sich »Official Sightseeing Tours «. Wie der Name schon sagt, sind die Busse gelb. Derselbe Veranstalter bietet auch eine nostalgische Tour in einer alten Tram an. Abfahrt ist die Praça do Comércio. Von dort aus geht es einmal hinauf auf den Chiado und die Alfama.
Der zweite Veranstalter für Bustouren innerhalb der Stadt ist City Sightseeing Portugal. Auf zwei festen Routen werden die wesentlichen Attraktionen der Stadt angefahren. Dabei können die Fahrgäste an einem Tag so oft ein- und aussteigen wie sie möchten. Das Ticket gilt 24 Stunden. Man kann also den Zeitraum auch von Mittag bis Mittag oder Nachmittag bis Nachmittag wählen. Wer eine Lisboa Card besitzt, bekommt 25 Prozent Ermäßigung.

Yellow Bus. Tel. 966 298 558, www.yellowbustours.com
City Sightseeing Portugal. Tel. 21/994 26 34, www.douroacima.pt

Infos und Adressen

SEHENSWÜRDIGKEITEN

Igreja de São Nicolau. Di–Sa 8–22.30 Uhr, So 10–22.30 Uhr, Paróquias de São Nicolau e Santa Maria Madalena, Baixa-Chiado, Tel. 21/887 95 49, www.paroquiasaonicolau.pt, Metro: Rossio

Elevador de Santa Justa. tgl. 7–23 Uhr, Nov.–Mitte Juli bis 22 Uhr, hin & zurück ca. 5 €, Rua do Ouro, Tel. 21/413 86 79, www.carris.pt, Metro: Baixa-Chiado

Räucherfleischspezialitäten am Rossio

ESSEN UND TRINKEN

O Bacalhoeiro/ A Licorista. Geht man vom Rossio durch die Tordurchfahrt in die Rua dos Sapateiros, erwarten einen gleich mehrere Lokale. Dieses, dem Nationalgericht Bacalhau gewidmete Restaurant, ist ein Klassiker, der auch von Einheimischen besucht wird. Es gibt aber nicht nur Stockfisch. Gerichte ab etwa 7 €. Rua dos Sapateiros 224, Tel. 21/343 14 15, Metro: Rossio

Pastelaria Casa Brasileira. In dieser traditionellen Konditorei dreht sich alles um zuckersüße Teilchen. Die werden praktischerweise gleich im Stehen genossen. Salziges wie belegte Sandwiches und Baguettes sind auch zu haben. Rua Augusta 267, Tel. 21/346 97 13, www.guiadacidade.pt, Metro: Rossio

ÜBERNACHTEN

Artbeat Rooms. Appartements und Studios mit Küche, Kühlschrank, Tisch, Stühlen und Internetanschluss sind ideal für Familien oder Urlauber, die etwas länger in der Stadt bleiben möchten. Die Einrichtung variiert, ist in der Regel aber recht bunt. Appartements sind ab ca. 70 € buchbar. Rua Sao Nicolau 23, Tel. 21 193 16 46, www.lisbonshortstay.com, Metro: Terreiro do Paço

International Design Hotel. Das historische Eckhaus liegt direkt am Rossio. Trendbewusste Reisende werden sich in den Zimmern wohlfühlen, die in vier unterschiedlichen Konzeptlinien gestaltet wurden. DZ ab 125 €. Rua da Betesga 3, Tel. 21/324 09 90, www.idesignhotel.com, Metro: Rossio

Lisbon Story Guesthouse. Hübsche Zimmer und günstige Preise. Damit die Rechnung aufgeht, muss man bei einigen Zimmern auf ein eigenes Bad verzichten. DZ zwischen 40 und 120 €. Largo São Domingos 18–S/L, Tel. 21/887 93 92, wwwlisbonstoryguesthouse.com, Metro: Restauradores

Yes Hostel. In der Baixa gibt es einige Youth Hostels und günstige Herbergen. Das Yes Hostel in der Nähe des Rossio überzeugt mit Sauberkeit, gutem Service und gutem Frühstück. 4- und 6-Bettzimmer. Übernachtung ab 13 €. Rua de São Julião 148, Tel. 21/342 71 71, www.yeshostel.com, Metro: Terreiro do Paço

EINKAUFEN

Casa Macário. In diesem 1913 eröffneten Geschäft bleibt man gern etwas länger und lässt sich beraten. Im nostalgischen Interieur finden sich Hunderte von Portweinen, Likören, Bränden, aber auch Süßwaren und Kaffeespezialitäten. Als Spezialist für Portweine kann man hier auch exklusive Raritäten finden. Rua Augusta 272, Tel. 21/047 98 67, Fax 21/342 90 29. www.casamacario.com, Metro: Baixa-Chiado

Madeira House. Von der portugiesischen Insel Madeira kommt schöne traditionelle Handwerkskunst. Spitzendecken, Besticktes, Kacheln und Keramik oder Korkwaren finden sich hier neben manchem Souvenir. Rua Augusta 133, Tel. 21/343 14 54. www.madeira-house.com, Metro: Baixa-Chiado

Nunes Corrêa. Wer nach neuen Trends sucht, ist hier falsch. Bei Nunes Correa werden klassische Herrenschuhe gefertigt und das schon seit dem 18. Jahrhundert. Der elegante Laden in der Baixa eröffnete 1919. Allzu viel hat sich seitdem nicht verändert. Seidenkrawatten, Hemden und Einstecktücher ergänzen das ausgesuchte Sortiment. Rua Augusta 250, Tel. 21/324 09 30, www.nunescorrea.com, Metro: Baixa-Chiado

Rua Aurea oder **Rua do Ouro.** Das ist kein Geschäft, sondern eine Straße. Genauer gesagt ist es die Goldstraße, deren Name schon verrät, welches Angebot gestern wie heute in der Baixa-Straße zu finden ist. Der Tradition folgen u. a. noch die Schmuckgeschäfte Diadema Joalheiras in der Rua do Ouro 166–170, Tel. 231 421 362, www.ourivesariadiadema.pt sowie eine Filiale des offiziellen Rolex-Fachhändlers Torres Joalheiros in der Nummer 253–255, Tel. 21/347 27 53, www.torres.pt, Metro: Baixa-Chiado

INFORMATION

Ask me Lisboa. Tgl. 9–20 Uhr, Praça do Comércio, Westflügel, Tel. 21/031 28 10, www.askmelisboa.com, Metro: Terreiro do Paço

Für den eleganten Auftritt – klassisches Modegeschäft in der Baixa

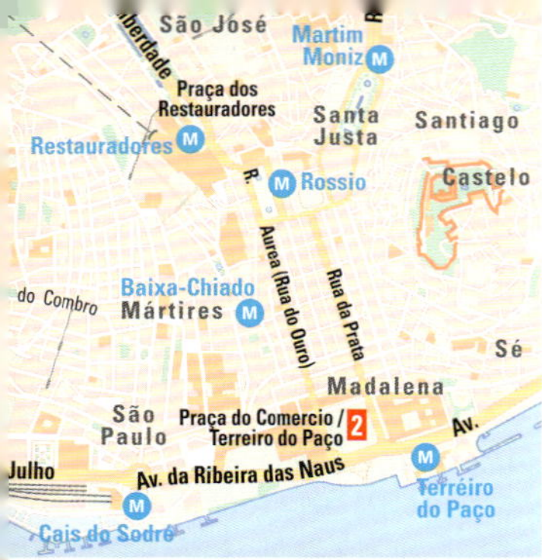

Arkaden säumen die Praça do Comércio. Bis vor wenigen Jahren sah man hier vor allem Beamte, die in den anliegenden Ministerien und Ämtern zu tun hatten. Dank der neuen Restaurants und Bars ist der Platz heute belebter.

2 Praça do Comércio / Terreiro do Paço

Empfangssaal der Stadt

Wenn man Lissabon mit einem Palast oder einem großen Gebäude vergleichen würde, wäre die Praça do Comércio ihre Eingangs- und Empfangshalle. An drei Seiten wird der annähernd quadratische Handelsplatz – so die Übersetzung – von herrschaftlichen und gleichförmigen Gebäuden flankiert. Bis zum großen Erdbeben von 1755 stand hier der Königspalast. Am Terreiro do Paço, wie der Platz auch genannt wird, wurde portugiesische Geschichte geschrieben.

Nur zum Tejo hin öffnet sich die riesige Fläche. Die Praça do Comércio sprengt alle Dimensionen. Hier wollte man aufs Ganze gehen, im großen Maßstab denken – so wie es für die damalige Weltmacht Portugal angemessen war. Tatsächlich war der Platz das Tor zur Neuen Welt. Für die Portugiesen lag diese jenseits des Meeres in einer weiten Ferne, die man nur mit einem Schiff errei-

MAL EHRLICH

LAUT UND ZU LEICHT

So interessant die Geschichte und Geschichten der Stadt auch sind, die im Lisboa Story Center erzählt werden, als Besucher fühlt man sich wie ein Kleinkind: Kopfhörer auf, Kopfhörer ab, rechts, links, stehen bleiben, weitergehen. Zu komplex wäre es wohl auch gewesen zu erwähnen, dass bei der Entdeckung der Neuen Welt die Spanier auch eine gewisse Rolle spielten. Schade ist auch, dass die dunklen Jahre der Diktatur einfach unter den Teppich gekehrt werden. Sie gehen in Licht und Ton unter.

chen kann. So ist es nur folgerichtig, dass sich das 190 mal 190 Meter große Karree mit den mächtigen Gebäudeflügeln im Osten und Westen zum Fluss hin weitet, der an dieser Stelle schon wie ein Meeresarm anmutet.

Cais das Columnas

Eine Treppe mit breiten flachen Stufen führt am Cais das Columnas sanft ins Wasser. Zwei Säulen flankieren diesen herrschaftlichen Kai, an dem auch Queen Elisabeth II. an Bord einer prachtvollen Barke anlegte, als sie die portugiesische Hauptstadt 1957 besuchte.

Gut zu sehen sind vom Kai aus die Hängebrücke Ponte 25 de Abril und die Christusstatue auf der anderen Tejoseite. Ein Stück weiter flussaufwärts liegt das Fährterminal. Das architektonisch sehenswerte Gebäude aus dem Jahr 1931 ist heute allerdings geschlossen. Gleich nebenan befindet sich die moderne Anlegestelle, wo man auf die andere Tejoseite, nach Barreiro übersetzen kann, und von wo aus die Züge nach Setúbal abfahren.

Auf der Praça

Neben dem Namen Praça do Comércio ist bei den Lisboetas auch die Bezeichnung Terreiro do Paço gebräuchlich. So heißt auch die Metrostation des Platzes. Ein Terreiro ist eine Fläche aus nackter, gestampfter Erde; der Name weist auf die ursprüngliche Beschaffenheit der Fläche hin. Und ein Paço meint einen Palacio. Wer Lissabon besucht, kann der Praça gar nicht ausweichen, sei es, dass man sie auf dem Weg zur zentralen Touristeninformation überquert oder dass man auf dem Weg zur Straßenbahnhaltestelle ist. Vom Platz aus fährt die Linie 15 nach Belém, das kaum ein Lissabonbesucher auslässt.

AUTORENTIPP!

WO PESSOA ZU HAUSE WAR

Die schicken Bars und Restaurants am Terreiro do Paço gibt es erst seit 2012. Schon viel länger, nämlich seit 1829, sorgt sich das Café-Restaurant Martinho da Arcada in der Hausnummer 3 um das leibliche Wohl seiner Gäste. Wo früher die Küche war, befindet sich heute ein einfaches Café. Das Restaurant ist ein länglicher Saal, wo noch der Charme vergangener Tage spürbar ist. Das Martinho da Arcada ist fraglos eine nationale – ja man könnte auch sagen – literarische Institution, der auch die mittelmäßige Qualität der Küche nichts anhaben kann. Fernando Pessoa war hier Stammgast, auch José Saramago hatte seinen festen Tisch. Nicht nur die Literaten und Intellektuellen der Baixa fanden sich hier ein, auch Politiker oder Künstlerinnen wie die legendäre Fado-Sängerin Amália Rodrigues. Wem der Zeitgeist der neuen Lokale an der Praça nicht passt, wird sich hier umso wohler fühlen.

Martinho da Arcada. Mo–Fr 7–23 Uhr (Café), 12–15 und 19–22 Uhr (Restaurant), Praça do Comércio 3, Tel. 21/887 92 59, www.martinhodaarcada.pt

AUTORENTIPP!

UND NACH DEM ESSEN IN DIE KLOSTERSTUBE

Gegenüber dem Restaurant Martinho da Arcada im Ostflügel des Terreiro do Paço befinden sich gleich mehrere Restaurants. Sie sind alle mehr oder weniger international und schwimmen auf der Welle des Zeitgeistes. Im Museu da Cerveja hat man sich auf Fisch und Meeresfrüchte sowie auf *Bifes* spezialisiert. Bei dieser Lissabonner Spezialität handelt es sich um kleine Schnitzel, zu denen man gerne ein Bier des Hauses bestellt. Wer möchte, kann nach dem Essen eine kleine Ausstellung im Obergeschoss besuchen. Der Eintritt ist für Restaurantgäste kostenlos. Man erfährt dort etwa, dass das Bierbrauen im 18. Jahrhundert verboten war, welche Marken im Land und in den ehemaligen Kolonien Angola und Mosambik gebraut wurden und manches mehr. In einer Art Klosterstube kann man ein dunkles Karamellbier probieren, das von Bohemia speziell für das Biermuseum gebraut wird. Sehr süffig!

Museu Cerveja. Tgl. 9–2 Uhr, Ala Nascente – Nr. 62–65 (Ostflügel), Tel. 21/098 76 56, www.museudacerveja.pt, Metro: Terreiro do Paço

Triumphbogen am Eingang zur Rua Augusta

Bis zum Erdbeben von 1755 stand an der Praça der Palast des Königs, der Paço da Ribeira. Manuel I. (1469–1521) ließ den Hofstaat 1511 vom Castelo de São Jorge in den damals neu geschaffenen Palast umziehen. Dies erklärt auch den Namen Terreiro do Paço. Beim großen Beben stürzte der Königspalast in sich zusammen und begrub neben menschlichen Todesopfern auch eine Bibliothek mit Zehntausenden von Büchern unter sich. Nach der Zerstörung wurde der Platz von Grund auf neu gestaltet. Federführend war der Architekt Santos Carvalho, der das riesige Karree mit einheitlichen Gebäuden versah. Der Platz ist so groß geraten, dass die Spaziergänger darauf immer etwas verloren wirken. Der etwas kühle und repräsentative Charakter wird durch die gleichförmigen Fassaden der erdbebensicheren Funktionsbauten noch unterstützt. In ihnen sind Behörden und Ministerien untergebracht.

Triumphbogen

In der Mitte der Nordfront wird der Gebäudekomplex von einem großen Triumphbogen unterbrochen. Hier endet die Rua Augusta, die Hauptachse der Baixa als Verbindungsstück zwischen der Praça do Comércio und dem Rossio. Das erst 1873 fertiggestellte Triumphportal zeigt das königliche Wappen sowie Marmorfiguren, die sich in der Geschichte des Landes hervorgetan haben. Auf der Ebene des Wappens ist etwa ganz links Viriatus zu sehen, der die Lusitaner in der Mitte des 2. Jahrhunderts v. Chr. gegen die Römer anführte. Neben ihm steht der Entdecker und Seefahrer Vasco da Gama. Ebenfalls gewürdigt werden der Marquês de Pombal (1699–1782) und Nuno Álvares Pereira (1360–1430), der im 14. Jahrhundert dafür kämpfte, dass Portugal nicht Kastilien zufiel. Bekrönt wird das Portal von einer allegorischen Figurengruppe, die den Ruhm, den Geist und die Tapferkeit darstellt.

Vor dem Triumphbogen reitet in der Mitte des Platzes einsam Joao I. auf einem mächtigen Sockel. Das Reiterstandbild wurde 1775 aufgestellt. Das Denkmal mit der rund 30 Tonnen schweren Bronzeskulptur hat Machado de Castro entworfen. Das Standbild war das erste seiner Art, das in Portugal gegossen wurde.

Schauplatz der Geschichte

Auf der Praça do Comércio wurden in früheren Jahrhunderten Inquisitionsprozesse abgehalten, ebenso wie Stierkämpfe. Einschneidende politische Ereignisse spielten sich an diesem repräsentativen Ort ab. Im Jahr 1908 wurde hier auf den Monarchen Karl I. (1863–1908) von Portugal ein Attentat verübt, bei dem auch der ältere Sohn Luis Filipe (1887–1908) starb. Der jüngere Sohn Manuel II. (1889–1932) sollte daraufhin zum letzten Monarchen Portugals aufsteigen. Auch während der »Nelkenrevolution« im Jahr 1974 wurde die Praça zum politischen Schauplatz. Hier versammelten sich die Anhänger des Movimento das

Oben: Viele Feste und Veranstaltungen finden auf der Praça statt.
Unten: Eine Institution – und das schon seit 1829 – das Restaurant Martinho da Arcada

Oben: Eis am Stiel auf der Praça
Mitte: Im Lisboa Story Center schippert man unterhaltsam durch die Geschichte der Stadt, die auch die des Landes ist.
Unten: Der Aufbau der Baixa Pombalina nach dem Erdbeben bekommt im Lisboa Story Center viel Raum.

Forças Armadas, die Bewegung der Streitkräfte, die mit ihren Forderungen nach Demokratisierung und Dekolonisation – dabei ging es um die Kolonien in Afrika – das Ende der Diktatur herbeiführen wollten. Bis in die 1990er-Jahre hinein fristete die Fläche ein unwürdiges Dasein als Parkplatz. Mittlerweile beleben mehrere Restaurants, eine Bar, ein Eiscafé und ein Café mit großzügiger Terrasse den weitläufigen Platz. Rund um den Patio da Galé im Westflügel befinden sich neben der Touristeninformation »Ask me Lisboa« auch das von staatlicher Seite initiierte Modezentrum »Moda Lisboa« und der Weinsaal »Vini Portugal«, wo unregelmäßig Veranstaltungen stattfinden.

Lisboa Story Center

Bewegte und bewegende Bilder der Geschichte des Platzes sieht man im Lisboa Story Center. Das neu eingerichtete Multivisions-Center erklärt die Geschichte der Stadt mit allerlei technischem Aufwand. Mit einem Audioguide spaziert man durch die inszenierten Räume, die in fünf Großkapitel unterteilt sind. Am Beginn erfährt man manches über Mythen und Legenden und die Gründung der Stadt. Dann geht es um die Seefahrt und die Entdeckung ferner Länder. Einen Schwerpunkt nimmt das Erdbeben von 1755 ein, das mit einem Film und Klangeffekten nachgestellt wird. Zur Erdbebenthematik gehören selbstverständlich auch die Visionen und Entwürfe des Stadtplaners Pombal, die in der Folge Maßnahmen wie Feuerschutz, Kanalisation und eine erdbebensichere Bauweise berücksichtigten. Schließlich geht die Ausstellung auf Weiterentwicklungen bis in die Gegenwart ein sowie auf die Konzeption des Terreiro do Paço beziehungsweise der Praça do Comércio (dt. Platz des Handels). Ein Shop und ein Bereich für Sonderausstellungen runden den Besuch ab.

Infos und Adressen

SEHENSWÜRDIGKEITEN

Lisboa Story Center. Tgl. 10–20 Uhr (letzter Einlass 19 Uhr), Terreiro do Paço, nº 79 a 81, Tel. 21/194 10 99, www.visitlisboa.com, Metro: Terreiro do Paço

ESSEN UND TRINKEN

Aura. Moderne portugiesische Küche wird in den hohen Hallen dieses modernen Restaurants serviert. Auf der Terrasse kann man auch nur einen Snack oder Drink zu sich nehmen und das Treiben auf der Praça beobachten. Tgl. 7.30–24 Uhr, Praça do Comércio, Westflügel, Tel. 21/346 94 47, www.auraloungecafe.com

ÜBERNACHTEN

Vincci Baixa. Dieses Viersternehaus liegt nahe der Praça. Das Boutiquehotel bietet komfortable Zimmer mit dezentem Design. DZ ab 120 €. Rua do Comércio 32–38, Tel. 21/880 31 90, www.vinccihoteles.com, Metro: Terreiro do Paço

NACHTLEBEN

Lust Lisbon. Zur Wiederbelebung der Praça do Comércio trägt auch die Bar mit dem deutschen Namen bei. Das glamouröse Design mögen vor allem die Reichen und Schönen der Stadt. Oben kann man auch essen. Mi–Sa 23–5 Uhr, Ala Nascente do Terreiro do Paço (Ostflügel), 87, Praça do Comércio, Tel. 934 955 592, Metro: Terreiro do Paço

EINKAUFEN

Lisbon Shop. An das Besucherzentrum Turismo de Lisboa schließt sich ein Souvenirladen an. Die Auswahl ist hier etwas moderner als anderswo, darunter finden sich auch Designstücke.
Rua do Arsenal 7–15, Metro: Terreiro do Paço

INFORMATION

Ask me Lisboa. Tgl. 9–20 Uhr, Praça do Comércio, Westflügel, Tel. 21/031 28 10, www.askmelisboa.com, Metro: Terreiro do Paço

Gleiche Fassaden, gleiche Farbgebung – die Praça do Comércio wirkt durch ihre Einheitlichkeit.

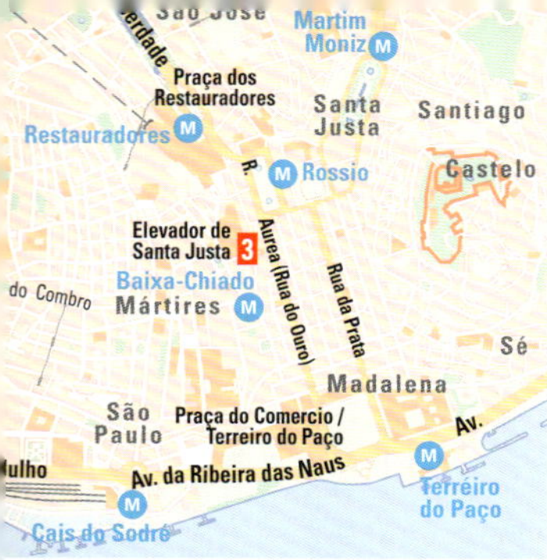

Oben: Mehr als ein Aufzug – die Aussicht von der oberen Plattform begeistert.
Unten: Ort der Erhebung – der Elevador de Santa erinnert an einen Kirchturm.

3 Elevador de Santa Justa
Lissabons berühmtester Fahrstuhl

Er gehört zu den öffentlichen Verkehrsmitteln der Stadt und ist zweifellos ein Star, sofern man das von einem Aufzug sagen kann. Der Elevador de Santa Justa ist ähnlich wie die alten Trambahnen ein Wahrzeichen der Stadt. In zwei Kabinen befördert das eiserne Ungetüm die Fahrgäste nach oben oder nach unten, das heißt von der Baixa auf den Chiado und umgekehrt. Auf dem Dach des neugotischen Eisenturms hat man eine tolle Aussicht über die Stadt.

Um zu verstehen, weshalb der Elevador de Santa Justa – auch Elevador do Carmo genannt – im Kamerafokus der Touristen liegt, muss man die Rua Aurea entlangspazieren oder von einer der anderen Parallelstraßen in die Rua de Santa Justa einbiegen, und dann offenbart sich der überwältigende Anblick. Der Reiz des Ganzen liegt im architektonischen Kontrast. Da sind einerseits die Altstadthäuser der Baixa und des Chiado, andererseits ragt aus dem Häusermeer eine zur damaligen Zeit brachial wie filigran wirkende Eisenkonstruktion empor, die vom Anbruch einer neuen Epoche kündet. Auch wenn die neogotischen Bögen den Stil französischer Kathedralen nachahmen, ist der Aufzug- und Aussichtsturm doch der Vorbote einer neuen Ära. Es ist die Zeit um die Jahrhundertwende (Ende 19. / Anfang 20. Jahrhunderts), in der technische Erfindungen wie das Radio, die Raddampfer sowie moderne säkulare Ideen und Lebensstile ihren Siegeszug feiern, und gleichzeitig die Grundfeste von Kirche und Monarchie langsam aber sicher zu bröckeln beginnt.

Elevador de Santa Justa

Sinn und Zweck des Bauwerks war es, den Bürgern den Aufstieg ins noble Chiado-Viertel und ins Bairro Alto zu erleichtern. Gleichzeitig setzten die Stadtväter ein Zeichen. Lissabon, so die Botschaft, hält Schritt mit der Entwicklung in London, Paris oder später auch Berlin. Das Wunderwerk der Technik mit seinen feinen Schmiedeeisenarbeiten am Schacht wurde von Raoul de Mesnier du Ponsard entworfen, der ein Schüler von Gustave Eiffel war. Am 10. Juli 1902 fand die feierliche Einweihung statt. Damals hievte eine Dampfmaschine die zwei Kabinen hinauf, die im Inneren des Turms auf- und abfahren. 1907 wurde der Betrieb von Dampf auf Elektrizität umgestellt. Jede der quadratischen Kabinen aus Holz, Eisen und Messing kann 20 Fahrgäste befördern, zumindest auf dem Weg nach oben. Nach unten dürfen nur 15 Fahrgäste einsteigen. Ein Aufzugschaffner verkauft die Tickets und bedient die Kabine. Oben angekommen, verlässt man den Turm über eine in 32 Metern Höhe verlaufende Eisenbrücke, die neben der Igreja do Carmo zum Largo do Carmo führt.

Von der Ausstiegsebene kann man über eine schmale Wendeltreppe noch zwei Etagen hinaufsteigen. Immer wieder öffnet sich der Blick durch die Eisenkonstruktion in die Tiefe. Ganz oben, in 45 Metern Höhe, erreicht man eine Aussichtsplattform. Die Aussicht ist schlicht spektakulär. Zu Füßen liegen die im rechten Winkel angeordneten Straßenzüge der Baixa und gegenüber ragt das Castelo de Sao Jorge auf. Der Café-Pavillon auf der Aussichtsplattform war zum Zeitpunkt der Recherche geschlossen. Wer möchte, findet eine Alternative am Ende des Eisenstegs, der über die Rua do Carmo zur gleichnamigen Kirche führt. Den verheerenden Brand, der 1988 im Chiado wütete, hat das Bauwerk übrigens unbeschadet überstanden. Ehe die Flammen das Schmuckstück erreichte, konnten sie gelöscht werden.

Infos und Adressen

ESSEN UND TRINKEN

Leiteria Academia. Der Largo do Carmo ist ein lauschiger Platz mit Bäumen und Bänken. Seit 1787, so wirbt die Leiteria (dt. die Milchbar), gibt es sie schon. In dem einfachen Lokal legt man gern eine Kaffeepause ein oder lässt sich mit einem Sandwich auf der Terrasse nieder. Mo–Sa 7–23 Uhr, So 10–17 Uhr. Metro: Baixa-Chiado

Pastelaria Casa Brasileira. An der U-förmigen Theke stehen die Lissaboner dicht gedrängt und schieben süße Teilchen in den Mund. Eine der unverzichtbaren Kaffee- und Kalorientankstellen der Unterstadt. Rua Augusta 267, Tel. 21/346 97 13, Metro: Rossio

ÜBERNACHTEN

Carmo Hotel. Direkt an der hübschen Plaza liegt das angenehme Hotel. Das Innere des alten Gebäudes wurde dezent minimalistisch eingerichtet. Neben dem Blick über die Baixa spricht auch das Bar-Restaurant Maria do Carmo für das Haus. DZ ab ca. 100 €, Rua da Oliveira ao Carmo, 1–3, Tel. 21/326 47 10, www.lisboacarmohotel.com

INFORMATION

Elevador de Santa Justa. Tgl. 7–23 Uhr, Nov.–Mitte Juli bis 22 Uhr. Wer ein Ticket für den Yellowbus hat oder eine LisboaCard, fährt umsonst mit dem Aufzug. Rua do Ouro, Tel. 21/361 30 00, www.carris.pt, Metro: Baixa-Chiado

Kein Platz ohne Brunnen – erst recht nicht auf dem Rossio. Auf der Säule steht hoch oben der Namensgeber des Platzes: König Dom Pedro IV. Das Portal an der Stirnseite gehört zum Teatro Nacional D. Maria II.

4 Rossio / Praça da Figueira

Das Herz der Stadt

Der Rossio ist das pulsierende Zentrum der Metropole und Tor zur Altstadt. Hier bilden traditionsreiche Cafés, moderne Fast-Food-Restaurants, einige wenige altehrwürdige Geschäfte sowie das Nationaltheater ein kunterbuntes Ensemble an städtischen Impressionen. Obwohl man im ehemaligen Hauptbahnhof nur noch in Regionalbahnen einsteigen kann, ist die Praça auch ein zentraler Verkehrsknotenpunkt.

Am nördlichen Ende der Rua Augusta öffnen sich die geraden Häuserzeilen des Baixa-Viertels zur lang gestreckten Praça Dom Pedro IV. Der Platz wurde im Zuge des Wiederaufbaus unter Pombal großzügig angelegt und verdankt seinen Namen dem König Dom Pedro IV. (1837–1861). Der ist nicht nur als erster liberaler Monarch in die Geschichte des Landes eingegangen, sondern durfte sich in den Jahren 1822–31 auch Pedro I., Kaiser von Brasilien nennen. Der inoffizielle, allerdings gebräuchliche Name ist Rossio, was nicht mehr bedeutet als großer Platz oder Hauptplatz. Damit wäre auch geklärt, welchen Rang er unter den Praças der Stadt einnimmt.

Der Rossio

Die rechteckige Fläche des Platzes ziert ein Muster aus weißen und schwarzen Wellen. Der schwere Seegang am Rossio wurde von den *Calceteiros*, geschaffen, den Steinsetzern der für Lissabon typischen Bodenmosaike. Auch wenn die Kombination aus schwarzem Basalt und weißem Kalkstein erst in den ersten Jahren des 21. Jahrhunderts ge-

Prächtige Straßensicht am Praça da Figueira

schaffen wurde, hat sie historische Wurzeln. Das Wellenmosaik folgt einem Entwurf aus dem Jahr 1849. Der Rossio war übrigens der erste Platz der Stadt, der vor über 150 Jahren auf diese Weise gestaltet wurde. Dass es dabei nicht blieb, lässt sich an vielen Plätzen und Avenidas des Zentrums sehen. Bis in die Fünfzigerjahre des letzten Jahrhunderts war das Ansehen der *Calceteiros* so groß, dass sie selbst entscheiden durften, auf welchen Motiven und Mustern die Hauptstädter denn ihren Fuß setzen sollten. Gut bezahlt waren sie deshalb noch lange nicht, und eine Plackerei war und ist es außerdem, in gebückter Haltung Tausende von kleinen Steinen in den losen Sand zu klopfen, und falls nötig, aufs passende Maß zu bringen.

Den kunstvollen Steinteppich des Rossio zieren gleich zwei Springbrunnen. Dazwischen erhebt sich eine mehr als 27 Meter hohe Marmorsäule, auf deren Spitze der Namensgeber Pedro IV. in Bronze steht. 1870 wurde das Denkmal errichtet. Die vier allegorischen Figuren zu Füßen der Säule stellen die Tugenden des Herrschers dar: Mut und

AUTORENTIPP!

A GINJINHA

Verfechtern eines alkoholfreien Lebensstils muss der Anblick schmerzen. Da stehen vor einem Minilokal Dutzende Männer und Frauen, Einheimische wie auch Touristen und trinken Hochprozentiges. Der »Kurze für zwischendurch« ist eine Lissabonner Institution. *Ginjinha* heißt das Getränk, bei dem es sich um einen Kirschlikör mit knapp 20 Prozent Alkohol handelt, den man entweder mit eingelegten Kirschen ordert oder »ohne«. Die Sauerkirschen sind übrigens nicht entkernt. Serviert, wenn man bei einem Stehausschank davon sprechen mag, wird der Likör seit ein paar Jahren in unschönen Plastikbechern. Es gibt eine ganze Reihe von Kirschlikör-Bars in Lissabon, aber die am Largo São Domingos war die erste ihrer Art. Seit mehr als 150 Jahren wird hier das Getränk aus Sauerkirschen, Zucker, Wasser und Zimt ausgeschenkt. Heute wird die Bar in fünfter Generation geführt. Den Eingang zieren kunstvolle bemalte Glasscheiben, Verse und historische Plakate.

A Ginjinha. Tgl. 9–22 Uhr, Largo São Domingos 8, Tel. 21/814 55 37.

AUTORENTIPP!

TORTEN UND AGENTEN

Der wesentliche Grund, dem Suiça einen Besuch abzustatten, verlockt als leckere und zuckersüße Auswahl unter einer riesigen Glastheke. Die größte Zeit erlebte das Café während des Zweiten Weltkriegs. Portugal verhielt sich neutral und Lissabon war voller Flüchtlinge, Spione und Geheimpolizisten. Sie kamen aus ganz Europa, und alle kamen sie in die Pastelaria Suiça. Der damalige Chef des Hauses nutzte die Gunst der Stunde, ließ sich von den Besuchern ihr Lieblingsgebäck beschreiben und machte sich ans Werk. So entstand die süße Vielfalt des Hauses. In den Fünfziger- und Sechzigerjahren des vorherigen Jahrhunderts waren die Gäste verrückt nach Biskuitteilchen mit süßer Sahne, den Duchesses Chantilly. Mehrere Tausend gingen damals über die Ladentheke. Heute gelten außerdem die Puddingtörtchen Pasteis de Nata als Spezialität des Hauses.

Casa Suiça. Mo–So 7–21 Uhr, Praça D. Pedro IV., 96–106, Tel. 21/321 40 90, www.casasuica.pt, Metro: Rossio

Gerechtigkeit, Weisheit und Mäßigung. Die Wappen zeigen die bedeutendsten Städte des Landes.

Das einheitliche Bild der Stadthäuser im pombalinischen Stil, die das große Rechteck des Platzes umgeben, wird an der oberen Stirnseite vom Teatro Nacional Dona Maria II. (Theater und Oper) unterbrochen. Die Fassade des klassizistischen Prachtbaus aus dem Jahr 1843 ist an sich schon theatralisch. 1964 fiel das Haus beziehungsweise seine opulente Innendekoration den Flammen zum Opfer. Natürlich wurde es wieder aufgebaut. Wer des Portugiesischen mächtig ist, kann sich Aufführungen im Nationaltheater anschauen. Übrigens befand sich an der Stelle des Theaters bis zum großen Erdbeben der Paço dos Estaus, der Inquisitionspalast. Die Gerichtsbarkeit der Inquisition wurde erst 1821 abgeschafft.

Linker Hand des Theaters fällt ein anderes Gebäude auf, das nicht minder theatralisch anmutet. Große, hufeisenförmige Portale öffnen sich in einer reich verzierten Fassade im neomanuelinischen Stil, der sich durch seine Verspieltheit auszeichnet, mit kaum einer geraden Linie. Es handelt sich um den Hauptbahnhof, der 1890 vollendet wurde, ein großartiges Bauwerk, das den Rossio mit der Praça dos Restauradores verbindet. Von der Estação do Rossio fahren heute nur noch Regionalbahnen und Vorortzüge z. B. nach Sintra.

So trubelig es auf dem Rossio auch zugehen mag, als es noch keine Linienflüge gab und alle Züge hier ankamen, lag die Praça noch mehr im Fokus des Geschehens. Das muss vor allem während der Zeit des Zweiten Weltkriegs so gewesen sein. Portugal verhielt sich wie Spanien weitgehend neutral. Für Tausende, meist jüdische Flüchtlinge, war die Stadt am Tejo die große Hoffnung. Von hier aus fuhren die großen Ozeandampfer nach Ameri-

Rechteckig mit Reiterdenkmal – die Praça da Figueira

ka. Doch bis man endlich eine der begehrten Passagen bekam, konnten Wochen, manchmal Monate vergehen. Immer in Sorge, ob der lange Arm der Gestapo einen nicht doch noch erwischte, vertrieben sich die Emigranten in einem der Cafés am Rossio die Zeit, im Café Nicola oder in der Casa Suiça. Neben den Exilanten waren auch deutsche, englische und US-amerikanische Agenten vor Ort, die ihre jeweils eigenen und undurchsichtigen Interessen verfolgten. Ein Ort der Kaffeehäuser und des freiheitlichen Austausches der Intellektuellen des Landes blieb der Rossio auch während der lähmenden Jahre der Salazar-Diktatur.

Mitte: Seit rund 150 Jahren pflastern die Calceteiros Wege und Plätze der Stadt mit schwarz-weißen Motiven.
Unten: In der Casa Suiça gibt es nicht nur Süßes.

Spiegel der Zeit

Ein Platz wie der Rossio ist und bleibt immer auch ein Spiegel seiner Zeit. Genau genommen leben viele Zeugnisse verschiedener Zeiten rund um den Platz fort. Neben den Kaffeehäusern des frühen 20. Jahrhunderts, dem Bahnhof aus dem ausge-

Oben: Stoisch wacht König Dom João I. über dem Trubel zu seinen Füßen.
Mitte: Käse aus der Serra da Gardunha wird auf dem Markt am Rossio angeboten.
Unten: Lissabon ist schon immer weltoffen und entsprechend vielfältig.

henden 19. Jahrhundert gehört zum Glanz jener Zeit auch das Hotel Avenida Palace, das 1892 eröffnet wurde. Klassische Hutläden wie die Chapelaria Azevedo aus dem 19. Jahrhundert oder die Tabacería Monaco müssen sich neben den grell wirkenden Fast-Food-Lokalen und anderen Shops behaupten. Zum multikulturellen und gesellschaftlichen Mix, der die Praça bevölkert, gehören u.a. viele Angolaner, die ihren Treffpunkt am Largo São Domingos haben. Dort sollte man auch einen Halt beim Kirschlikörausschank »A Ginjinha« machen (s. S. 49). Gegenüber beziehungsweise neben dem Nationaltheater liegt der Palácio da Independência aus dem 17. Jahrhundert, in dessen Innern sich ein sehenswerter Azulejo-Schmuck verbirgt.

Praça da Figueira

Östlich des Rossio schließt sich die Praça da Figueira an. Dieser etwas kleinere Platz ist deutlich ruhiger als der größere Rossio. Bis zum Erdbeben von 1755 stand hier ein Krankenhaus, das Hospital Real de Todos os Santos. Beim Wiederaufbau wurde es abgerissen und der Platz angelegt, auf dem der Wochenmarkt abgehalten wurde. Im 19. Jahrhundert errichtete man eine eiserne Markthalle, die leider 1949 abgerissen wurde. Womöglich wäre sie ein schönerer Anblick gewesen als das erst 1971 errichtete Reiterstandbild. Es stellt Joao I. (1357–1433) dar. Dem einstigen König gelang es, 1385 die Armee der verfeindeten Nachbarn aus Kastilien zu schlagen. An Siege über die Spanier erinnert man sich in Portugal besonders gern. Vom »Feigenplatz« aus hat man einen schönen Blick hinauf zum Burgberg, der sich auch über die engen Gassen der Mouraria erklimmen lässt. Oder man steigt in eine der nostalgischen Straßenbahnen. Die Linie 12 fährt von hier aus in die Alfama und in Richtung Castelo de São Jorge.

Infos und Adressen

ESSEN UND TRINKEN

Café Nicola. Das Café am Rossio eröffnete 1929. Seine Geschichte ist schon älter. Sie beginnt im 18. Jahrhundert, als ein Italiener namens Nicola hier ein Lokal eröffnete. Während der Salazar-Diktatur trafen sich hier die intellektuellen Kreise. Heute ist das Lokal zu allen Tageszeiten beliebt, für einen kleinen Kaffee zwischendurch, einen Imbiss oder auch zum Mittagessen.
Mo–Sa 8–22 Uhr, So 10–19 Uhr, Praça D. Pedro IV. 24–25, Tel. 21/346 05 79. www.nicola.pt, Metro: Restauradores

Confeitaria Nacional. Im nostalgischen Interieur von 1829 fühlt man sich gut aufgehoben. Gern nimmt man sich hier eine Auszeit bei gutem Kaffee oder Tee. Berühmt ist die Kaffee-Konditorei für die mit kandierten Früchten belegten *Bolos del Rei*, die in den Wintermonaten reißenden Absatz finden. Aber auch herzhaft gefüllte Teigtaschen und Sandwiches werden gern genommen. Tgl. 8–20 Uhr, Praça da Figueira 18 B/C, Tel. 21/342 44 70, Metro: Rossio

Süßes der *Confeitaria Nacional*

ÜBERNACHTEN

Avenida Palace. Im Fünfsternehaus neben dem Rossio-Bahnhof taucht man ein in das ausgehende 19. Jahrhundert. Das Interieur ist ebenso klassisch elegant wie das unter Denkmalschutz stehende Gebäude. Wer sich nicht für eines der von jedem Zeitgeist weit entfernten Zimmer entscheiden mag oder es sich leisten kann, kann die Atmosphäre des Hauses auch in der holzvertäfelten Bar erleben. DZ ab 180 €, Rua 1 de Dezembro 123, Tel. 21/321 81 00, www.hotelavenidapalace.pt, Metro: Restauradores

Ort mit Geschichte – das *Nicola* mit schöner Jugendstilfassade

Die Avenida da Liberdade ist Lissabons edelste Einkaufsmeile. Die Boutiquen exklusiver internationaler Marken richten sich an eine entsprechende Klientel.

5 Avenida da Liberdade

Lissabons prachtvoller Boulevard

Ende des 19. Jahrhunderts stieg die Einwohnerzahl von Lissabon auf ca 350 000. Einhundert Jahre zuvor waren es noch 200 000. Um die nördlichen Stadtteile mit dem Zentrum zu verbinden, wurde ein prachtvoller Boulevard nach Pariser Vorbild angelegt. Trotz einiger Bausünden und des vielen Verkehrs ist die Avenida da Liberdade noch immer eine elegante Allee mit edlen Geschäften und vielen interessanten Abstechern in eine sehenswerte Umgebung.

Auch in Lissabon galt Paris im ausgehenden 19. Jahrhundert als das Maß aller Dinge. Zumindest, wenn es um städtebauliche Größe und urbane Eleganz ging. Besonders für Prachtstraßen wie die Champs Élysées begeisterte man sich. So etwas wollte man auch! 1879 wurde mit dem Bau der Avenida da Liberdade begonnen. Vom Süden aus, an der Praça dos Restauradores, begannen die Bauarbeiten und setzten sich langsam bergan fort. Da der eineinhalb Kilometer lange Boulevard, der den alten Teil der Stadt mit den neuen Siedlungsgebieten im Norden verbinden sollte, Jahrzehnte brauchte, ehe er fertiggestellt war, kann man noch heute einzelne Bau- und Stilphasen unterscheiden. Bei einem Spaziergang wandert man vom Historismus, der mit neoklassizistischen und neobarocken Elementen daherkommt, an Jugendstil- und Art-déco-Bauten vorbei und erreicht am Übergang zur Avenida Fontes Peireira de Melo die rationalistische Bauweise der Moderne. Im 20. Jahrhundert wurde leider nicht mehr so sorgsam mit dem baulichen Ensemble umgegangen.

Die Praça dos Restauradores am Abend

An zahlreichen Hausnummern brechen moderne Gebäudefassaden den historischen Gesamteindruck. Der Streifzug lohnt dennoch. Die Avenida da Liberdade ist eine der großen Shoppingmeilen der Metropole. Boutiquen von Louis Vuitton, Armani und anderen exklusiven Marken finden sich hier. Trotz anhaltender Wirtschaftskrise kommen immer neue Läden hinzu. Allerdings sind es nicht die Einheimischen, die sich die Mode der teuren Labels leisten können, sondern häufig wohlhabende Angolaner, Brasilianer, Russen und Chinesen.

Praça dos Restauradores

Die Praça sieht auf den ersten Blick fast genauso aus, wie der sich unterhalb anschließende Rossio. Auch hier ragt mitten auf einer rechteckigen Grundfläche ein Monument gen Himmel. Der rund 30 Meter hohe Obelisk erinnert an den erfolgreichen Kampf der Aufständischen gegen die spanischen Besatzer im Jahr 1640. Anno 1886 wurde das Denkmal eingeweiht. Auf der westlichen Seite des Platzes, also in Richtung Bairro Alto, fällt das im Art-decó-Stil erbaute »Cinema Eden« auf. Heu-

AUTORENTIPP!

SOLMAR

Die Rua das Portas de Santos Antão ist das, was man eine Fressgasse nennt. Geht man vom Rossio zum Largo de São Domingos, kann man sie nicht verfehlen. Sie verläuft parallel zur Avenida da Liberdade. Hier befindet sich die Casa do Alentejo und viele Restaurants mehr. Ein ganz besonderes Lokal liegt im Erdgeschoss des Ateneu-Gebäudes in den Hausnummern 106 bis108. Im Foyer hängen Plaketten, wer das Haus bereits empfohlen hat, etwa der Deutsche Internationale Touristendienst oder das Holiday-Magazin. Die Tafeln stammen aus den Sechzigerjahren. Damals war das Solmar ein Aushängeschild der Stadt. Man wollte das beste Fischrestaurant Portugals sein. Seit dieser Zeit hat sich am Interieur nichts verändert. Die 1956 eröffnete Marisqueria ist ein nostalgischer Traum aus hellgrünem Resopal, einer wunderbaren Fünfzigerjahre-Bar, einem riesigen Kachelbild mit bunten Meeresfischen und umlaufender Empore. So einzigartig der Raum auch ist, so mittelmäßig zeigt sich leider die Küche.

Solmar. Rua das Portas de Santo Antão 106–108, Tel. 21/342 33 7, www.solmar.com.pt, Metro: Rossio oder Avenida

Oben: Die großen Kinos von einst sind heute Restaurants oder Hotels.
Mitte: Still und versteckt liegt die Praça da Alegria.
Unten: So schön und lustig kann ein Graffiti sein.

te ist das Gebäude aus den Dreißigerjahren kein Kino mehr, sondern ein Apartmenthotel. Gleich nebenan erstreckt sich der Palácio Fox, mit dessen Bau im 18. Jahrhundert begonnen wurde. Heute befinden sich hier u.a. die Touristeninformation und eine Polizeistation. Hinter dem Prachtbau in der Calçada da Glória verkehrt die Standseilbahn Glória zwischen der Avenida und dem Bairro Alto.

Avenida da Liberdade

Die Praça dos Restauradores geht nördlich in den Prachtboulevard über. »Eine der prächtigsten Straßen, die mir je vorgekommen, dreifach laufend, mit einer elegant belebten Fahr- und Reitspur in der Mitte, zu deren Seiten noch zwei wohlgepflasterte Alleen, geschmückt mit Blumenbeeten, Statuen und Fontänen, gar herrlich dahingehen.« So lässt Thomas Mann seinen *Felix Krull* die Avenida beschreiben, obwohl der Dichter, anders als sein Bruder Heinrich Mann, Lissabon selbst nie besucht hat. Das erste sehenswerte Gebäude am Boulevard ist das ehemalige »Cinema Condes« in der Hausnummer 2. In dem rosa gestrichenen Gebäude hat das Hard Rock Café Position bezogen.

Campo de Mártires da Pátria

Auf der anderen Seite der Avenida lohnt ein Abstecher in den ruhigen Park Jardim do Torel. Den Aufstieg erleichtert die älteste der Standseilbahnen Lissabons, der Elevador de Lavra. Geht man von dort aus in nordöstlicher Richtung weiter, erreicht man den Campo de Mártires da Pátria. Der Name des Parks erinnert an die Hinrichtung der Aufständischen, die dort mit ihrem Leben bezahlen mussten, dass sie sich gegen die Truppen Napoleons erhoben hatten. In der Anlage findet sich auch ein kurioses Denkmal, das zu Ehren des Arztes Dr Sousa Martins (1843–1897) errichtet wurde.

Spaziergang entlang der Avenida da Liberdade

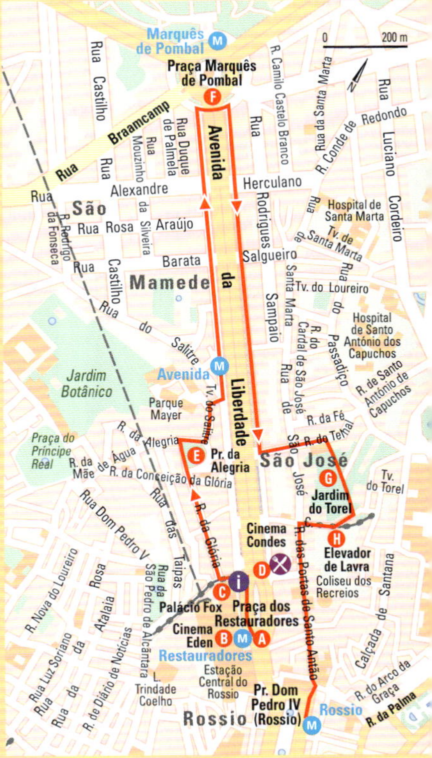

A Praça dos Restauradores – Ob man nun die linke oder rechte Seite den Boulevard hinaufspazieren will, bleibt jedem selbst überlassen. Hier wird zunächst die linke Seite gewählt.

B Cinema Eden – Einst ein Kino, heute ein Hotel. Die Fassade erinnert an die Blütezeit der Belle Époque, innen dominiert der Zeitgeist.

C Palácio Fox – Nach dem Erdbeben von 1755 wurde der Palast von einem italienischen Architekten erbaut. Heute ist hier eine Zentrale der Touristeninformation sowie eine Polizeistation für Touristen.

D Cinema Condes – Seit 2003 befindet ich in dem ehemaligen Kinopalast aus den 1950er-Jahren eine Filiale der Restaurantkette Hard Rock Café.

E Praça da Alegria – Der Platz ist ein kleiner lauschiger Park mit mehreren Sitzbänken. Die Avenida führt stetig, aber nicht steil bergan. Die Fahrspuren sind durch breite Alleen getrennt. An Sonntagen bauen hier Flohmarkt- und Antiquitätenhändler ihre Stände auf.

F Praça Marquês de Pombal – Wer eine Erholungspause einlegen will, kann von hier aus einen Abstecher in den Parque Eduardo VII. erkunden.

Elevador da Glória

Bergab geht es leichter. Vielleicht liegt es auch daran, dass auf der vom Zentrum aus gesehen rechten Straßenseite sich mehr Geschäfte befinden.

G Jardim do Torel – Die Parkanlagen entlang der Avenida laden zu einem Streifzug durchs Grüne ein.

H Standseilbahn Lavra – Wer die alte Standseilbahn nimmt, erspart sich den Aufstieg zum Park oder kann auch in Richtung Campo de Mártires da Pátria weiterbummeln. In der Rua das Portas de Santo Antão befinden sich zahlreiche Restaurants.

AUTORENTIPP!

LISSABON. EIN REISEBEGLEITER

Auf die Textpassage von Thomas Manns *Die Bekenntnisse des Hochstaplers Felix Krull* über die Avenida da Liberdade wäre der Autor dieses Reisebandes womöglich nicht gestoßen ohne *Lissabon. Ein Reisebegleiter*. Der lakonische Titel verspricht nicht mehr als er halten kann. Das ist schon einmal sehr angenehm. Das Buch aus dem Insel-Verlag ist ein idealer Begleiter: gut informiert, gut unterhaltend, und es rettet einen auch mal über die eine oder andere einsame Stunde in einem Lissabonner Café. Tatsächlich sieht man die Straßen und Plätze nach der Lektüre mit anderen Augen. Die Gegenwart wird transparent. Neben dem Wirklichen schiebt sich auch das Vergangene und die Fiktion mit ins Bild. Gaby Wurster lässt die Stadt selbst zu Wort kommen. Unterstützt wird sie dabei nicht nur von Thomas Mann und seinem *Felix Krull*, sondern auch von Alfred Döblin, Cees Nooteboom, Fernando Pessoa, Eça de Queiroz, José Saramago und anderen.

Gaby Wurster, Lissabon. Ein Reisebegleiter, Insel Verlag 2006

Tabak und Glücksspiel vereint

Monument auf der Avenida da Liberdade

Seltsam ist weniger das Monument an sich, als der damit betriebene Kult. So mancher Lisboeta zündet hier eine Kerze an, um die Heilung eines Angehörigen zu erbitten. Zahlreiche Dankestafeln umgeben diesen Mann, als sei er ein Heiliger. Beim Campo de Mártires da Pátria befinden sich auch die Deutsche Botschaft und das Goethe-Institut. Zurück auf der Avenida de Liberdade ist man wieder ganz im Diesseits und taucht in die schöne Mode- und Warenwelt ein.

Praça Marquês de Pombal

Das große Rondell wurde durch eine komplizierte Verkehrsführung von der alltäglichen Blechlawine wenn schon nicht befreit, so doch entlastet. Sie rollt nur noch oberhalb des Platzes entlang. In der Mitte überschaut der Marquês, die prägende Figur der Baixa und des Wiederaufbaus nach dem Erdbeben von 1755, auf einer 36 Meter hohen Säule die Dächer der Stadt in Richtung Tejo. Das Monument wurde 1934 errichtet.

Infos und Adressen

ESSEN UND TRINKEN

Casa do Alentejo. Das »Haus des Alentejo« ist benannt nach einer Region südlich Lissabons. In dem mit Azulejos verzierten Speiseraum wird deftige Landküche serviert. Hauptspeisen kosten ab ca. 12 €. Rua dos Portas de Santo Antão 58, Tel. 21/340 51 40, Metro: Restauradores

Fumeiro. Das kleine gemütliche Lokal liegt in einer Seitenstraße der Avenida da Liberdade. Gute Auswahl an Weinen und leckeres Grillfleisch. Hauptspeisen um 13 €. Tgl., Rua Conceição da Glória 25–27, Tel. 21/347 42 03.

NACHTLEBEN

Hot Clube. Seit den frühen Fünfzigerjahren geht es an der Praça da Alegria heiß her. Der Hot Clube ist Lissabons bekanntester Jazzclub mit schon fast legendärem Ruf. Mi–Sa 22–2 Uhr. Praça da Alegria 48, Tel. 21/346 03 05, www.hcp.pt

ÜBERNACHTEN

Alegria. Das charmante, einfache Hotel liegt direkt an der Praça da Alegria. Hübsche Zimmer und freundliches Personal. DZ ab 50 €. Praça da Alegria 12, Tel. 21/322 06 70, www.alegrianet.com

Heritage Avenida Liberdade Hotel. Schon von außen macht das Boutiquehotel einen einladenden

Die Avenida da Liberdade kennt keine Krise.

Eindruck. Bei der Renovierung wurden die historische Kachelfassade, Balkone und andere Elemente beibehalten. Im Innern blitzt dezentes Design der Gegenwart auf. DZ ab 230 €. Avenida da Liberdade 28, Tel. 21/321 81 17, www.heritageavliberdade.com

INFORMATION

Información Turistica. Hochsaison tgl. 10–18 Uhr, Palácio Fox, Praça dos Restauradores, Tel. 21/347 21 34, www.askmelisboa.com

Jeden ersten und dritten Sonntag ist Kunsthandwerkermarkt auf der Praça da Alegria.

6 Parque Eduardo VII.

Bühne der Natur

Wie eine Verlängerung der Avenida da Liberdade wirkt der größte Stadtpark von Lissabon, der Parque Eduardo VII. 1930 wurde die monumentale Anlage errichtet, über der eine riesige Portugalflagge weht. Von der Anhöhe hat man einen Überblick über die Stadt. Wer noch mehr Erholung sucht, kann im Gewächshaus Estufa Fria nach seltenen Pflanzen Ausschau halten.

In strenger Achsensymmetrie ziehen sich weiß und schwarz gepflasterte Rampen den Hang hinauf. Rechts und links flankieren sie ein tiefer liegendes Feld, das geometrisch bepflanzt wurde. Man könnte sich gut eine Prozession vorstellen, die sich gravitätisch den Hügel hinaufbewegt und oben angekommen eine Art von heiligem Ritual vollführt. Der Parque Eduardo VII., der sich oberhalb des Platzes Marquês de Pombal anschließt, ist eine Bühne, eine Kulisse, die dem Pathos dient. Zusammen mit der mächtigen Flagge, die auf der Kuppe im Wind weht, versteht man die Botschaft sofort: Portugal ist eine große Nation. Der Park wurde in den Dreißigerjahren fertiggestellt, in einer Zeit, als in anderen Teilen Europas der Nationalismus seine unheilvolle Entwicklung nahm und eine Pseudoästhetik hervorgebracht hat, die einem noch heute suspekt erscheint. Mit dem Namen erinnerte man an ein Ereignis, das Jahrzehnte zurücklag: den Besuch des Königs Eduard VII. Die beiden Nationen am Rand von Europa haben sich in ihrer Geschichte immer wieder verbündet, um gegen gemeinsame Feinde zu kämpfen. Auf dem 25 Hektar großen Areal findet sich, wenn man von unten nach oben schaut, auf der linken Seite das »Kalte Gewächshaus«, die Estufa Fria, in der Pflanzen aus Mexiko, Peru, China, den

Oben: Grüne Rampe – der Park ist eine optische Verlängerung der Avenida da Liberdade.
Unten: Ein Sportpalast im neobarocken Stil

Parque Eduardo VII.

Kachelkunst am Pavilhão Carlos Lopes

Antillen, Australien und anderen Ländern wachsen. Pflanzenfreunde erfreuen sich u.a. an Baumfarnen, Rhododendren und Kamelien. Mehr Wärme brauchen die Pflanzen der Estufa Quente, des »Warmhauses«, wie Bananen- und Mangobäume. Auf der anderen Seite der Rampe liegt der Pavilhão dos Deportes oder auch Pavilhão Carlos Lopes. Den neobarocken Bau schmücken Azulejos-Bildtafeln. Die Tableaus wurden in den 1920er-Jahren von Jorge Colaço gemalt, der sich für diese Kunst einen Namen machte. Leider ist der Pavillon in einem beklagenswerten Zustand und müsste dringend restauriert werden. Bis das geplante Sportmuseum darin einziehen kann, wird es wohl noch etwas dauern.

Von der Anhöhe, über der die portugiesische Flagge weht und die ein Brunnen schmückt, hat man eine tolle Aussicht über die Altstadt. Der Blick schweift an der hohen Säule auf der Plaça Marquês de Pombal vorbei und über die Baixa zum Tejo hinab. Westlich wird der Park von Hotelkolossen flankiert. Steigt man jenseits der Alameda Cardeal Cerejeira weiter bergan, kommt man in den blumenreichen Jardim Amália Rodrigues. Von dessen höchsten Punkt aus überblickt man die kontrastreiche Stadtlandschaft des Nordens. Markant sind die sternförmig angelegten alten Gefängnisbauten und das architektonisch interessante Gebäude des Justizministeriums.

Infos und Adressen

SEHENSWÜRDIGKEITEN

Estufas (Botanischer Garten). Pflanzenliebhaber werden den Gang durch die Estufa Fria, das »Kalte Gewächshaus« und das etwas kleinere »Warmhaus« genießen. Tgl. Okt.–März 9–16.30 Uhr, April–Sept. 9–17.30 Uhr, Eintritt 1,65 €, Parque Eduardo VII, Tel. 21/388 22 78, Metro: Marquês Pombal

ESSEN UND TRINKEN

Café Linha d'Água. Kaffee und Kuchen und eine erholsame Auszeit vom Besuchsmarathon, das bietet die Cafeteria im obersten Teil des Parque Eduardo VII. An heißen Tagen nutzen Kinder das flache Wasserbecken vor dem Terrassenlokal zum Planschen. Tgl. 9–24 Uhr, Parque Eduardo VII., Tel. 21/381 43 27, Metro: San Sebastião

Eleven. Durch die Panoramascheiben des modern-minimalistischen Restaurants im oberen Teil des Parks liegt einem die Stadt zu Füßen. Für die anspruchsvolle und exquisite Küche ist der gebürtige Saarländer Joachim Koerper verantwortlich. Ein Menü kostet ab 40 €. Mo–Sa 12.30–15 und 19.30–23 Uhr, Rua Marquês da Fronteira, Tel. 21/386 22 11, www.restauranteeleven.com, Metro: Marquês Pombal

ÜBERNACHTEN

Sana Rex. Das Dreisterne-Haus direkt neben dem Park besticht durch sein gutes Preis-Leitungs-Verhältnis. Klassische, gut gepflegte Zimmer, zum Teil mit Aussicht. DZ ab 60 €. Rua Castilho 169, Tel. 21/388 21 61, www.rex.sanahotels.com, Metro: Marquês Pombal

Oben: Im Chiado-Viertel finden sich einige der schönsten Häuserfassaden der Stadt mit Azulejo-Dekor. **Unten:** Um zur Metrostation Baixa-Chiado zu gelangen, geht es tief unter die Erde.

7 Unterwegs im Chiado-Viertel

Vom Erbe der Literaten und der Kultur des Kaufens

Das Altstadtviertel zwischen der Baixa und dem Bairro Alto wird von den mondänen Einkaufsstraßen Rua do Carmo und Rua Garrett geprägt. Dort finden sich noch Geschäfte, deren Einrichtung sich seit den frühen Tagen des 20. Jahrhunderts nicht verändert hat. In jener Zeit verkehrten auch die Künstler und Dichter im großbürgerlichen Nobelviertel und machten es berühmt.

Der Chiado ist nicht groß. Ehe man es sich versieht, hat man schon die unsichtbare Grenze zum Bairro Alto passiert. Am deutlichsten wird die Grenze oder der veränderte Charakter des Stadtteils sichtbar, wenn man von der Baixa kommt. Dann sieht man nicht nur an den Fassaden, dass man die flache Unterstadt mit ihren einheitlichen Stadthäusern im pombalinischen Stil verlässt –

MAL EHRLICH

DIE ANGST DES TOURISTEN VOR DEM TOURISTEN

Es ist wahr, dass im Café A Brasileira immer viele Touristen sitzen. Wie sollte es auch anders sein, wenn seit Jahrzehnten – und das zu Recht – seine Rolle im Lissabonner Kulturleben und seine nostalgische Schönheit gepriesen werden. Ist das Café deshalb touristisch, was häufig gleichgesetzt wird mit unecht, überteuert und letzten Endes nicht empfehlenswert? Am besten, man macht sich selbst ein Bild und freut sich daran, dass es noch Orte wie das A Brasileira gibt – und Touristen, die das auch so sehen.

Blick vom Castelo de San Jorge über die Stadt und den Tejo

man spürt es am eigenen Leib: Es geht erst einmal hinauf!

Hinauf zum Chiado

Das geht vom Rossio aus über den Largo do Carmo, eine verkehrsfreie Straße, die sich wie eine Rampe langsam hinaufzieht. Die bequemere Variante ist die Fahrt mit dem Elevador de Santa Justa. Der eiserne Aufzugsturm wurde wegen der etwas unpraktischen Topografie der Sieben-Hügel-Stadt errichtet. Die feinen Bürger im Chiado-Viertel wollten nicht jeden Gang in das Geschäftszentrum der Baixa mit einem schweißtreibenden Aufstieg bezahlen müssen, umgekehrt sollte nicht jeder Cafébesuch die Muskeln strapazieren. 1902 wurde der damals äußerst innovative Aufzug eingeweiht. Oben angekommen, erblickt man gleich die Ruinen der Carmo-Kirche. Wo Chiado beginnt und aufhört, lässt sich nicht so genau sagen, da die Grenzen zwischen den offiziellen Stadtteilen verschwimmen. Die genannten Sehenswürdigkeiten befinden sich im ersten Barrio und dort wiederum in den Untergemeinden Martíres und Sacramento. Man kann es sich auch leicht machen und den Chiado auf sein Kerngebiet beschränken. Das ist zweifellos die Rua Garret. Man kann sogar so weit gehen zu behaupten, dass diese elegante Einkaufsstraße mit ihren berühmten Cafés und den Kolonialwarenhändlern, Buchhandlungen und

AUTORENTIPP!

MUSEU ARQUEOLÓGICO DO CARMO

In der offen gelassenen Ruine der Igreja do Carmo lässt sich gut darüber streiten, wie denn das große Erdbeben, das die Kirche zerstört und Tausende von Menschen getötet hat, mit dem Wirken eines gütigen Gottes zu vereinbaren ist. Durch das noch intakte Westportal tritt man ein und steht doch gleich im Freien. Dort wo Bänke und ein Dach fehlen, sind Grabstelen, ein Taufbecken und anderes aus frühen Jahrhunderten ausgestellt. Im überdachten Chor sind weitere archäologische Funde aus Europa und Südamerika ausgestellt. Es ist eine bunte Sammlung, die hier zusammengetragen wurde, wie etwa das Grabmal des unehelichen Königssohns Fernando I. (14. Jh.), eine präkolumbische Statue, Azulejo-Kunst und manches mehr. Das Gotteshaus aus dem 14. Jahrhundert ist das einzige Beispiel in Lissabon für einen rein gotischen Kirchenbau. Besonders gut zu sehen ist das auf dem Weg zum Carmo-Platz (vom Elevador de Santa Justa her).

Museu Arqueológico do Carmo.
Di–Sa, Mai–Sept, 10–18 Uhr,
Okt.–April bis 17 Uhr,
Tel. 21/347 86 29, www.museus portugal.org/aap

Oben: Der Largo do Chiado ist ein beliebter Platz für Straßenmusiker.
Mitte: Wenn schon keine Azulejos, dann wenigsten Farbe: Häuserfassade im Chiado-Viertel
Unten: Stadtbesichtigung macht müde.

noblen Boutiquen das Rückgrat Lissabons ist, vielmehr als etwa die Rua Augusta, die Avenida da Liberdade oder was einem sonst noch an bedeutenden Straßen der portugiesischen Hauptstadt einfallen mag.

Feuer im Chiado

Der Chiado war vor allem im ausgehenden 19. und frühen 20. Jahrhundert ein Viertel, in dem zahlreiche Dichter und Künstler verkehrten. Auf tragische Weise rückte das Viertel vor 25 Jahren in den Fokus der Öffentlichkeit. In den frühen Morgenstunden des 25. August 1988 brach in der Parfüm- und Wäscheabteilung des Kaufhauses Grandella ein Feuer aus. Das große, 1904 erbaute Gebäude lag zwischen den Straßen Rua do Carmo und Rua do Crucificio. In den Presseartikeln jener Zeit lesen sich die Ereignisse wie eine tragische Verkettung von menschlichem Versagen und mangelndem beziehungsweise nicht vorhandenem Brandschutz. Als das Feuer ausbrach, tat nur ein Wachmann im Haus Dienst. Möglicherweise schlief er, als das Unglück sich anbahnte. Nachdem er bemerkte, was da in der dritten Etage des Kaufhauses vor sich ging, lief er zu einem Kollegen am Aufzug Santa Justa, ohne jedoch die Feuerwehr zu alarmieren. Von dort aus eilte er zum Regierungspräsidium, wo man mittlerweile vom Feuer wusste, weil die Flammen von Anwohnern bereits gesehen und gemeldet worden waren. Als die Feuerwehr eine Stunde nach dem Ausbruch endlich mit dem Löschen beginnen wollte, brannte das Granella bereits lichterloh – es musste erst einmal Verstärkung angefordert werden, und wieder gingen kostbare Minuten verloren. Zu allem Unglück wehte an diesem Tag ein kräftiger Wind über das Altstadtviertel, der den Brand immer wieder neu entfachte und die Rettungsarbeiten erschwerte. Letzten Endes waren insgesamt 18 Ge-

Spaziergang durch das Chiado-Viertel

Ⓐ Elevador Santa Justa – Die Rua do Carmo, eine Straße mit vielen Boutiquen, Shops und Lokalen, wird von der Fußgängerrampe des Elevador Santa Justa überspannt. Wer sich den Aufstieg ersparen will, nimmt den Aufzug.

Ⓑ Armazéns do Chiado – Das Kaufhaus wurde nach einer Brandkatastrophe, die 1988 über ein Dutzend Häuser zerstört hat, zusammen mit der Metrostation im Tiefgeschoss erbaut.

Ⓒ Museu Arqueológico do Carmo – Am Platz Largo do Carmo lohnt ein Blick ins gleichnamige Archäologische Museum. An der Rückseite sieht man besonders schön den gotischen Stil der Ruine.

Ⓓ Praça Luis de Camões – Am Platz Luis de Camões pulsiert das Leben.

Ⓔ Largo do Chiado – Hier befindet sich Lissabons berühmtestes Café, das A Brasileira.

Ⓕ A Brasileira – Das einstige Künstlertreffpunkt ist bis heute Inbegriff der berühmten Kaffeehauskultur von Lissabon.

Ⓖ Teatro São Luíz und Teatro São Carlos – Das Opernhaus São Carlos ist eines der ältesten, klassischen Gebäude Portugals. Es wurde nach dem Vorbild der Mailänder Scala errichtet. Im städtischen Theater São Luíz findet auch das jährliche Jazzfestival statt.

Ⓗ Museu do Chiado – Das Museum birgt portugiesische Kunst von 1850–1950, die Räumlichkeiten nutzen ein ehemaliges Franziskanerkloster.

Lounge-Event zu Füßen von Luis de Camões

AUTORENTIPP!

A BRASILEIRA
Das wunderbar nostalgische Lokal an der Rua Garrett ist der Inbegriff der berühmten Kaffeehauskultur von Lissabon. Ohne diesen Treffpunkt der Intellektuellen wären die portugiesische Literatur, die Politik und wahrscheinlich auch weite Teile des Handels undenkbar. Das lässt sich so mit Sicherheit für das frühe 20. Jahrhundert behaupten wie auch in den benachbarten Literaturcafés Nicola, Marthinho do Arcada und anderen, die heute verschwunden sind. Das A Brasileira war eines von Fernando Pessoas häufig frequentierten Lokalen. Neben ihm verkehrten dort andere Modernisten wie José Sobral de Almada Negreiros oder Mário de Sá-Carneiro. Eröffnet wurde das Haus im Art-déco-Stil im Jahr 1905. Damals war es in erster Linie noch ein Geschäft für brasilianischen Kaffee. Die guten Kaffeebohnen gibt es noch immer. Wer seinen Kaffee nicht nur am Tresen oder an einem der Tische genießen will, kann ihn auch frisch gemahlen mit nach Hause nehmen.

A Brasileira. Rua Garrett 120, Mo–Sa, 8–2 Uhr, Tel. 21/346 95 41, Metro: Baixa-Chiado

bäude betroffen, wovon elf nicht mehr zu retten waren. 22 Familien verloren ihr Zuhause, ein Mensch fiel den Flammen zum Opfer, während viele Feuerwehrleute leichte Verletzungen davontrugen. Schnell wurden in der Hauptstadt Erinnerungen an das große Erdbeben von 1755 wach.

Neue Architektur und alter Glanz

Mit den Planungen für den Wiederaufbau wurde Álvaro Siza Vieira beauftragt. Der renommierte Architekt und Pritzker-Preisträger sollte, anders als bei seinen bisherigen Projekten, keinen modernen Akzent setzen, sondern den Glanz vergangener Tage wieder auferstehen lassen. Die große Zeit des Chiado war allerdings bereits vor dem Brand schon vorbei, weshalb der Wiederaufbau mehr war als einfach nur die zerstörten Gebäude möglichst originalgetreu wieder zu errichten. Bei der Gestaltung der Fassaden hielt sich Siza Vieira an die historischen Vorbilder. Andererseits band er das betroffene Gebiet besser in die Stadt ein, schuf neue Innenhöfe und Wege. Auf den Resten eines Klosters entwarf er das Einkaufszentrum Armazéns do Chiado, dem bis heute ein luxuriöses Hotel angeschlossen ist, und unter dem die Metrostation Baixa-Chiado liegt. Durch sie sind Unter- und Oberstadt miteinander verbunden.

Kunst, Kultur und dunkle Schatten

Fast könnte man sagen, dass die Brandkatastrophe dem Viertel gut getan hat. Seit der Neugestaltung gehört der Chiado wieder zu den ersten und beliebtesten Einkaufsvierteln der Stadt. Neben den traditionsreichen Läden in der Rua do Carmo und der Rua Garret, den edlen Boutiquen und berühmten Cafés wie dem A Brasileira, gibt es auch kulturell und geschichtlich einiges zu entdecken. Dazu zählt zweifellos die Ruine der Igreja do Carmo. Das vom Erdbeben zerstörte Gotteshaus ist nicht nur ein Mahnmal und zugleich sehenswertes archäologisches Museum. Nebenan im ehemaligen Karmeliterkloster ist die GNR, die Guarda Nacional Republicana, untergebracht. In die Gebäude flüchteten sich am Tag der »Nelkenrevolution«, dem 25. April 1974, Salazar und der als Nachfolger des Diktators bestimmte Marcelo Caetano. Vom lauschigen Carmo-Platz erreicht man über Straßen mit kachelgeschmückten Stadthäusern den Platz Largo do Chiado. Oberhalb des Cafés A Brasileira, wo Fernando Pessoa (1888–1935) als Bronzefigur sitzt, wird der Largo von den Barockkirchen Loreto und Nossa Senhora de Encarnação flankiert. Ein Stück weiter bergab an der Rua Garrett lohnt sich ein Blick in die Igreja dos Mártires.

In der Oberstadt waren und sind noch zum Teil die Buchhändler und Verlage ansässig, obwohl es ihnen immer schwerer wird, die enormen Mieten aufzubringen. Die Kunstakademie hat hier ihren Sitz, ebenso wie das Museum für zeitgenössische Kunst, das Museu do Chiado sowie das Opernhaus São Carlos und das Theater São Luíz.

Diese kulturellen Institutionen liegen hangabwärts zwischen der Rua Garret und der Rua do Arsenal, wo man sich schon fast wieder auf dem Niveau des Tejo befindet. In diesem Teil des Viertels, genauer gesagt in der Rua Antonio María Cardoso, die vom Largo do Chiado in Richtung Tejo führt, hatte die PIDE, die gefürchtete Geheimpolizei des Salazar-Regimes, ihre Zentrale. Dass in den Kerkern gefoltert wurde und Regimegegner den Tod fanden, hat Investoren nicht davon abgehalten, an dieser Stelle luxuriöse Appartements zu bauen. Eine Tafel erinnert an die dunkle Episode der Vergangenheit.

AUTORENTIPP!

DIE KIRCHEN DES CHIADO-VIERTELS

Sie kommen neben all den noblen Geschäften und Cafés einfach zu kurz. Selbst die herrschaftlichen Stadthäuser mit ihren kachelgeschmückten Fassaden werden mehr beachtet. Dabei stehen an der Rua Garrett und am Largo do Chiado, in den die Hauptachse des Viertels übergeht, gleich drei sehenswerte Kirchen. Den Anfang macht, wenn man von der Baixa kommt, die Igreja dos Mártires. Sie wurde 1784, also nach dem Erdbeben fertiggestellt. Die Kirche birgt keine herausragenden Kunstwerke, wirkt aber insgesamt sehr harmonisch. Die Igreja do Loreto steht, wenn man von der Baixa kommt, auf der rechten Seite des Largo do Chiado. Sie wurde nach dem Erdbeben wieder aufgebaut. Das Tonnengewölbe der einschiffigen Kirche wurde wie das der Igreja dos Mártires und der gegenüberliegenden Igreja da Encarnação von Pedro Alexandrino bemalt. Die im 16. Jahrhundert gegründete Loreto-Kirche war zu Beginn des 20. Jahrhunderts besonders in höheren Gesellschaftskreisen beliebt.

Infos und Adressen

SEHENSWÜRDIGKEITEN

Museu Arqueológico do Carmo. Di–Sa, Mai–Sept., 10–18, Okt.–April bis 17 Uhr, Largo do Carmo, Tel. 21/345 04 37,www.museuarqueologi codocarmo.pt, Metro: Baixa-Chiado

Elevador de Santa Justa. Tgl. 7–23 Uhr, Nov.–Mitte Juli bis 22 Uhr, hin & zurück ca. 5 €, Rua do Ouro, Tel. 21/413 86 79, www.carris.pt, Metro: Baixa-Chiado

Dachterrasse des *Bairro Alto Hotels*

ESSEN UND TRINKEN

Café Benard. Das elegante Café steht etwas im Schatten des berühmteren A Brasileira. Kenner schwören auf die Croissants des Hauses. Sie sollen die besten der Stadt sein. Tgl. 8–23 Uhr, Rua Garrett 104, Tel. 21 347 31 33, Metro: Baixa-Chiado

Cervejaria Trindade. 1840 wurde in den Klostergewölben ein Bierausschank eröffnet. Im langen Speiseraum mit seinen kunstvollen Azulejos fühlen sich Einheimische und Touristen wohl. Serviert wird klassische portugiesische Küche. Tgl. ab 12 Uhr bis nachts, Hauptspeisen ab 10 €, Rua Nova da Trindade 20, Tel. 21/342 35 06,. www.cervejariatrindade.pt, Metro: Baixa-Chiado

Gelataria Santini. Superlative sind immer etwas schwierig. Ob es nun das beste Eis der Stadt ist, bleibt daher unbeantwortet. Wer einmal probiert hat, kommt wieder und nimmt auch eine sommerliche Warteschlange in Kauf. Tgl. 11–24 Uhr, Rua do Carmo 13, Metro: Baixa-Chiado

Palmeira. In der urigen Taverne lebt noch das alte Portugal. Die typische Tasca unterhalb des Armázens do Chiado ist trotz Azulejo-Schmuck einfach und rustikal. Zu einem dunklen Bier oder Glas Wein gönnt man sich an der Bar leckere Kroketten, Bacalhau, gegrillte Chouiço-Wurst und andere Kleinigkeiten. Im Restaurant gibt es die größeren Portionen – alles zu günstigen Preisen.
Mo–Fr 8–20 Uhr, Rua do Crucifixo 69–73,
Tel. 21/342 83 72. Metro: Baixa-Chiado

Tágide. Um eine anspruchsvolle Küche kennenzulernen, ohne dabei arm zu werden, sollte man in den herrschaftlichen Räumen des Tágide vorbeischauen. Wer einen Platz am Balkon erwischt, blickt über den Rathausplatz und die Baixa. Mo–Sa 12.30–15 und 20–24 Uhr, Vorspeisen ab 10 €, Hauptspeisen ab 15 €, Largo da Academia Nacional de Belas Artes 18–20, Tel. 21/340 40 10, www.restaurantetagide.com, Metro: Baixa-Chiado

Tavares. Es ist das älteste Restaurant, eröffnet wurde es 1784. Und wenn es um Stil und Eleganz geht, ist es noch immer unerreicht. Es ist ein prächtiges und nicht inszeniertes, da authentisches Interieur aus großen Spiegeln, Kristalllüstern und Gediegenheit. Unter 80 € pro Person wird man das Lokal kaum verlassen. Di–Sa 19.30–23 Uhr, Rua da Misericórdia 35, Tel. 21 347 09 06, www.restaurantetavares.net, Metro: Baixa.Chiado

EINKAUFEN

Armazéns do Chiado. Nach dem Brand im Chiado-Viertel wurde das Einkaufszentrum neu errichtet. Das Shopangebot ist angenehm überschaubar. Das Medienkaufhaus FNAC bietet eine gute Auswahl an Büchern, CDs, DVDs. Manchmal finden Konzerte oder Lesungen statt. Tgl. 10–23 Uhr (Kino ausgenommen), Rua do Carmo 2, Metro: Baixa-Chiado

Casa Pereira. Im originalen Interieur der Zwanzigerjahre finden sich u.a. Schokoladen, Tees und Kaffees aus den Anbaugebieten der Welt. Rua Garrett 38, Tel. 21/342 66 94, Metro: Baixa-Chiado.

Fábrica Sant Ana. Klassische Azulejos und Keramiken sind mehr als beliebte Souvenirs. Im Showroom der 1741 gegründeten Manufaktur befinden sich schöne Stücke. Rua do Alecrim 95, Tel. 21/363 82 92, Metro: Baixa-Chiado

Livraria Bertrand. Die wunderbare Buchhandlung – eröffnet im Jahr 1732 – ist ein Grund Portugiesisch zu lernen. Rua Garrett 73–75, Tel. 21/347 61 22, Metro: Baixa-Chiado

Ana Salazar. Unter der Fußgängerbrücke des Elevador de Santa Justa, der Rua do Carmo, hat die portugiesische Modemacherin Ana Salazar ihren Showroom. Salazar war die erste Designerin, die ab den Achtziger- und Neunzigerjahren international bekannt wurde. Mo–Sa 10–14 und 15–19 Uhr, Rua do Carmo 87, Tel. 21/347 22 89, www.anasalazar.pt, Metro: Baixa-Chiado

ÜBERNACHTEN

Hotel do Chiado. Beim Wiederaufbau des Chiado nach dem Brand von 1988 plante Álvaro Siza auch dieses feine Viersternehotel. Die Aussicht von der Panoramabar auf der Dachterrasse begeistert. Nach wie vor ein sehr gutes Hotel. DZ ab 110 €. Rua Nova do Almada 114, Tel. 21/325 61 00, www.hoteldochiado.pt, Metro: Baixa-Chiado

Bairro Alto Hotel. Über mangelnden Komfort muss man sich im noch recht neuen Boutiquehotel nicht beklagen. Schöne Lage im historischen Gebäude mit Blick über den Tejo.
Praça Luís de Camões 2, Tel. 21/340 82 88, DZ ab 200 €, www.bairroaltohotel.com, Metro: Baixa-Chiado

Blick vom Elevador Santa Justa auf die Igreja do Carmo

8 Museu do Chiado

Portugals Weg in die Moderne

Bei der Entwicklung der modernen Kunstströmungen zu Beginn des 20. Jahrhunderts steht Portugal im Abseits. Dass es dennoch spannende Kunst zu entdecken gibt, zeigt das Museum, das den besten Bestand an portugiesischer Malerei und Skulpturen aus den Jahren 1850 bis 1950 besitzt.

Das Museu do Chiado wurde nach einem Entwurf des französischen Architekten Jean-Michel Wilmotte in einem ehemaligen Franziskanerkloster 1994 neu eingerichtet, um das Museum für zeitgenössische Kunst abzulösen.

Wenn man schon mal in der Hauptstadt Portugals ist, bietet es sich auch an, einen Blick auf die Entwicklung der portugiesischen Kunst zu werfen. Dabei wird man feststellen, dass diese im frühen 20. Jahrhundert in Lissabon ähnlich verlief wie in Berlin oder Paris, wenn auch etwas zeitversetzt. Andererseits lassen sich immer auch Werke entdecken, in denen man glaubt, etwas typisch Portugiesisches, Lokales und Individuelles auszumachen. Der geeignete Ort für derartige Betrachtungen ist das Museu do Chiado, das die bedeutendste Sammlung für portugiesische Kunst der Zeit zwischen 1850 und 1950 besitzt. Mit Einschränkungen reicht die Sammlung sogar bis in die jüngste Gegenwart. Das Museum schließt die Lücke zwischen dem Nationalmuseum für Alte Kunst (Museu Nacional de Arte Antiga) sowie der modernen Sammlung der Gulbenkian-Stiftung und der Collecção Berardo.

Das Museu do Chiado erreicht man vom Largo do Chiado oder die Rua Garrett aus über die Rua Serpa Pinta, die recht steil in Richtung Tejo führt.

Oben: Oben: Ernesto Canto da Maia formte um 1930 Adam und Eva aus Terracotta.
Unten: Auch Kunst des ausgehenden 20. Jahrhunderts wird im Museum gezeigt.

Museu do Chiado

Das 1911 gegründete und 1994 neu eröffnete Museum liegt schräg am Hang und erstreckt sich über mehrere Ebenen. Trotz der Größe reicht der Platz nicht aus, die Sammlung der rund 5000 Werke dauerhaft zu präsentieren. Also wird ständig umgehängt und in thematisch spannenden Wechselausstellungen ein Teil davon gezeigt.

Der Sammlungsschwerpunkt liegt auf der portugiesischen Kunst ab Mitte des 19. Jahrhunderts und umfasst Malerei, Fotografie, Skulptur und neue Medien. Die frühesten Arbeiten – und typisch für das 19. Jahrhundert – sind die riesigen Leinwände von Tomás da Anunciação und Cristino da Silva, auf denen romantische Landschaften zu sehen sind, gerne auch mit Schafen, Rindern oder anderen ländlichen »Zutaten«. António Ramalho und Bordalo Pinheiro wurden mit ihrer figürlichen Kunst bekannt. Bordalo Pinheiro ist einer der einflussreichen Künstler und gehört zum Kreis der Lissabonner Naturalisten. Amadeo de Souza-Cardoso erhielt seine wichtigsten Prägungen in Paris, wo er ab 1906 lebte, und Juan Gris, Pablo Picasso und viele andere Künstler der Zeit kennenlernte. Seine Malerei kann man kubistisch nennen, allerdings fand er eine Bildsprache, die sich deutlich von denen der bekannteren Pariser Künstler unterschied. Von Souza-Cardoso beeinflusst wurde Mário Eloy. Der 1900 in Algès geborene Künstler lebte in Madrid und Paris, ehe er in den Zwanzigerjahren des letzten Jahrhunderts nach Berlin kam. Dort hatte er auch Gelegenheit, seine expressionistischen Gemälde auszustellen, ehe er 1932 wieder in seine Heimat zurückkehrte. Bedingt durch die politische Situation in Portugal flaute die innovative künstlerische Produktion ab den Vierzigerjahren etwas ab und erfuhr erst durch die Avantgarde-Strömungen der Siebzigerjahre und den neuen politischen Perspektiven, die sich für Portugal eröffneten, neue Impulse.

Infos und Adressen

SEHENSWÜRDIGKEITEN

Museu Nacional de Arte Contemporânea – Museu do Chiado. Di–So 10–18 Uhr, Rua Serpa Pinto 4, Tel. 21/343 2 148, www.museudochiado-ipmuseus.pt, Metro: Baixa-Chiado

ESSEN UND TRINKEN

Fábulas. Wie ein gemütliches Wohnzimmer mit alten Möbeln und Bildern. Karte, die allerlei Frisches, auch aus biologischem Anbau, auflistet. Zum Brunch, Kaffee, Abendessen oder auch um einen Cocktail zu genießen. Ein Platz für jede Tageszeit.
So–Fr 11–24 Uhr, Sa bis 1 Uhr, Calçada Nova de São Francisco 14, Tel. 21/601 84 72, www.fabulas.pt, Metro: Baixa-Chiado

EINKAUFEN

A Vida Portuguesa. In diesem nostalgischen Laden bekommen auch das alte Portugal und seine Produkte einen Platz in der Gegenwart. Die Inhaberin Catarina Portas hat ein Gespür für zeitlose Dinge wie Seifen, die man nie öffnen möchte, so wunderbar ist die Verpackung, Tischdecken aus dem Alentejo oder Keramiken der Sechziger- und Siebzigerjahre. Fast alle Waren sind auch über den Online-Shop erhältlich. Rua Anchieta 11, Tel. 21/347 30 60, www.avidaportuguesa.com, Metro: Baixa-Chiado

ÜBERNACHTEN

Shiado Hostel. Zimmer für 4–8 Gäste, auch zwei hübsche Doppelzimmer, allerdings ohne eigenes Bad. Im frischen Design des Hauses fühlen sich nicht nur Backpacker wohl. DZ ab 45 €, Rua Anchieta 5, 3°, Tel. 21/342 92 27, www.shiadohostel.com, Metro: Baixa-Chiado

OBERSTADT

9 Unterwegs im Bairro Alto 76

10 Igreja de São Roque 84

11 Miradouro de São Pedro de Alcântara 88

12 Jardim do Príncipe Real 90

13 Jardim Botânico 92

14 Bica-Viertel und Cais do Sodré 96

15 Rato, Estrela, Madragoa und Lapa 102

16 Casa Fernando Pessoa 110

17 Casa-Museu Amália Rodrigues 114

18 Basílica da Estrela 116

19 Museu Nacional de Arte Antiga 118

20 Museu do Oriente 124

21 Aqueduto das Águas Livres 128

21 Aqueduto das Águas Livres
Centro Comercial das Amoreiras
Avenida Engenheiro Duarte Pacheco
Rua Tierno Galvan
Rua Amoreiras
Rua José Gomes Ferreira
Avenida de Ceuta
Rua dos Sete Moinhos
Rua do Arco do Carvalhão
Rua Maria Pia
Santo Condestável
Rua de Campo de Ourique
Praça Afonso do Paço
Rua Pereira e Sousa
R. de C. de Ourique
Arco do Carvalhão
Rua Guilherme Anjos
Rua Correia Teles
Campo de Ourique
Rua Infantaria
Rua Ferreira Borges
Rua Tomás da Anunciação
Rua do Quatro de Infantaria
Rua Dezasseis
Rua Luís Derouet
Rua Silva Carvalho
Largo Doutor António Viana
Convento das Bernardas
Museu da Marioneta
Casal Ventoso de Cima
Rua Graciete
Vila
Rua Sampaio Bruno
Rua Carlos da Maia
Rua de Azedo Gneco
Rua Tenente Ferreira Durão
Rua Francisco Metrass
Rua Almeida e Sousa
Rua Coelho da Rocha
Casa Fernando Pessoa 16
Rua Saraiva de Carvalho
Santa Clara
Rua da Estrela
R. de São
Estrada dos Prazeres
Rua Freitas
Rua André Brun
R. Gervásio Lobato
Rua Padre Francisco
Santo Condestável
Domingos Sequeira
Tasca da Esquina
Praça São J. Bosco
Casal Ventoso de Baixo
R. Fresca
Rua Maria Pia
Cemitério dos Prazeres
Rua Saraiva
Bota Velha
Café-Restaurante Jardim da Estrela
Prof. Gomes Teixeira
Presidência do Conselho de Ministros
Rua do Patrocínio
Rua de Santo António
Basílica da Estrela 18
Rua Silva
Rua Possidónio da Silva
Rua do Possolo
Rua de Santana
Avenida Infante Santo
Rato, Campo de Ourique, Estrela, Madragoa und
The House
Avenida da Ponte
Rua da Fabrica da Pólvora
Rua da Cruz
Rua do Borja
Rua de Santana
Rua de Buenos Aires
Rua Abílio Lopes do Rego
Tv. do Moinho de Vento
Tv. da Horta Navia
Rua Pala
Tapada das Necessidades
Rua das Necessidades
Rua Feliciano de Sousa
Rua do Alvito
Rua da Quinta do Jacinto
Estação Alcântara
Rua da Costa
Rua Capitão Afonso Pala
Calçada
Alto da Cova da Moura
Rua de São Caetano
Rua do Sacramento
Rua de São Domingos
Rua de São Félix
Rua dos Remolares
Rua da Bandeira
Rua de Pau
Via Ponte
Praça General Domingos de Oliveira
Largo do Rilvas
Tv. das Necessidades
Prazeres
Rua Joaquim Casimiro
Rua Ribeiro Sanches
Rua Maestro António Taborda
Rua Prior do Crato
Rua do Prior
Rua do Conde
Lapa Palace
Rua da Arriaga
Rua Dias Coelho
Rua dos Lusíadas
Rua José
Rua das Fontainhas
Rua Vieira da Silva
Praça da Armada
Hospital da Cuf
Rua do Sacramento
L. Dr. José de Figueiredo
Museu Nacional de Arte Antiga 19
Cafetaria Nacional
Largo do Calvário
Largo das Fontainhas
Av. de Ceuta
Rua do Arco
Timpanas
Armada Ministério do Exército
Rua do Olival
Rua Presidente Arriaga
Le Chat
Esc. José António Marques
Rua da Cozinha Económica
R. de Cascais
Avenida 24 de Julho
Avenida da India
Avenida de Brasilia
Avenida de Brasília
Museu do Oriente 20
Cafetaria/Restaurant Museu do Oriente
Doca de Alcântara
Rua General Gomes de
Doca de Santo
Doca de Santo Amaro
Buddha LX
Estação Marítima de Alcântara

Fundação Arpad Szenes-Viera da Silva
Reservatório da Mãe d'Água
Casa da Comida
Largo do Rato
Rato
Rota das Sedas
L. de São Mamede
St. Memed
Largo Hintze Ribeiro
Casa de São Mamede
Teatro da Cornucópia
Museu Nacional de História Natural e da Ciência
Jardim Botânico
13 Jardim Botânico
Universidade Internacional
Confeitaria Cister
Jardim do Príncipe Real
C.C. & C
12
17
Casa-Museu Amália Rodrigues
Esplanada do Principe Real
EPAL Museu da Água
Moy Garrafeira
Charcutaria
Pastelaria-Padaria São Roque
Doce História
100 Maneiras
Elevador da Glória
Pavilhao Chinês
Convento da Concéição dos Cardais
Pensão Londres
The Decadente
11
Miradouro de São Pedro de Alcântara
The Independente Hostel & Suites
O Forcada
Solar do Vinho do Porto
Buddha Sushi
10
Igreja/Museu de São Roque
Museumscafé
Casa das Janelas com Vista
Praça das Flores
9
Academia das Ciências de Lisboa
Bairro Alto
Palácio dos Carvalhos
Mercês
Café Luso
Alfaia
Livraria Olisipo
Fragil
Verlagsgebäude »O Sèculo«
Encarnação
Santa Catarina
Largo de Jesus
Pap' Açorda
A Capela
O Faia
Dândi
Mahjong
Fátima Lopes
1° de Maio
A Carioca
Museu da Farmácia
Pharmacia
Casa das Velas Loreto
Esplanade Quiosque O Miradouro
Elevador da Bica
Largo do Barão de Quintela
Teatro Nac. de S. Carlos
São Paulo
Bica-Viertel und Cais do Sodré
14
Pr. de São Paulo
Praça Dom Luís I
Praça Duque de Terceira
LX Boutique Hotel
O Café de São Bento
Palácio de São Bento
Assembleia Nacional
O Cantinho da Paz
Instituto Luso-Farmaco
Sr. Vinho
Chafariz da Esperança
Largo do Conde Barão
A Travessa
Largo Vitorino Damásio
Jardim de Santo Hostel
Santos-o-Velho
Kremlin
Largo de Santos
Avenida 24 de Julho
Avenida da Ribeira das Naus
Cais do Sodré
Ibo
LuxFrágil
São Mamede
Avenida
Avenida da Liberdade
Largo Jean Monnet
Parque Mayer
Pr. da Alegria
J. de A. Keil
São José
Elevador do Lavra
Coliseu dos Recreios
Teatro Politeama
Praça dos Restauradores
Restauradores
L. do Convento da Encarnação
Palácio da Independencia
Teatro Nacional Dona Maria II
Pr. Dom Pedro IV (Rossio)
Rossio
Estação Central do Rossio
Praça da Figueira
Casa Balthazar
Museo Arqueológico
Largo do Carmo
Teatro da Trindade
Baixa
Rua da Prata
Rua Augusta
Rua Aurea
Baixa-Chiado
Mártires
Museo Chiado
M. Nacional de Arte Contemporânea
Câmara Municipal
Pr. do Município
L. do Corpo Santo
São Nicolau
Hospital de Santa Marta
Hospital de Santo António dos Capuchos
Jardim Braamcamp Freire
Largo do Mitelo
Largo do Mastro
L. do Escola Municipal
Hospital de São José
Pena
Rua Braamcamp
Rua Rodrigo da Fonseca
Rua do Salitre
Rua da Escola Politécnica
Rua Nova da Trindade
Calçada de Santana
Rua das Portas de Santo Antão
Restaurante Farol
Sehenswürdigkeit, Denkmal
Aktivität, Ausgang, Theater
Museum, Galerie
Shopping
Restaurant, Bar, Café
Übernachtungsmöglichkeit
Kirche, Moschee
0
100 m
N

Seite 72/73: Blick vom Miradouro de São Pedro de Alcântara zum Castelo in der Dämmerung
Oben: Heißes Pflaster – um im Bairro Alto aufzufallen, muss man sich etwas einfallen lassen.
Unten: Am Vormittag liegt über dem Viertel eine fast dörfliche Ruhe.

9 Unterwegs im Bairro Alto

Die kreative Party

Im malerischen Bairro Alto, der Oberstadt, spielt sich Lissabons Nachtleben ab. Jede Menge Bars und Lokale öffnen am Abend ihre Pforten, ebenso wie Boutiquen und Shops. Auch wenn das Bica-Viertel derzeit mehr im Trend liegt, ist das Bairro Alto immer noch ein Szenetreffpunkt auch für Modedesigner und junge Kreative. Mit seinen Aussichtspunkten und zwei schönen Parks lohnt der Aufstieg auch am Tag.

Das Bairro Alto, das »obere Stadtviertel«, hat zwei Gesichter. Jedenfalls wenn man den Morgen mit dem Abend und der Nacht vergleicht. Spaziert man am Vormittag etwa vom Chiado aus in die höher gelegenen Gassen des Viertels, trifft man auf Frauen reiferen Alters, die mit einem Korb oder mit Plastiktüten bepackt vom Einkauf kommen. Es ist durchaus möglich, dass die eine oder andere noch jene praktische Kittelschürze trägt, die in den Gesellschaften der Best Ager oder Golden Ager längst in Vergessenheit geraten sind. Sicherlich wird man auch dem einen oder anderen passenden männlichen Exemplar dazu begegnen, das auf dem Weg zu seiner Lieblingsbank ist oder eine *bica*, einen kleinen Kaffee, in der Hausbar um die Ecke nehmen möchte. All das will sagen, am Morgen ist das Bairro Alto ein bodenständig-romantisches Viertel ohne Hektik oder Lärm oder drängenden Zeitgeist.

Man ahnt es schon, was jetzt kommt: die zweite Hälfte des Tages. Erst am Nachmittag gegen vier oder fünf Uhr öffnen die lässig schicken Boutiquen und Läden. Es macht also keinen Sinn,

Rua da Misericórdia

morgens auf Shoppingtour zu gehen. Das Bairro Alto ist das Viertel der Modedesigner Lissabons – und davon gibt es nicht wenige. Zum Beispiel Fátima Lopes. Ihr Headquarter liegt in der Rua da Atalaia. Das Haus ist Boutique, Laufsteg, Modelagentur und Kreativbüro in einem. Am Abend verwandelt es sich sogar zum angesagten Club. Diese Mischung von Konsum, Kreation und Alltagskultur ist eigentlich nichts Neues. Die coolen multifunktionalen Läden gab es – auch wenn sie vielleicht anders hießen – bereits vor zehn Jahren. Das ist eine sehr lange Zeitspanne, jedenfalls wenn man von Mode und Trendwellen spricht. Wer kreativ ist, denkt nicht in Schubladen. Daher ist es gut möglich, dass in einem Friseursalon am Abend ein Happening stattfindet und die Modeboutique am späteren Abend zur Bar wird. Neben diesen, man möchte sagen, typischen Bairro-Alto-Locations, gibt es noch mehr, was sich zwischen der Rua da Misericórdia, dem Largo de Camões, der Rua do Loreto und nach Westen hin bis zur Rua do Século abspielt.

Im ehemaligen Handwerkerviertel haben einige urige und gern besuchte Tascas überlebt. In diesen einfachen Lokalen mit ihren oft quadratischen Minitischen wird auf selbigen bodenständige portugiesische Küche serviert. Es ist gut möglich, dass im Lokal gleich nebenan junge Weltverbesserer auf

AUTORENTIPP!

CLUB-MYTHOS

Das Salazar-Regime hatte erst wenige Jahre zuvor abgedankt. Plötzlich wehte der Wind der Freiheit. Ähnlich wie in Spanien, wo nach der lähmenden Franco-Ära in den 1980er-Jahren die Movida ein schrilles Fest aus Selbstverwirklichung, euphorischer Anarchie und Hedonismus feierte, rumorte es auch in Lissabon. Das Bairro Alto wurde erst zu dem, was es heute ist, durch einen kleinen Club – das Frágil. Manuel Reís hat ihn 1982 eröffnet und damit das Viertel partytauglich gemacht. Dabei ist das Frágil keineswegs spektakulär. Aber der Club ist immer sehr voll, und es ist ein Hotspot der Gayszene. Die Entwicklung des Viertels wäre ohne diese Szene gar nicht denkbar gewesen. Vor zehn Jahren hat Manuel Reís einen weiteren Club eröffnet, das LuxFrágil bei den Docas da Marinha. Das LuxFrágil ist nach wie vor der angesagteste Club der Stadt, während das Frágil längst Kult geworden ist.

Frágil. Rua da Atalaia 126, Di–Sa 23–4 Uhr, www.fragil.com.pt, Metro: Baixa-Chiado

LuxFrágil. Avenida Infante Dom Henrique, www.luxfragil.com

Eine von vielen Vergnügungsmöglichkeiten: eine Bar im Bairro Alto

Oben: Oben: Partyexpress – mit dem Elevador da Glòria in die Oberstadt
Mitte: Ein buntes Plätzchen: die *Tapasbar 28*
Unten: Alles, nur nicht langweilig: die Bar Buedalouco Pharmacia de Cultura

Punks oder Gothics treffen, oder es ist in einer anderen Bar, wo fast nur Homosexuelle verkehren. Das Bairro Alto ist auch eine Hochburg der Schwulen- und Lesbenszene, die wesentlich an der Entwicklung und dem heutigen Erscheinungsbild dieses Stadtteils beigetragen hat. Gegen Mitternacht wird es richtig eng in den parallel verlaufenden Gassen des Viertels. Überall stehen junge Menschen, gestylt und cool, hip, exzentrisch oder ganz normal. Das Nachtleben kommt langsam auf Touren, aber noch spielt es sich in und vor den Bars ab. Zum Tanzen ziehen die Massen erst gegen zwei oder drei Uhr, zum Beispiel in die Clublegende »Frágil« in der Rua da Atalaia (siehe Autorentipp) oder in die großen Clubs unten an den Docks.

Geschichte

Das Bairro Alto entstand im 16. Jahrhundert. Damals wuchs die Stadt weiter nach Nordwesten und Westen hin, in jene Gegenden, wo viele Gärten angelegt waren. Seinen einheitlichen und authentischen Charakter hat das Viertel dem Umstand zu verdanken, dass es vom großen Erdbeben 1755 verschont geblieben ist. Auch gab es bis in die Achtzigerjahre hinein kein großes ökonomisches Interesse am Viertel der kleinen Leute.

Als das Bairro entstand, waren es zunächst eher gut situierte, zum Teil adlige Familien, die dort Grundstücke erwarben und sich in der Nähe der Jesuitenkirche Igreja de São Roque ansiedelten, die sich ebenfalls im Bau befand. Daneben gab es aber auch viele Handwerker und später Arbeiter, die sich für das hoch gelegene Bairro entschieden und letztlich seinen Charakter ausmachten. Im 19. Jahrhundert wurde das Alltagsbild zudem von den Zeitungsverlagen mitgeprägt, die hier gegründet wurden und viele Intellektuelle in den Stadtteil lockten.

Spaziergang durch das Bairro Alto

A Rua da Atalaia – Das Barrio Alto zeigt sich besonders in dieser geschäftigen Straße mit ihren zahlreichen Boutiquen und Läden als tonangebend und kreativ. Die meisten Bars öffnen erst am späten Nachmittag, haben dafür aber auch bis in die Nacht geöffnet.

B Igreja de São Roque – Die Travessa da Queimada führt zu einer der schönsten Kirchen der Stadt. Neben dem vergoldeten Hauptaltar ist die vierte Kapelle von links, die des Johannes des Täufers, besonders sehenswert.

C Elevador da Glória – Der Name ist irreführend. Beim Elevador (Aufzug) da Glória handelt es sich in Wirklichkeit um eine Standseilbahn. Die Portugiesen nennen sie deswegen auch Glória Funicular.

D Miradouro de São Pedro – Oberhalb des Elevador da Glória lädt der beliebte Aussichtspunkt zu einer kleinen Rast mit herrlichem Panorama ein.

Wo das Leben spielt: Livemusik im Bairro Alto

E Jardim do Principe Real – Hier kann man unter dem Dach einer riesigen Zypresse Schatten finden oder in einem ehemaligen Wasserspeicher sich durch alte Kanäle führen lassen.

F Jardim Botânico – Der Bestand an alten Bäumen und seltenen Pflanzen aus der ganzen Welt macht den Park zu einer grünen Schatzkammer. Die Rua do Século führt wieder bergab in Richtung Chiado- und Bica-Viertel.

G Convento da Concéição dos Cardais – Das altherwürdige Kloster bezaubert durch ausgefallenen Azulejo-Schmuck. Sehenswert sind vor allem der Schnitzaltar und der Kreuzgang.

H Palácio dos Carvalhos – In diesem Stadtpalais wurde der Stadterneuerer Marquês de Pombal geboren.

I Verlagsgebäude – Auf dem Weg zur Calçada do Combro kommt man am modernistischen Verlagsgebäude der ehemaligen Tageszeitung *O Século* vorbei. Heute ist es der Sitz des Umweltministeriums.

AUTORENTIPP!

DIE KATHEDRALE DES BROTS
Die Bäckerei zum heiligen Rochus veranschaulicht auf engstem Raum typische Lissabonner Kontraste. Hinter unscheinbaren Holztüren an der Rua Dom Pedro V. 57 verbirgt sich ein kleines Heiligtum mit Marmor- und Azulejo-Dekor. Während das Interieur in einer Mischung aus barocker Opulenz und Jugendstil mit großer Geste daherkommt, ist alles andere einfach und bodenständig. Hier ragen mächtige Säulen auf, als wäre der Tresen ein Altar. »Catedral do Pão« steht auf einem Schild hinter dem Tresen – da geht es zur Backstube. Wie überall in der Stadt schwört man hier auf die *Pastéis de Nata*. Die himmlischen Puddingtörtchen werden als Spezialität des Hauses gepriesen. Neben anderen süßen Leckereien kann man sich auch zu einem Sandwich-Imbiss an einen der schlichten Tische setzen oder mit einem frischen Brot unter dem Arm die heilige Halle wieder verlassen.

Pastelaria-Padaria São Roque. Rua Dom Pedro V. 57, Tel. 21/322 43 56, Metro: Restauradores

Wetterfeste Kunst an einer Hausfassade

Die Sehenswürdigkeiten

Neben den Trendläden und dem Nachtleben gibt es einige Sehenswürdigkeiten, die sich auf einem Spaziergang gut miteinander verbinden lassen. Dazu zählt die bereits erwähnte Jesuitenkirche Igreja de São Roque mit der einmaligen kostbaren und kunstvollen Ausgestaltung der von König João V. in Auftrag gegebenen Kapelle São João Baptista. Steigt man auf der Rua de São Pedro de Alcântara weiter hangaufwärts, erreicht man gleich hinter dem Kirchenkomplex die obere Endstation des Elevador da Glória mit seinen historischen Holzkabinen aus dem Jahr 1911.

Der Miradouro de São Pedro de Alcântara macht seinem Namen alle Ehre. Besonders schön ist das Panorama in den Morgen- und Abendstunden, wenn das Sonnenlicht schräg über der Baixa einfällt. Gegenüber sieht man die Festung Castelo de São Jorge, den Stadtteil Graça, das ehemalige Maurenviertel Mouraria und die Viertel im Nordosten. Auf Höhe des Miradouros und seinen beiden Parkanlagen wird die Rua de São Pedro de Alcântara zur Rua Dom Pedro V. Neben dem Namen ändert sich auch die Atmosphäre. Die Straße wird etwas lichter und breiter. Man erreicht das höchstgelegene Areal des Viertels. Die Rua Dom Pedro V. ist bekannt für ihre Antiquitätengeschäfte. Darüber hinaus finden sich auch einige Feinkostläden und die sogenannte »Kathedrale des Brots«, das Jugendstilcafé und die »Pastelaria-Padaria São Roque«. Am Ende der Straße erreicht man den Jardim do Príncipe Real. Der hübsche Park mit seinen teilweise exotischen Bäumen ist von herrschaftlichen Stadtpalästen umgeben.

Sehr zu empfehlen ist ein Besuch des im 19. Jahrhundert angelegten Botanischen Gartens, des Jardim Botânico. Er liegt hinter dem neoklassizistischen Gebäudekomplex der ehemaligen Polytechnischen Hochschule. Im Hauptgebäude hat die Universität von Lissabon ein Wissenschaftsmuseum eingerichtet. Museum und Park gehören zur Uni.

Rua do Século

Die westliche Grenze des Bairro Alto markiert die Rua do Século. Sie führt von der Praça Príncipe Real bergab. Hinter den kargen Mauern überrascht ein ehemaliges Karmeliterkloster mit einer einschiffigen Barockkirche, deren Seitenwände mit Bildpaneelen aus Azulejos geschmückt sind. Das Convento da Concéição dos Cardais wurde 1703 fertiggestellt. Besichtigen kann man das Kleinod nur wochentags an Nachmittagen. In der Hausnummer 93, im Palácio dos Carvalhos, erblickte 1699 Sebastião José de Carvalho e Melo das Licht der Welt. Bekannt wurde der spätere Staatsmann als Marquês de Pombal. Er organisierte und plante nach dem Erdbeben von 1755 entschlossen und kompromisslos den Neuaufbau der Baixa, der Unterstadt. Nur wenige Meter unterhalb des geschichtsträchtigen Gebäudes lagen die Redaktionsräume der Tageszeitung *O Século*, nach der die Straße benannt ist. Das Verlagshaus wurde in den 1910er-Jahren erbaut.

AUTORENTIPP!

FRISCH UND LEICHT

Man hat ja nicht immer Lust, sich am Mittag zu einem ausgedehnten Mahl in einem Restaurant niederzulassen. Entweder weil der Hunger nicht so groß ist oder man einfach keine Ruhe hat, eine Stunde oder länger den Fluss des Tages anzuhalten. Eine Alternative zu den Sandwiches und Teigtaschen als Happen für zwischendurch ist Buddha-Sushi. Das Selbsbedienungsrestaurant liegt gleich gegenüber des Miradouro de São Pedro de Alcântara. Die leckeren und frisch zubereiteten Nigiri-, Maki- und Sashimi-Sushi kann man in der kleinen Box für 4 und in der großen für 7 € auch gleich mitnehmen. Wenn man Glück hat, ist eine Bank am Miradouro frei. Dort kann man bei einem leichten und gesunden Imbiss im Freien den unvergleichlichen Blick über die Stadt genießen. Wer in größeren Dimensionen denkt, bedient sich am offenen Buffet mittags für 8 und abends für 11 €.

Buddha Sushi. Tgl. 12–16 und 19–24 Uhr, Rua de São Pedro de Alcântara 69, Tel. 964 39 69 27, Metro: Restauradores

Infos und Adressen

SEHENSWÜRDIGKEITEN

Convento da Concéição dos Cardais. Rua do Século, 123, Mo–Sa 14.30–17.30 Uhr, Metro: Baixa-Chiado

Elevador da Glória. So–Do 7–24, Fr/Sa bis 4 Uhr, Metro: Restauradores

Igreja/Museu de São Roque. Largo Trindade Coelho, Di, Mi, Fr–So 10–18, Do 14–21 Uhr, www.museu-saoroque.com, Metro: Baixa-Chiado

Miradouro de São Pedro de Alcântara. Rua de São Pedro de Alcântara

Fassade der Fado-Bar *Adega Machado*

Museu Nacional de História Natural e da Ciéncia. Rua da Escola Politécnica 56, Di–Fr 10–17, Sa/So 11–18 Uhr, www.mnhnc.ul.pt, Metro: Rato

Palácio dos Carvalhos. Rua do Século 89, Metro: Baixa-Chiado

Verlagsgebäude »O Século«. Rua do Século 63, Metro: Baixa-Chiado

ESSEN UND TRINKEN

Alfaia. Auch wenn das Alfaia ein eher touristisches Lokal ist, die klassisch portugiesische Küche ist sehr in Ordnung und auf der autofreien Gasse, mitten im Bairro Alto sitzt man schön romantisch. Mo–Sa 12–24, So 18.30–24 Uhr, Travessa da Queimada 24, Tel. 21/346 12 32, www.restaurante alfaia.com, Metro: Restauradores

1° de Maio. Das winzige Lokal serviert die typische, einfach angerichtete portugiesische Küche. Am angenehmsten ist es hier am Mittag, irgendwann in der Nebensaison. Hauptspeisen ab 9 €. Rua da Atalaia 8, Tel. 21/342 68 40, Metro: Baixa-Chiado

100 Maneiras. Frisch, leicht und kreativ – das kleine Restaurant darf sich zu den besten der Stadt zählen. Davon kann man sich bei einem Degustationsmenü für 45 € überzeugen. Tgl. 18–2 Uhr, Rua Teixeira 35, Tel. 21/099 04 75, www.restaurante100maneiras.com, Metro: Baixa-Chiado

Pap' Açorda. Unter den prächtigen Kronleuchtern schmeckt die moderne portugiesische Küche noch besser. Stilvoll und immer noch trendig ist dieser Klassiker des Bairro Alto – seit Jahren zählt das gemütliche Restaurant zu den Top-Adressen der Stadt. Ein Platz zum Sehen und gesehen werden. Mittlerweile kommen mehr Touristen als Einheimische zum Schlemmen. Hauptspeisen ab 15 €. Rua da Atalaia 57–59, Tel. 21/346 48 11, http://papacorda.pai.pt, Metro: Baixa-Chiado

ÜBERNACHTEN

Casa das Janelas com Vista. Zwölf helle und hübsche Zimmer mit netten Details und eine große Wohnküche für die Gäste – ein kleines Paradies, das für 90 € pro Nacht mehr Stil hat als manches Luxushotel.
Rua Nova do Loureiro, 35, Tel. 21/342 91 10, www.casadasjanelascomvista.com, Metro: Baixa-Chiado

Pensão Londres. Ganz oben im Bairro Alto mit Blick über die Stadt und bis zum Tejo hat die gepflegte Pension schon viele Gäste überzeugt. Schön altmodisches Ambiente und günstige Preise ab 50 €. Von einigen Zimmern hat man Aussicht bis zum Tejo. Dom Pedro V. 53, Tel. 21/346 22 03, www.pensaolondres.com.pt, Metro: Restauradores

EINKAUFEN

A Carioca. Wie in den 1920er-Jahren lagern in dem kleinen Laden mit Jugendstildekor Kaffees aus den ehemaligen Kolonien Südamerikas oder Tee der Azoren. Außerdem gibt es Schokoladen und anderes Süßes. Rua da Misericórdia 9, www.acarioca.pai.pt, Metro: Baixa-Chiado

Dândi. Fashion, Art und Cuisine – diese Kombination aus schönem und angenehmem Dasein vereint die Designerin Clara Carvalho in ihrem Shop. Egal, ob Weine oder Mode, hier ist alles rein portugiesisch. Calçada do Combro N87, Metro: Baixa-Chiado

Fátima Lopes. Die derzeit vielleicht bekannteste Modedesignerin der Stadt kreiert Mode für schöne Menschen, die das auch gern zeigen.
Rua da Atalaia 36, www.fatima-lopes.com, Metro: Baixa-Chiado

NACHTLEBEN

A Capela. Gemischtes Publikum und gute DJs. Die Bar in der Rua da Atalaia ist eine gute Anlaufstätte für die Nacht. Tgl. 18–2 Uhr, Rua da Atalaia 45, Metro: Baixa-Chiado

Mahjong. Über das Interieur dieser seit Jahren beliebten Künstlerbar lässt sich wenig Verlässliches sagen, es wird von Zeit zu Zeit verändert. Im Moment schaffen krautblättrige Lampen ein grünschummriges Licht. Rua da Atalaia 3, Metro: Baixa-Chiado

Pavilhao Chinês. Tees und Cocktails reicht man in der skurilen Bar, die längst zum Klassiker des Bairro Alto geworden ist. In Glasvitrinen lagern Hunderte von Sammelobjekten. Zum alten Stil der Bar passt das livrierte Personal. Mo–Sa 18–2, So 21–2 Uhr, Rua Dom Pedro V. 89, Metro: Restauradores

Terrasse des Restaurants *Alfaia*

Mit dem Bau der Kirche wurde in der zweiten Hälfte des 17. Jahrhunderts begonnen. Das Gotteshaus hat das Erdbeben von 1755 fast unbeschadet überstanden.

10 Igreja de São Roque

Ein Schatzkästchen hinter schlichten Mauern

An dem aufgeräumt wirkenden Platz Largo Trindade do Coelho verbirgt sich hinter einer unscheinbar wirkenden Fassade eine der prachtvollsten Kirchen der Stadt. Ein wahres Schmuckstück ist die Kapelle des Johannes des Täufers, die von König João V. in Auftrag gegeben wurde. Im Gebäude nebenan und mit der Kirche verbunden ist ein Museum für religiöse Kunst.

Wie unterschiedlich sich das Erdbeben von 1755 auf die Stadt und ihre Gebäude ausgewirkt hat, wird zwischen Chiado und Bairro Alto deutlich. Während das Carmo-Kloster so weit zerstört wurde, dass von der Kirche nur die Mauern stehen blieben (Museu Arqueológico do Carmo), waren die Erdstöße 100 Meter entfernt längst nicht mehr so stark. So ist es zu erklären, dass die Igreja de São Roque, die in der zweiten Hälfte des 16. Jahrhunderts erbaut wurde, bis heute ihre Pracht erhalten

MAL EHRLICH

WEGGEKLICKT

Da ist eine Kirche, sie prachtvoll, schön, geheimnisvoll. Und was tut der Tourist, er zückt Handy oder Kamera und hält erst einmal drauf. Manchmal blitzt es dabei. Die Fotos verschwinden später wahrscheinlich in nie wieder besuchten Ordnern auf dem Computer. Die Atmosphäre des Kirchenraumes, ganz unabhängig davon, ob man nun selbst religiös ist oder nicht, wird durch die fotografierenden Besucher zerstört. Warum nicht wie früher, für ein paar Cents eine Postkarte kaufen? An der Kasse des Museu de São Roque gibt es welche.

konnte. Lediglich die Fassade musste nach der Katastrophe im 18. Jahrhundert erneuert werden.

Wenn man auf dem Largo Trindade do Coelho ist, kommt man kaum auf die Idee, was einen im Innern des nüchternen Kirchenbaus erwartet. König Manuel I. ließ auf der Anhöhe, wo im ausgehenden 15. und frühen 16. Jahrhundert die Stadtgrenze verlief, eine Kapelle errichten. Sie war dem heiligen Rochus geweiht, von dem das Königshaus Reliquien besaß. Mitte des 16. Jahrhunderts wurde das Grundstück den Jesuiten vermacht, die ab 1566 den Bau der heutigen Kirche in Auftrag gaben. Als Architekt wurde der Italiener Filippo Terzi verpflichtet. Der Grundriss mit einem zentralen Mittelschiff, das von Kapellen flankiert wird, ist typisch für einen Jesuiten-Bau. Sein Urbild ist die Kirche Il Gesù in Rom. Dieser Bautyp des 1534 gegründeten Ordens mit einer Verbindung aus Langhaus und Renaissance-Elementen war Teil einer neuen Liturgie, die als Reaktion auf die Reformation auf dem Konzil von Trient beschlossen wurde. So sollte die Beschränkung auf ein Kirchenschiff die Konzentration auf das liturgische Geschehen fokussieren. Anders als die Kirche Il Gesù in Rom besitzt São Roque, die erste Kirche, die von den Jesuiten in Portugal erbaut wurde, kein Tonnengewölbe. Stattdessen spannt sich eine flache Holzdecke über den Kirchenraum, die illusionistisch bemalt wurde, sodass man den Eindruck hat, sich dennoch unter einem Tonnengewölbe zu befinden. Da man in Portugal keine Hölzer in der geeigneten Länge fand, wurden sie aus Deutschland eingeführt.

Die Täuferkapelle

Das reich geschmückte Kirchenschiff wird seitlich von jeweils vier Kapellen flankiert. Ein Höhepunkt sakraler Ausgestaltung ist die Kapelle São João Baptista. König João V. gab sie 1740 bei den römi-

AUTORENTIPP!

EIN ABEND MIT PORTWEIN

Wer schon immer mal seine Kenntnisse über den Portwein vertiefen wollte beziehungsweise seltene und mehrere Weine degustieren möchte, dem kann geholfen werden. Das Instituto dos Vinhos do Douro e do Porto mit Weinen aus der Region Douro und Porto bietet seine Dienste im Bairro Alto an. Die akademische Bezeichnung ist irreführend, denn es handelt sich um eine angenehme Bar an der Bergstation des Elevador da Glória und dem Miradouro de São Pedro de Alcântara. Im noblen und farbenfreudigen Ambiente des Palácio de Ludovice lässt man sich gern auf einem der bequemen Sofas nieder und studiert die umfangreiche Karte. Da Wein allein aber auch nicht glücklich macht, kann man dazu passende Käsesorten und andere Kleinigkeiten ordern. Allerdings muss man etwas Geduld mitbringen, der Service ist nicht der schnellste. Wer tiefer in das Thema Portwein einsteigen möchte, kann auch an Lehrgängen teilnehmen.

Solar do Vinho do Porto. Rua de São Pedro de Alcântara 45, Tel. 21/347 57 07, www.ivdp.pt

Oben: Neben der Kirche die Kunst. Im ehemaligen Jesuitenkolleg ist das Museum für sakrale Kunst untergebracht.
Mitte: Die kostbare Reliquienkassette wurde in Japan im ausgehenden 16. Jahrhundert gefertigt.
Unten: Blick in die Ausstellung

schen Künstlern Nicolò Salvi und Luigi Vanvitelli in Auftrag. Salvi hat u.a. den Trevi-Brunnen in Rom gestaltet. Nachdem die Kapelle in Rom gefertigt und vom Papst gesegnet war, wurde sie verpackt und mit drei Schiffen nach Lissabon gebracht. Für die Johannes-Kapelle wurden unterschiedlich farbige Marmorsteine verarbeitet, sowie Jade, Alabaster, Lapislazuli und Elfenbein. Am Boden ist eine Armillarsphäre als Intarsie eingearbeitet. Das astronomische Gerät wurde für die Navigation verwendet und gehört seit dem 15. Jahrhundert auch zum Wappen Portugals.

Die Kapelle des heiligen Rochus ist die dritte auf der rechten Seite. Sie war die erste, die nach dem Bau fertig wurde. Neben dem Azulejo-Dekor ist das Gemälde von Gaspar Dias sehenswert. Der Manierist und Schüler von Raffael und Michelangelo zeigt eine Szene, in der dem heiligen Rochus ein Engel erscheint.

Museum für sakrale Kunst

Im Gebäude nebenan, einem früheren Jesuitenkolleg, finden sich die Räume des Museu de São Roque. Die Sammlung ist für all jene interessant, die ein Faible für sakrale Kunst haben. Zu sehen sind Gemälde, Skulpturen und liturgische Objekte aus dem 16. bis 19. Jahrhundert. Bedeutend ist etwa ein flämischer Wandteppich aus der Werkstatt von Jan Frans Cornelissen (17. Jahrhundert), der mit mehrfarbigen Fäden aus Seide sowie Gold und Silber gewebt ist. Mehrere Reliquiare sowie eine Schutzheiligenmadonna, Nossa Senhora da Misericórdia, aus dem ausgehenden 16. Jahrhundert, sind Glanzstücke der Sammlung. Durch die Missionierungen der Jesuiten in Asien haben auch einige Stücke, wie etwa ein Elfenbein-Kruzifix, das im 16. Jahrhundert in Ceylon gefertigt wurde, seinen Weg ins Museum gefunden.

Infos und Adressen

SEHENSWÜRDIGKEITEN

Museu de São Roque. Di, Mi, Fr–So 10–18 Uhr, Do 14–21 Uhr, Largo Trindade do Coelho, Tel. 21/323 53 80, www.museu-saoroque.com, Metro: Baixa-Chiado oder Restauradores, dann Elevador da Glória.

ESSEN UND TRINKEN

Museumscafé. Beim Umbau und der Erweiterung des Museu de São Roque wurde auch eine kleine Cafeteria eingerichtet. An schönen Tagen werden Tische in den ehemaligen Kreuzgang gestellt, wo ein Brunnen die ruhige, fast konzentrierte Stimmung des Ortes mit seinem Plätschern begleitet. Largo Trindade do Coelho, Tel. 21/323 54 46, www.museu-saoroque.com, Metro: Baixa-Chiado oder Restauradores, dann Elevador da Glória.

Eingang zum Museu de São Roque

Azulejo in der Kirche São Roque

EINKAUFEN

Livraria Olisipo. In dieser alteingesessenen Buchhandlung werden Liebhaber bibliophiler Schätze ganz nervös. Originale Stiche aus dem 18. Jahrhundert oder historische Bücher des 18. bis frühen 20. Jahrhunderts warten auf den kundigen Sammler. Largo Trindade do Coelho 7, Tel. 21/346 27 71, www.livraria-olisipo.com

ÜBERNACHTEN

Casa Balthazar. Balthazar Roiz wird die Erfindung der *bolos del rei*, der Hefekuchen sein, die der Confeitaria Nacional noch immer zum Ruhm gereichen. Der Nachfahre und aktuelle Besitzer der Confeitaria hat sein Haus und die ehemalige Backstube zu einem beneidenswerten Ort gemacht, um schöne Tage in Lissabon zu verbringen. Im kleinen Garten mit Pool fühlt man sich fast wie auf dem Land, dabei ist der Rossio nur wenige Minuten entfernt. DZ ab 150 €, Rua do Duque 26, Tel. 917 08 55 68, www.casabalthazarlisbon.com, Metro: Restauradores

Oben: Gut zu sehen vom Miradouro: das Castelo do São Jorge
Unten: Der Miradouro ist ein Park, der auf zwei Ebenen angelegt wurde.

11 Miradouro de São Pedro de Alcântara

Der Balkon des Bairro Alto

Um zu entspannen oder den großartigen Ausblick über die nördliche Altstadt zu genießen, ist die Aussichtsterrasse auf dem Bairro Alto erste Wahl. Der Miradouro erstreckt sich auf zwei Ebenen: Aussichtspunkt und Park. Mit der nostalgischen Standseilbahn Elevador da Glória ab der Praça dos Restauradores ist der Aufstieg ein Kinderspiel – und eine vergnügliche Zeitreise.

Lissabon ist eine Stadt der *Miradouros*, der Aussichtspunkte. Von den Hügeln schaut man mal hinab über die Baixa, über den Tejo oder das Dächergewirr der Alfama. Von wo aus der Blick am beeindruckendsten ist, lässt sich gar nicht sagen. Jeder hat seinen eigenen Charakter und ist weitaus mehr als nur ein Punkt. Ein Miradouro ist ein Ort für Betrachtungen aller Art, d. h. man sieht nicht nur hinaus über die Stadt, sondern hängt vielleicht auch eigenen Gedanken nach.

Wenn man im Bairro Alto unterwegs ist, legt man gern eine Pause am Miradouro de São Pedro de Alcântara ein. Erst einmal wird man überwältigt sein vom Blick über die Altstadt. Zu Füßen liegt der Rossio-Bahnhof am gleichnamigen Platz. Rechts erhebt sich die Kathedrale aus der verwinkelten Alfama. Man sieht die breite Spur der Avenida da Liberdade, die das Häusermeer in ein Hier und ein Dort teilt. Der Miradouro ist nicht nur ein Ort des Schauens, er ist auch einer des Verweilens. Auf zwei Ebenen wurde er angelegt. Im oberen Bereich sorgen Bäume und Bänke für Entspannung im Schatten. Ein plätschernder Brunnen und ein Pavillon laden ein, etwas zu trinken oder einen Snack zu sich zu nehmen. Ein Denkmal zeigt Eduardo Coelho, der die Tageszeitung *Diário de Notícias* 1835 gegründet hat. Begleitet wird er von einem Zeitungsjungen in Bronze. Im ausgehenden 19. und frühen 20. Jahrhundert wurden die Zeitungen von den *ardinas* genannten Jungen auf den Straßen verkauft.

Der untere Bereich der Aussichtsterrasse wurde parkähnlich angelegt. Hier fehlen die hohen Bäume. Stattdessen kann man sich an weniger sonnenreichen Tagen gut etwas zurückziehen und sich vom Besichtigungsprogramm erholen.

Elevador da Glória

Der Miradouro lässt sich auch einfach von der Baixa aus erreichen. Und der steile Anstieg muss noch nicht einmal besonders anstrengend sein. Oberhalb des Rossio-Bahnhofs an der Praça dos Restauradores wartet – meistens muss man jedoch selber warten – eines jener typisch Lissabonner Gefährte, ohne die die Stadt nur halb so schön wäre. Der Elevador da Glória wurde 1885 eingerichtet und ist bis heute sehr beliebt. Nicht nur bei Touristen, die sich an den nostalgischen Details des historischen Gefährts erfreuen. Auch die Nachtschwärmer, die es ins Bairro Alto zieht, nutzen gern dieses öffentliche Verkehrsmittel. Die obere Station liegt an der Rua de São Pedro de Alcântara und direkt neben dem Miradouro. Der Station gegenüber steht der Palácio Ludovice, in dem sich das Portweininstitut Solar do Vinho do Porto befindet.Der Erbauer des Palasts, der Deutsche Johann Friedrich Ludwig (1670–1752), wird in Portugal João Frederico Ludovice genannt. Ludwig nahm die portugiesische Staatsbürgerschaft an und schuf als Hofarchitekt den monumentalen Palast von Mafra.

Infos und Adressen

SEHENSWÜRDIGKEITEN

Elevador da Glória. So–Do 7–24 Uhr, Fr/Sa bis 4 Uhr, Metro: Restauradores

ESSEN UND TRINKEN

The Decadente. Im trendigen Restaurant wird in schönem Ambiente portugiesisch gespeist. Hauptspeisen ab 10 €. Mo–Fr 12–15 und 20–23 Uhr, Sa 20–24 Uhr, So 12–23 Uhr, Rua de São Pedro de Alcântara 81, Tel. 21/346 13 81, Metro: Restauradores

EINKAUFEN

Doce História. Leckere und meist süße Köstlichkeiten aus portugiesischen Klöstern kann man gleich vor Ort probieren oder mitnehmen. Auch Liköre, Olivenöl und anderes. Rua Dom Pedro V. 1, Metro: Restauradores

Charcutaria Moy Garrafeira. Feinkost wie sie edler nicht sein könnte: ausgesuchte Teesorten, Schokoladen, Weine, Gebäck, Käse und vieles mehr erfreuen den Gourmet. Rua D. Oedro V. 111, Metro: Restauradores

ÜBERNACHTEN

The Independente Hostel & Suites. Warum kann nicht auch ein Hostel Stil haben wie ein Designhotel? The Independente bietet 90 Betten, die auf 11 Zimmer verteilt sind. Letztere haben hohe Decken, schöne Holzböden und einladende Doppelstockbetten. Die Gäste können sich in Lounges zurückziehen. In der obersten Etage gibt es vier wunderbare Suiten für 90 € pro Nacht mit Blick über die Stadt und den Fluss. Eine Übernachtung im 6–12-Bett-Zimmer ab 12 €. Rua de São Pedro de Alcântara 81, Tel. 213/46 13 81, www.theindependente.pt, Metro: Restauradores

Oben: Keine Häuser, keine Straßen, sondern nur Wege und Bäume. Im Jardim do Príncipe Real lässt es sich gut erholen – …
Unten: … allein oder zu zweit.

12 Jardim do Príncipe Real

Das grüne Wohnzimmer

Zwischen dem Bairro Alto und dem Rato-Viertel wartet ein kleiner Park und lädt dazu ein, sich im Schatten exotischer Bäume auszuruhen. Unter der belebten Grünanlage überrascht ein riesiger historischer Wasserspeicher, der als Galerie genutzt wird. Ein Café und ein Biomarkt an Samstagen machen den Jardim zu einem beliebten Treffpunkt für die Nachbarschaft.

Schon zu Zeiten Fernando Pessoas (1888–1935) war der Park am oberen Ende der Rua Dom Pedro V. ein beliebter Ort. In *Mein Lissabon* schreibt der Schriftsteller über den Jardim do Príncipe Real: »Dieser besitzt einige schöne Bäume, der bemerkenswerteste ist eine Zeder, deren Zweige, gestützt auf ein Eisengestänge, genügend Fläche für ein paar hundert Leute beschatten.« Heute, rund 90 Jahre nachdem Pessoa dies geschrieben hat, steht die Zeder, oder besser gesagt die Mexikanische Zypresse, noch immer. Die Krone dieses riesigen Exemplars ist ein dichtes grünes Dach mit einem Durchmesser von knapp 30 Metern. Damit es den Bewohnern und Passanten des Bairro Alto und Rato nicht auf den Kopf fällt, wird es wie seinerzeit von einem Gerüst getragen. Die Bänke unter dem grünen und duftenden Sonnenschirm sind begehrt. Vor allem im Sommer, wenn es in der Stadt am Tejo so heiß wird, dass man sich tagsüber gern bewegungslos an einem schattigen Ort aufhält. Das Schöne an diesem recht überschaubaren Park ist, wie selbstverständlich er in das Alltagsleben integriert ist. Nicht nur Senioren, die eine Runde Karten oder Schach spielen oder auf einer der Bänke die Zeit und die Erinnerungen vorbeiziehen lassen, trifft man dort an. Auch junge Familien mit ihren Kindern zieht es ins Grün. Sie finden dort ein nettes Café-Restaurant, einen Spielplatz und einen kleinen Wochenmarkt mit Ökoprodukten. Am Abend sind die beiden Kioske beliebte Anlaufstellen, um bei einem Café oder Bier die weitere Gestaltung des Abends zu planen.

Im Zentrum des Parks, der Mitte des 19. Jahrhunderts angelegt wurde, findet sich ein achteckiges Wasserbecken. Man sollte nicht einfach daran vorbeilaufen, denn unter ihm verbirgt sich ein Geheimnis. Neben dem Gewässer führen Treppen in den Untergrund. Über sie gelangt man zu einem unterirdischen hallenartigen Raum. Die ehemalige Zisterne wird von 31 knapp 10 Meter hohen Säulen gestützt. Eisenstege führen auf mehreren Ebenen durch den Raum. Der Wasserspeicher »Patriarcal« wurde 1856 von einem Franzosen konstruiert und versorgte die Innenstadt mit dem kostbaren Gut. Gefüllt wurde er mit dem Wasser, das über das Aquädukt Águas Livres vom Norden in die Stadt floss. In den Vierzigerjahren wurde die Anlage stillgelegt. Die beeindruckenden, kirchenartigen Räume werden heute gelegentlich als Ausstellungsgalerie genutzt. Der Wasserspeicher ist Teil des Wassermuseums EPAL, zu dem auch das Aquädukt Águas Livres und die Hebestation Barbadinhos sowie das Gebäude Mãe d'Água im Stadtteil Amoreiras gehören. Der Spur und der Geschichte des Wassers lässt sich auch auf einer geführten Tour durch den Untergrund folgen.

Pessoa erwähnt in *Mein Lissabon* übrigens auch, dass es unter der großen Zeder des Parks eine kleine Leihbibliothek gab. Daran könnte sich die Stadtverwaltung ein Beispiel nehmen. Dann wäre der Jardim erst recht ein Wohnzimmer. Für alle mit eigenem Buch hält Lissabon aber auch noch viele andere ruhige »Leseplätze« bereit.

Infos und Adressen

SEHENSWÜRDIGKEITEN

EPAL Museu da Água. Praça do Príncipe Real, Mo–Sa 10–18 Uhr, Tel. 21/325 10 00, www epal.pt, Metro: Rato

Jardim do Príncipe Real. Praça do Príncipe Real, Metro: Rato

AKTIVITÄTEN

Caminhos do Aqueduto. Die Zisterne im Jardim Príncipe Real wurde über das große Aquädukt Águas Livres mit Wasser versorgt. Das gesamte Leitungssystem umfasst etwa 60 km. Auf einer geführten Besichtigungstour durch die Wasserkanäle des 19. Jh. kann man sich im Museum anmelden. Freitags 13 Uhr. Die Teilnehmerzahl ist begrenzt. Anmeldung auch unter Tel. 21/810 02 15.

ESSEN UND TRINKEN

Esplanada do Príncipe Real. Jardim do Príncipe Real, Do– Sa 9–2 Uhr, So–Mi 9–24 Uhr, Tel. 962 52 45 13, Metro: Rato, Haltestelle Rua da Escola Politécnica

EINKAUFEN

Ökomarkt. Wer im Bairro Alto oder in der Umgebung ein Appartement oder eine Ferienwohnung gemietet hat, wird sich über den kleinen Ökobauernmarkt am Jardim do Príncipe Real freuen. Jeden Samstagmorgen werden die Stände aufgebaut. Praça do Príncipe Real, Metro: Rato

C.C. & C. Die feinen Schokoladen und Kaffees von Claudio Corallo werden aus Zutaten hergestellt, die von eigenen Plantagen in São Tomé und Príncipe stammen. Corallos Schokoladen gehören zu den besten der Welt. Rua Cecilio da Sousa 85, Tel. 21/386 21 58, www.claudiocorallo.com

Oben: Im exotischen Grün des Botanischen Gartens ist vom Lärm der Stadt kaum etwas zu hören. **Unten:** Aus dem fernen Kolonien wurden seltene Pflanzen eingeführt. Der Hibiskus stammt ursprünglich aus Südostasien.

13 Jardim Botânico

Schatzhaus der Natur

Einer der schönsten und bedeutendsten Botanischen Gärten Südeuropas gehört heute zur Universität Lissabon. In der historischen Anlage wachsen exotische Sträucher und Gehölze, die die Seefahrernation von ihren Reisen mitbrachte. Da das atlantische Klima den Pflanzen gut bekommt, spaziert man mitten in der Stadt durch eine verwunschene grüne Welt.

Wer sich gern in schönen Gärten aufhält oder Freude am Wiedererkennen bestimmter Pflanzen hat, kommt in Lissabon ganz auf seine Kosten. Folgt man am Jardim do Príncipe Real der Rua da Escola Politécnica, in die die Rua Dom Pedro V. übergeht, wartet schon das nächste grüne Highlight. Der große Gebäudekomplex im klassizistischen Stil, den man auf der rechten Seite sieht, ist die Polytechnische Hochschule, nach der die Straße benannt ist. Sie wurde 1844 errichtet. Dort finden sich eine Bibliothek, ein Wissenschaftsmuseum und der Botanische Garten. All das gehört zur Universität Lissabon und wird von ihr verwaltet.

MAL EHRLICH

OBEN REIN, UNTEN RAUS

Eigentlich hat der Botanische Garten ja mehrere Zugänge. Neben dem etwas unpraktisch gelegenen Eingang an der Rua da Escola Politécnica gibt es noch ein Tor an der Rua da Alegria. Das ist aber verschlossen, dabei wäre es ebenso schön wie praktisch, könnte man oben im Bairro Alto hinein und unten in Richtung Avenida da Liberdade wieder hinaus, oder umgekehrt. Erst recht, wenn der Parque Mayer unterhalb des Botanischen Gartens eines Tages wieder in altem Glanz erstrahlt.

Der Jardim Botânico ist ein wahrer Schatz inmitten der dicht bebauten Innenstadt. Er ist eine grüne Oase, die groß genug ist, dass man darin Spaziergänge unternehmen kann und sich schon nach kurzer Zeit in einer Welt glaubt, die vom Lärm und dem Leben Lissabons kilometerweit entfernt ist. Die vier Hektar große Anlage ist keineswegs nur für Studenten oder Pflanzenexperten interessant. Sie ist auch ein Kulturgut, das durch seine Lage am Hang herrliche Blickwinkel und Ansichten bietet.

Geschichte des Parks

Angelegt wurde der Jardim Botânico Mitte des 19. Jahrhunderts, als auch die Hochschule gebaut wurde. Die Lage auf dem Monte Olivete war, wenn man so will, bereits vorbelastet. Ab dem frühen 17. Jahrhundert hatten die Jesuiten an diesem Ort eine Novizenschule errichtet, zu der auch ein botanischer Garten gehörte. Für den Aufbau und die Anlage des neuen wissenschaftlichen und pädagogischen Parks waren der Franzose Jules Daveau und der Deutsche Edmund Goeze verantwortlich, der zuvor Leiter des Universitätsgartens von Coimbra war. Die Pflanzen wurden aus der ganzen Welt beschafft. Speziell aus den portugiesischen Kolonien kam ein großer Teil. Wesentliche Bestände stammen aus Neuseeland, Australien, China, Japan und Südamerika. Mit dem neuen Klima kamen die Anpflanzungen gut zurecht. Nachdem Bachläufe und Teiche angelegt waren, wuchsen die Bäume und Sträucher schnell zu ansehnlicher Größe.

In den Dreißigerjahren des 20. Jahrhunderts wurde der obere Teil der Anlage, auf der Rückseite der Hochschule, neu gestaltet und systematisch bepflanzt. Hier findet sich auch ein historisches astronomisches Observatorium, das allerdings einge-

AUTORENTIPP!

SCHMETTERLINGSHAUS

Es ist sicher ein Klischee, aber dennoch scheint der Schmetterling ein irgendwie poetisches Wesen zu sein, eins jedenfalls, das die Sehnsucht nach dem Hier und Jetzt widerspiegelt und mit seiner Leichtigkeit und Schönheit unsere Kinderseele beflügelt. Das gilt erst recht für das Borboletário des Jardim Botânico. Dies ist eine Art Gewächshaus mit umzäuntem Freigarten, wo diese flüchtigen Wesen leben und man mehr über die Insektenwelt erfahren kann. Die Studenten und Mitarbeiter vor Ort zeigen gern, an welchen Blättern Larven abgelegt wurden, wo sich Raupen verpuppt haben und was denn da über den Blättern und Blumen flattert. Das Schmetterlingshaus war übrigens das erste seiner Art auf der Iberischen Halbinsel und ist auch für Kinder ein spannendes Erlebnis. Es ist Teil des Museu Nacional de História Natural (MNHN), dem Staatlichen Museum für Naturgeschichte.

Borboletário. Im Jardim Botânico

Oben: Ob Palmen oder Kakteen – das milde Klima des Atlantiks bekommt den Pflanzen gut.
Unten: Detail eines Agavenblattes

rüstet ist und den Eindruck macht, dass dieser Zustand noch für unbestimmte Zeit so bleiben wird.

Die meisten historischen Pflanzen kann man im Arboretum bestaunen, dem unteren, am Hang gelegenen Baumgarten. Dort wachsen ein riesiger Drachenbaum, mehrere Palmfarne – eine Art, die schon zu Zeiten der Dinosaurier existierte – sowie turmhohe Washington-Palmen, ein Mammut- und ein Korallenbaum mit einem Stamm von mehreren Metern Umfang. Im Borboletário, dem Schmetterlingshaus – in diesem Fall der Schmetterlingsvoliere – flattern je nach Jahreszeit mal weniger oder mehr der blütenhaften Insekten durch die Luft.

Parque Mayer

Hangabwärts, direkt an den Botanischen Garten angrenzend, liegt der Parque Mayer. Er ist kein Park im eigentlichen Sinne, sondern eine Art Mini-Braodway. Ab 1922 entstanden auf dem Gelände, das der Familie Lima-Mayer gehörte, mehrere Theaterhäuser: das ABC, Capitólio, das Maria Victória und das Theater Variedades. Obwohl die Häuser mit ihrer typischen Architektur derzeit noch stehen, hinterlässt das Areal einen traurigen, heruntergekommenen Eindruck. Durch ein Portal im Art-decó-Stil betritt man von der Travessa do Salitre aus das Gelände, das als Parkplatz genutzt wird. Die Theater selbst werden zum Teil noch bespielt. Besonders in den 1930er- und 40er-Jahren hatte der Parque seine große Zeit. Damals waren die sogenannten »Revistas«, eine Lissabonner Spielart des Musiktheaters, in Mode. Anfang des neuen Jahrtausends hieß es, dass der kanadische Architekt Frank Gehry den Theaterpark zu altem Glanz verhelfen soll. Das ambitionierte Projekt wurde allerdings gestoppt beziehungsweise auf ein finanzierbares Maß reduziert. Derzeit wird zumindest das Capitólio wieder aufgebaut.

Infos und Adressen

SEHENSWÜRDIGKEITEN

Jardim Botânico. Rua da Escola Politécnica 58, Mo–Fr 9–18, Sa/So 10–18, Apr.–Okt. jeweils bis 20 Uhr, www.jb.ul.pt, Metro: Rato

Museu Nacional de História Natural e da Ciênca. Rua da Escola Politécnica 56, Di–Fr 10–17, Sa/So 11–18 Uhr, www.mnhnc.ul.pt, Metro: Rato

ESSEN UND TRINKEN

Confeitaria Cister. Lokale wie dieses gibt es viele in der Stadt. Wohl die meisten Lisboetas haben »ihre« Café-Konditorei, die meist auch ein Mittagsmenü anbietet. So auch in diesem angenehmen Klassiker der Nachbarschaft, wo man für rund 10 € ein solides Menü bekommt. Besonders lecker sind aber die Gebäckteilchen schräg gegenüber des Botanischen Gartens. Rua da Escola Politécnica 107, Metro: Rato

Rota das Sedas. In der einstigen königlichen Seidenfabrik hat das schicke, moderne Restaurant ein Ambiente, das Freude macht. Das gilt besonders für die wunderbare Terrasse. Die Küche ist zeitgenössisch portugiesisch und liegt im mittleren Preisbereich. Lunch gibt es ab 9 €. Di–Sa 12.30–15 und 20–23.30 Uhr, So 12.30–17 Uhr. Rua da Escola Politécnica, 231, Tel. 21/387 44 72, www.rotadassedas.com, Metro: Rato

ÜBERNACHTEN

Casa de São Mamede. In diesem kleinen Hotel mit seinen 28 Zimmern ist die Zeit stehen geblieben. Welche das ist, weiß man nicht so genau, die des letzten Jahrhunderts mit Sicherheit. Das Haus wurde 1758 erbaut. Stilvoll und betulich sind die Zimmer des einstigen Altenheims. DZ 65 €, Rua da Escola Politécnica, 159, Tel. 21/396 31 66, www.casadesaomamede.pt

Man muss kein botanisches Interesse haben, um am Park Gefallen zu finden.

Auch im Bica-Viertel steht eines dieser praktischen Lissabon-Gefährte bereit. Hinter der Tür geht es zur Bodenstation der alten Standseilbahn, dem Ascensor oder Elevador da Bica.

14 Bica-Viertel und Cais do Sodré

Neues Leben in alten Gassen

Zwischen der Calçada do Combro, die vom Chiado nach Westen führt, und dem Tejo liegt das Bairro da Bica. Enge, steile Gassen durchziehen das Stadtviertel am Hang, das sich einfach, untouristisch und volkstümlich zeigt. In der Nähe des Cais do Sodré, wo die Fähren anlegen, die von den Orten der anderen Tejoseite kommen, gibt es im ehemaligen Rotlichtrevier neue trendige Lokale und interessante und vor allem nicht zu teure Boutiquen, in denen man viele Überraschungen findet.

Wenn man Lissabon mit einem großen Haus oder einem Palast vergleichen würde, dann wäre seine Hauptfassade zum Fluss hin ausgerichtet. Das pompöse und herrschaftliche Portal dieser Fassade ist die Praça do Comércio, die allerdings nur für offizielle Anlässe genutzt wird. Sozusagen der Nebeneingang beziehungsweise das Entree für jeden Tag war und ist der Cais do Sodré ein Stück weiter westlich. Dort legen die Fähren aus Cacilhas und Seixal an, den Orten auf der anderen Seite des Flusses. Von dort strömen am Morgen ebenso die Pendler herbei, die mit den Zügen an der Estação Cais do Sodré ankommen. Vom Kopfbahnhof verkehren die Bahnen zu den westlich gelegenen Küstenorten Carcavelos, Estoril und Cascais.

Am Cais do Sodré ist immer Bewegung. Doch trotz seiner Bedeutung als Verkehrsknotenpunkt und Eingangstor zur Stadt ist die Gegend rund um die Praça Duque da Terceira noch nicht wirklich einladend. Das soll aber in Zukunft besser werden.

Die Fährstation am Cais do Sodré

Durchaus sehenswert ist das Bahnhofsgebäude, dessen Hauptportal mit dem vorspringenden Dach an die frühe Kinoarchitektur erinnert. Es wurde 1925 im Stil des Art déco erbaut. Im Innern sind Mosaike zu sehen. Ursprünglich war geplant, die Bahnlinie (heute ist es die Linha Verde) bis zum Bahnhof Santa Apolónia zu verlängern, was jedoch wegen Geldmangel nie realisiert wurde.

Auf der der Stadt zugewandten Praça steht das Denkmal des Duque da Terceira, eines Generals und Staatsmannes, der sich für die Liberalisierung des Landes im 19. Jahrhundert stark gemacht hat.

Folgt man der viel befahrenen Avenida 24 de Julho stadtauswärts, erreicht man nach wenigen Metern die große Markthalle Mercado da Ribeira Nova. Das riesige Bauwerk mit neoarabischen Elementen wurde um die Wende zum 20. Jahrhundert erbaut. Bis 14 Uhr kann man sich hier mit frischem Obst und Gemüse, Fisch und Fleisch eindecken. Im ersten Obergeschoss gibt es einen Markt für Kunsthandwerk. Ab und an wird dort auch ein Flohmarkt veranstaltet. Gleich neben der Markthalle

AUTORENTIPP!

PILLEN FÜRS ALL

Im herrschaftlichen Stadtpalast beim Miradouro de Santa Catarina geht jedem Pharmazeuten oder Arzt das Herz auf. Endlich, so mag er vielleicht denken, wird die Heilkunst einmal in historischer Tiefe präsentiert. Objekte aus 5000 Jahren Heilkunde hat die Associação Nacional das Farmácias, die nationale Vereinigung der Pharmazeuten, in diesem weltberühmten Apothekermuseum zusammengetragen und zeigt sie in einer sehenswerten Schau. Zu bestaunen sind u.a. eine tragbare Apotheke aus dem 18. Jahrhundert und die Notfallmedizin, die Roald Amundsen auf seiner Expedition zum Nordpol mit sich führte. Ebenfalls selten, wenn nicht einzigartig, ist die Bordapotheke des Space Shuttle Endeavour zu bestaunen. Dass die Heilkunst die Menschheitsgeschichte in jedem ihrer Kapitel begleitet hat, zeigen Objekte aus dem alten Rom, Ägypten, Mesopotamien und anderen Regionen.

Museu da Farmácia. Mo–Fr 10–18 Uhr, letzter So im Monat 14–18 Uhr, Rua Marechal Saldanha 1, Tel. 21/340 06 80, www.anf.pt

Oben: Im Sommer finden in vielen Stadtteilen Feste statt, für die ganze Straßenzüge geschmückt werden.
Mitte: Schauen im Schatten – am Miradouro Santa Catarina
Unten: Es gibt sie noch: Fischer in Lissabon

lockt die Praça Dom Luís mit einem kleinen Park, wo man auf Bänken eine kleine Verschnaufpause einlegen kann.

Zurück an der Praça Duque da Terceira muss man sich entscheiden, wie und auf welchem Weg man das Bica-Viertel erkunden möchte. Die größte Straße, die Rua do Alecrim, grenzt das Viertel zum benachbarten Chiado ab und führt gerade hoch zum Largo do Chiado. Die Straße samt ihrer ehemaligen Hotels ist ein wiederkehrender Schauplatz in der Literatur. Pessoa, Eça de Queiroz und José Saramago lassen ihre Figuren dort herumstreifen oder in einem der Hotels logieren.

Diese alte Zeit, als der Chiado noch das Zentrum des kulturellen Lebens war und die Wege dorthin Teil dieses Kräftefeldes waren, ist vorbei. Dass sich im Rücken des Cais do Sodré neues Leben regt, ist aber unverkennbar. Man sieht es etwa daran, dass nahe der Praça Duque da Terceira ein schickes Hotel eröffnet wurde, das »LX Boutique«. Und man sieht es, wenn man die Gassen westlich der Rua do Alecrim durchstreift. Die Gegend rund um die Rua Nova do Carvalho war ein typischer Rotlichtbezirk, wie er oft in der Nähe des Hafens zu finden ist. Seit Kurzem hat eine neue Boheme das Viertel für sich entdeckt und aus den Bordellen werden coole Bars, die den Reiz des Zwielichtigen zelebrieren. Ganz ungefährlich ist die Gegend noch immer nicht.

Und dann, wenn man hangaufwärts die Gassen durchwandert, wo einst Fischer und Seeleute zu Hause waren, wundert man sich, weshalb das Viertel so lange vergessen war, weshalb kaum ein Tourist seinen Fuß hinein gewagt oder es ihn schlicht und einfach nicht interessiert hat. Stadterkundungen machen müde, aber es ist gar nicht notwendig, sich jede Treppenstraße oder Gasse hi-

Spaziergang durch das Bica-Viertel

A Praça Dom Luís – Am kleinen Platz gegenüber dem Bahnhof Cais do Sodré und neben der großen Markthalle beginnt der Spaziergang.

B Mercado da Ribeira Nova – Die Markthalle ist ein Schlaraffenland für Selbstversorger.

C Rua Nova Carvalho – Die belebte Straße ist das pulsierende Zentrum des Bica-Viertels. Das ehemalige Rotlichtviertel ist im Umbruch und gilt als einer der angesagtesten Hotspots im Lissabonner Nachtleben.

D São Paulo-Bäder – In den restaurierten Badehäusern finden gelegentlich Ausstellungen und andere Veranstaltungen statt. Auch für Architekturinteressierte lohnt der Besuch.

E Igreja de São Paulo – Das Viertel São Paulo besitzt ein eigenes Wappen. Das rote Schwert steht dabei für den Heiligen Paulus. Ihm verdankt auch die Kirche ihren Namen.

Über den Dächern des Bica-Viertels

F Elevador da Bica – Mit dem Bica-Aufzug geht es nostalgisch und kräfteschonend nach oben in Richtung Calçada do Combro. Im spitzen Winkel biegt gleich links die Straße Marechal Saldanha ab.

G Museu da Farmácia – Das Apothekermuseum beherbergt neben einer sehenswerten Ausstellung auch ein herrliches Café-Restaurant.

H Miradouro Santa Catarina – Besonders bei Sonnenuntergang kommen hier Romantiker auf ihre Kosten. Ideal für einen entspannten Sundowner.

I Praça Duque da Terceira – Umkurvt vom ständigen Verkehr steht der liberale Staatsmann Duque da Terceira auf seinem Sockel.

J Cais do Sodré – An diesem Kai legen die Fährschiffe nach Cacilhas ab; außerdem verkehren die Bahnen in Richtung Estoril und Cascais.

AUTORENTIPP!

AUSFLUG NACH CACILHAS
Vom Gare Fluvial, dem Flussbahnhof am Cais do Sodré, legen die Fähren ab nach Barreiro, Seixal und Cacilhas, den Orten auf der anderen Uferseite des Tejo. Unbedingt sehenswert ist Cachilas nicht. Aber darum geht es auch gar nicht. Schön ist es, vom Fluss aus auf Lissabon zu schauen; dann sieht es so aus, als würde die Stadt wie ein Schiff auf den Wellen des Ozeans schaukeln. Der von Reisenden seit Jahrhunderten gepriesenen Schönheit des Stadtpanoramas kann man sich nicht entziehen. Nimmt man eine Fähre in die am nächsten gelegene Stadt namens Cacilhas, lässt sich der Ausflug mit einem Restaurantbesuch verbinden. Gleich am Fährhafen liegt das beliebte Restaurant »Farol«, wo frischer Fisch serviert wird. Die Fähre nach Cacilhas verkehrt mehrmals pro Stunde zwischen 5.40 und 1.30 Uhr. Hin- und Rückfahrt 2,50 €. www.transtejo.pt

Restaurante Farol. Tgl. 10–24 Uhr, Largo Alfredo Dinis/Rua do Ginjal, Tel. 21/276 52 48, www.restaurantefarol.pt

Am Miradouro Santa Catarina

naufzukämpfen. Man ist in Lissabon, und Lissabon hat für steile Anstiege schließlich ein probates Verkehrsmittel. So auch im Bica-Viertel, wo die älteste Standseilbahn der Stadt, der Ascensor da Bica, bereitsteht, einen hinauf zum Largo do Calhariz bei der Rua do Loreto zu befördern.

Oben angekommen, kann man gleich wieder scharf links abbiegen in die Rua Marechal Saldanha. Von hier aus sieht man das verschachtelte Bica-Viertel unter sich, das mit seiner typischen Lissabonner Mischung aus Romantik und Laissez-Faire entdeckt werden will. Am Ende der Straße lockt rechter Hand das wegen seiner Sammlungspräsentation schon mehrfach ausgezeichnete Museu da Farmácia die Besucher an. Die meisten zieht es jedoch weiter, dorthin, wo man schon die Pfeiler der Hängebrücke Ponte de 25 de Abril und den Fluss sieht – zum Miradouro Santa Catarina. Wunderschön ist das Licht in den frühen Abendstunden, wenn es von Westen her auf den Meeresarm und die Stadt einfällt. Von hier aus schaut man über das Bica-Viertel, die Hafenanlagen und Docks von Alcântara, wo sich der Tejo langsam mit dem Meer vermählt.

Infos und Adressen

ESSEN UND TRINKEN

Esplanade Quiosque O Miradouro. An der Aussichtsterrasse setzt man sich gern an einen der Tische, genießt die Atmosphäre bei einem Café oder einem Glas Bier. Das geht sogar in der Nacht. An Wochenenden hat das Freiluftlokal bis zum frühen Morgen geöffnet. Mo–Do, So 10–24 Uhr, Fr/Sa 10–4 Uhr. Ecke Avenida Tenenente Martins/Avenida 24 de Janeiro

Pharmacia. Ein sehenswertes Tapas-Restaurant mit herrlicher Terrasse – vor allem das antiquierte medizinische Mobiliar macht das Schlemmen in der Brasserie des Apothekermuseums zu einem echten Erlebnis. Rua Marechal Saldanha 1, Tel. 21/346 21 46, www.visitlisboa.com, Tram 28E, Haltestelle: Santa Catarina

Ibo. Spezialitäten aus der ehemaligen Kolonie Mosambik und Frisches vom Meer gibt es in dem kleinen Lokal in der Nähe des Cais do Sodré. Hauptspeisen kosten um 20 €. Di–Do 12.30–15.30 und 19.30–23 Uhr, Fr und Sa 12.30–15.30 und 19.30–1 Uhr, So 12.30–15.30 Uhr, Armazém A – Compartimento 2, Cais do Sodré, Tel. 21/342 36 11, www.ibo-restaurante.pt

Nachts auf einem Balkon des *LX Boutique Hotels*

EINKAUFEN

Casa das Velas Loreto. In diesem wunderbar nostalgischen Geschäft werden schon seit 150 Jahren Kerzen gefertigt. Neben klassischen Designs finden sich skurrile Exemplare für Hochzeiten, Geburtstage und andere Anlässe. Rua do Loreto 53, Tel. 21/342 53 87

ÜBERNACHTEN

LX Boutique Hotel. Das schönste Hotel des Viertels wurde in einem historischen Gebäude an der Praça Duque da Terceira neu eingerichtet. Jede Etage ist einem Thema gewidmet. Die oberen sind wegen der leiseren Straßengeräusche die bessere Wahl. DZ ab 80 €. Rua do Alecrim 12, Tel. 21/347 43 94, www.lxboutiquehotel.pt

Fähranleger in Cacilhas

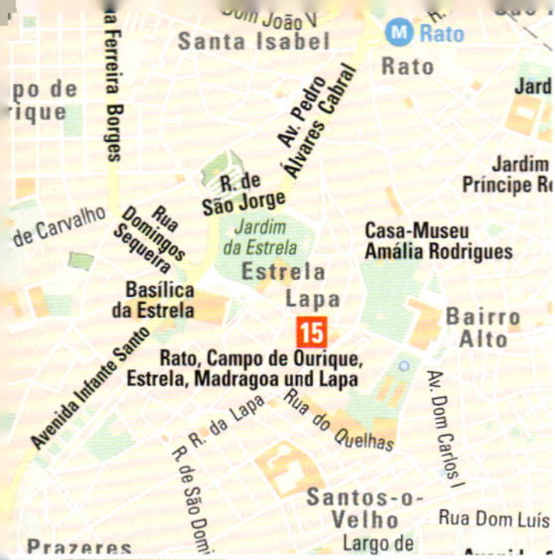

Oben: Einer der beliebtesten Parks in Lissabon ist der Jardim da Estrela. Dort findet sich auch obige Figurengruppe.
Unten: Herz zeigen – ein Kunstobjekt im öffentlichen Raum

15 Rato, Estrela, Madragoa und Lapa

Stille Straßen und edle Paläste

Westlich des Bairro Alto hört die Altstadt noch nicht auf. Rato, Campo de Ourique, Estrela, Madragoa und Lapa heißen die Stadtviertel mit ihren jeweils unterschiedlichen Charakteren. Gemeinsam ist ihnen, dass nur wenige Touristen den Weg dorthin finden. Dabei gibt es einiges zu entdecken, u.a. die strahlende Sternenkirche Basílica da Estrela, das Nationalmuseum für Alte Kunst und die Museumshäuser des Dichters Fernando Pessoa und der Fado-Legende Amália Rodrigues.

Rund ums Bairro Alto schließen sich weitere Altstadtviertel an. Das Gebiet, das hier vorgestellt wird, dürfte für die meisten zu groß sein, als dass man es mit einem einzigen Spaziergang erkunden könnte. Am besten steuert man gezielt eines der Museen oder eine der Sehenswürdigkeiten an und schlendert je nach Lust und Laune durch das entsprechende Stadtviertel.

Amoreiras

Am Largo do Rato verläuft eine der Hauptverkehrsadern des Zentrums. Mit wechselnden Namen verbindet sie die Praça Marquês de Pombal mit der Avenida 24 de Julho entlang des Tejo. Dementsprechend mag man sich am Largo do Rato noch in der Nähe des Bairro Alto empfinden oder schon auf der anderen, stadtferneren Seite. Überquert man den verkehrsreichen Platz, an dem das lang gestreckte Gebäude des Convento das Trinas do Rato auffällt, gelangt man in das einstige Arbeiterviertel Amoreiras. Tatsächlich handelt es sich um eines der ältesten seiner Art in ganz Portugal. Im 18. Jahrhundert ließ der Marquês de Pombal nach französischem Vorbild Handwerksbetriebe und Manufakturen in diesem Gebiet ansiedeln. Mit ihren Produkten sollte die Staatskasse von teuren Importen entlastet und eine eigene Wirtschaft aufgebaut werden.

Im Herzen von Amoreiras liegt der gleichnamige Park. Er wurde 1759 vom Marquês de Pombal in Auftrag gegeben. Das riesige Wasserreservoir, die *Mãe d'Água*, die »Mutter des Wassers«, war die Verteilerstation des Wassers, das über den Aqueduto das Águas Livres in die Stadt geleitet wurde. Die Mãe d'Água gehört zum Wassermuseum EPAL Museu da Água und kann besichtigt werden. Am Park liegt auch die Kunststiftung Fundação Arpad Szenes-Vieira da Silva in einer ehemaligen Seidenmanufaktur aus dem 18. Jahrhundert. Von der Tradition des Seidenspinnens erzählt noch der Name des Viertels. Das Hauptnahrungsmittel der Raupen sind Maulbeerbäume, die auf Portugiesisch *amoreiras* heißen. Heute hat sich die Bedeutung des Namens etwas verschoben. Zumindest in Lissabon steht *Amoreiras* vor allem für das große Einkaufszentrum, das in den Achtzigerjahren als Erstes seiner Art in Lissabon eröffnet hat. Weithin sichtbar sind die Torres das Amoreiras. Die postmodernen Wohn- und Geschäftstürme wurden ebenfalls in dieser Zeit erbaut.

Campo de Ourique

Ein Stück weiter südlich vom Einkaufszentrum, auf einer hoch gelegenen Fläche, dem Campo de Ourique, wurde die Stadt im ausgehenden 19. Jahrhundert erweitert. Im frühen 20. Jahrhundert zog es viele Künstler in das neue Viertel. Einer von ihnen war der Schriftsteller Fernando Pessoa, der 1920 eine Wohnung in der ersten Eta-

AUTORENTIPP!

RÄUME UND TRÄUME

Maria Helena Vieira da Silva (1908–1992) gehört zum exklusiven, da kaum existenten Kreis der international bekannten portugiesischen Künstlerinnen. Mit 20 zog sie nach Paris, wo sie 1930 den ungarischen Künstler Árpád Szenes (1897–1985) heiratete. Die Malerei der Portugiesin war zunächst surrealistisch und mythologisch geprägt, später fand sie für ihre mitunter klaustrophobisch-morbiden Arbeiten das Motiv des Labyrinths und des vielperspektivischen Raums. Auch Szenes findet im Surrealismus zunächst seine künstlerische Heimat. Dem Werk des Künstlerpaares, das bis ins hohe Alter gemeinsam arbeitete, ist ein sehenswertes Museum gewidmet. Es befindet sich in einer alten Seidenmanufaktur beim angenehmen Jardim das Amoreiras, der auch auf dem Weg zum Museum einen Abstecher wert ist.

Fundação Arpad Szenes-Vieira da Silva. Mi–So 10–18 Uhr, Praça das Amoreiras 56, Tel. 21/388 00 44, www.fasvs.pt, Metro: Rato

Auch mit Nebel schön – Morgenstimmung in Lapa

Mitte: Einsteigen, bitte! Die Linie 28 fährt vom Prazeres-Friedhof bis ins Alfama-Viertel.
Unten: Rückzug ins Grün des Estrela-Parks

ge der Rua Coelho da Rocha 16 bezog. 1993 wurde das gesamte Gebäude zur Casa Fernando Pessoa umfunktioniert.

Am westlichen Ende der Rua Saraiva, wo auch die Tramlinie 28E ihre Endstation hat, liegt der Cemitério dos Prazeres, der »Friedhof der Vergnügungen«. 1833 wurde das Gräberfeld angelegt. Wer ein Faible für alte Friedhöfe hat, kann hier zwischen pompösen Mausoleen und Grabstelen umherwandeln und über die Endlichkeit des Daseins nachdenken.

Estrela

Zurück mit dem Eléctrico, der alten Tram, ist es nicht weit bis zum Jardim da Estrela. Der Sternenpark ist einer der beliebtesten der Stadt. Im lauschigen Stadtgrün wachsen alte, zum Teil exotische Bäume, auf kleinen Teichen gleiten die Schwäne dahin, und vielleicht hört man durch die verwunschene Landschaftskulisse den Schrei eines Pfaus, der hier zu Hause ist. Dem urbanen Müßiggänger steht sogar eine kleine öffentliche Bibliothek zur Verfügung. Im Nordwesten grenzt an den

Spaziergang durch die westlichen Viertel der Altstadt

A Mãe d'Água – Vom Largo do Rato ist es nur ein kleines Stück bis zum kleinen Park Jardim das Amoreiras, wo der Wasserspeicher Mãe d'Água einen Besuch lohnt.

B Fundação Arpad Szenes-Vieira da Silva – Auch die Kunststiftung liegt im Jardim das Amoreiras und will von Schöngeistern entdeckt werden.

C Amoreiras Shopping Center – Konsum kennt hier keine Grenzen. Rund 300 Geschäfte sorgen dafür, alles zu bekommen, was das Herz begehrt.

D Casa Fernando Pessoa – Hier hat der Nationaldichter die letzten Jahre seines Lebens verbracht. Heute ist das Haus ein Literaturzentrum mit einem kleinen Ausstellungsraum.

E Cemitério dos Prazeres – Der altehrwürdige städtische Friedhof feiert den Tod mit dem Prunk vergangener Jahrhunderte.

F Cemitério dos Ingleses – Wer mitten im geschäftigen Treiben der Stadt die Stille der Friedhöfe sucht, wird sie auch hier finden.

G Jardim da Estrela – Entspannung pur bietet der hübsche Park mit Caféterrasse.

H Basílica da Estrela – Die im 18. Jahrhundert erbaute Kirche gehört zu den schönsten der Stadt.

I Assamblea Nacional – In der Nationalversammlung wurde 2009 der bis heute umstrittene Lissabon-Vertrag ratifiziert, der die Europäische Union reformieren soll.

J Casa Museu Amália Rodrigues – Trost und Freude in allen Lebenslagen schenken die Lieder der Fado-Legende Amália, deren Wohnung heute ein Museum ist.

K Marionettenmuseum – Im Viertel Madragoa beleben heute originelle Marionetten die alten Gemäuer des Convento das Bernardas.

L Museu Nacional de Arte Antiga – für Kunstliebhaber ein absolutes Muss!

Ein Palast im Lapa-Viertel

AUTORENTIPP!

CEMITÉRIO DOS PRAZERES
Der Name »Friedhof der Vergnügungen« verweist nicht etwa auf nekrophile Feste, die in der Totenstadt gefeiert würden. Wahrscheinlich bezieht sich der Name des Friedhofs und Stadtteils Prazeres auf ein Gut oder einen Adelssitz, der sich in der Gegend befand. Dort wurde so ausgiebig gefeiert, dass man ihm den Beinamen »der Freuden« oder »der Vergnügungen« gab– und der blieb auch, als auf dem hoch gelegenen Plateau eine Totenstadt wuchs. Hans Magnus Enzensberger sah in dem 1833 angelegten Friedhof eine »exakte topologische Abbildung einer Hauptstadt mit all ihren Gebäuden, Straßen, Plätzen, Palästen, säuberlich in Viertel gegliedert«. Auch nach dem Tod sind hier eben nicht alle gleich. Zumindest die Architektur des Gedenkens feiert hier teils romantische, teils monumentale Feste. Der portugiesischen Sepulkralkunst ist eine kleine Ausstellung in der Friedhofskapelle gewidmet.

Cemitério dos Prazeres. Tgl. 9–17 Uhr, Praça Sao João Bosco, Tram 25 und 28

Park des Cemitério dos Ingleses. Der englische Friedhof ist der älteste noch existente der Stadt. Er wurde 1717 angelegt. Der wahrscheinlich prominenteste Dauergast ist Henry Fielding, der 1754 in Lissabon verstarb. Schräg unterhalb des Parks erhebt sich die Basílica da Estrela. Das Ende des 18. Jahrhunderts erbaute Gotteshaus macht von außen einen prächtigen Eindruck und enttäuscht auch innen nicht.

Einige Straßenblocks weiter in Richtung Bairro Alto erreicht man das Parlamentsgebäude, den Palácio de São Bento. Seit 1834 tagt das portugiesische Parlament unter wechselnden Namen (heute: die Assembleia da República) in dem monumentalen Gebäude, das im 16. Jahrhundert als Kloster erbaut wurde. 1902 wurde ihm ein neoklassizistischer Portikus verpasst. In einem kleineren rückseitigen Palast residiert der Premierminister.

Die Rua de São Bento, auf die man stößt, wenn man an der Hauptfassade des Parlaments entlangläuft, ist bekannt für ihre Antiquitätengeschäfte. Fado-Fans aus aller Welt verbinden die Straße mit dem letzten Wohnsitz der zweifellos bekanntesten Sängerin dieses Genres in Portugal: Amália Rodrigues. In der Casa-Museu Amália Rodrigues sieht es aus, als habe die Ikone des melancholischen Gesangs ihre Wohnung erst eben verlassen.

Madragoa

Folgt man der Rua das Francesinhas unterhalb der Assembleia da República in Richtung Tejo, gelangt man in das volkstümliche Viertel Madragoa. In den verwinkelten und oftmals steilen Gassen haben schon immer viele Farbige aus den damals noch aktuellen, heute aber ehemaligen Kolonien Portugals gelebt. Das geistige Zentrum des Madragoa-

Viertels markiert der Convento das Bernardas. Das 1653 gegründete Kloster wurde von Nonnen des Zisterzienserordens in Klausur bewohnt. Nach dem Erdbeben musste es wie so vieles teilweise wiederaufgebaut werden. 1834 verließ der Orden im Rahmen des Säkularisierungsgesetzes die alten Mauern. Diese wurden zunächst als Schule, dann als Zuflucht von armen Familien genutzt. Ein Teil des Klosters wird noch immer für sozial schwache Familien bereitgehalten. Einen anderen Bereich nimmt das Marionettenmuseum ein.

Vorbei an der sehenswerten Igreja Santos-o-Velho, die an einer Stelle steht, wo im Jahr 303 n. Chr. die Römer drei Christen gemartert haben sollen, gelangt man auf die Rua das Janelas Verdes, wo das Museu Nacional de Arte Antiga einen längeren Besuch verdient. Das Nationalmuseum für Alte Kunst ist unter anderem im Besitz von Werken von Hieronymus Bosch, Zurbarán, Memling, Velázquez sowie kostbaren dekorativen Schmuck-Keramikstücken.

Lapa

Ganz anders als das bodenständige Madragoa-Viertel gibt sich Lapa mit seinen umzäunten Villen und Botschaftsgebäuden. Jenseits der breiten Avenida Infante Santo liegt der ehemalige königliche Palácio das Necessidades, der heute der Dienstsitz des portugiesischen Außenministers ist. Die im 18. Jahrhundert erbaute Schlossanlage hat ihren Namen von einer Kapelle, die der Nossa Senhora das Necessidades gewidmet war, »Unserer Lieben Frau der Bedürfnisse«. Der Park, Tapada das Necessidades, kann besichtigt werden. Er wurde im 19. Jahrhundert auf Wunsch des deutschstämmigen Königs Fernando II. angelegt und beeindruckt nicht nur durch seine Pflanzenpracht, sondern auch durch die schönen Ausblicke.

AUTORENTIPP!

DAS LEBEN AM FADEN

Im Convento das Bernardas finden seit Jahrzehnten nicht nur sozial schwache Familien eine Bleibe. Auch ein Gourmetrestaurant und das sehenswerte Marionettenmuseum haben hier einen jeweils passenden Ort gefunden. Das Museu da Marioneta überrascht mit einer vielfältigen Sammlung von Figuren und Masken, Bühnenbildern, Scherenschnitttheatern aus mehreren Jahrhunderten und Kulturen. Besonders reich ist der Fundus an Figuren aus dem südostasiatischen Raum und natürlich aus Portugal. Wie präsent das Puppenspiel als Bühnenkunst oder in religösen Ritualen in praktisch allen Zeiten und Kulturen war und zum Teil noch ist, erlebt man beim Spaziergang entlang der Vitrinen. Bis ins 20. Jahrhundert und den Anfängen des modernen Trickfilms reicht der Rundgang. Das Museum wurde 1987 von der portugiesischen Companhia de Marionetas de S. Lourenço gegründet. Wer des Portugiesischen mächtig ist, kann auch an Aufführungen und Workshops teilnehmen.

Infos und Adressen

SEHENSWÜRDIGKEITEN

Assembleia Nacional. Rua de São Bento, Metro: Rato, Tram 28

Basílica da Estrela. Tgl. 8–13 und 15–19 Uhr, Largo da Estrela, Metro: Rato, Tram: 25 und 28

Casa Fernando Pessoa. Mo–Fr 10–18 Uhr, Rua Coelho da Rocha 16, Tel. 21/391 32 70, http://casa fernandopessoa.cm-lisboa.pt, Tram 25 und 28

Casa-Museu Amália Rodrigues. Mi–So 10–13 und 14–18 Uhr, Rua de Sao Bento 193, www.amaliarodrigues.pt, Metro: Rato

Im *Museu da Marioneta*

Cemitério dos Ingleses. Tagsüber geöffnet, Rua São Jorge 6, Metro: Rato, Tram 25 und 28

Cemitério dos Prazeres. Tgl. 9–17 Uhr, Tram 25 und 28

Convento das Bernardas/Museu da Marioneta. Di–So 10–13 und 14–18 Uhr, Rua da Esperança 146, Tel. 21/394 28 10, www.museuda marioneta.egeac.pt, Tram 25

Fundação Arpad Szenes-Viera da Silva. Praça das Amoreiras 56, Tel. 21/388 00 44, Mi–So 10–18 Uhr, www.fasvs.pt, Metro: Rato

Jardim da Estrela. Largo da Estrela, Metro: Rato, Tram 25 und 28

Museu Nacional de Arte Antiga. Rua das Janelas Verdes, Di 14–18 Uhr, Mi–So 10–18 Uhr, www.mnarteantiga-ipmuseus.pt, Tram 15 und 18, Haltestelle: Cais da Rocha

Reservatório da Mãe d'Água. Mo–Sa 10–18 Uhr, Jardim das Amoreiras, www.museudaagua.epal.pt, Metro: Rato

Tapada das Necessidades. Mo–Fr 8–18, So 10–18 Uhr, Largo das Necessidades, Tram 15

ESSEN UND TRINKEN

A Travessa. Im Convento das Bernardas im Madragoa-Viertel gibt es nicht nur ein Marionettenmuseum, sondern auch ein hervorragendes Restaurant. Bei gutem Wetter wird im Kreuzgang getafelt. Hauptspeisen um die 20 €. Di–Fr 12.30–15 und 20–24 Uhr, Mo und Sa nur am Abend, Travessa do Convento das Bernardas 12, Tel. 21/390 20 34, www.atravessa.com, Tram 25

Casa da Comida. Das elegante Restaurant ist schon so etwas wie ein Klassiker in der Stadt. Gehobene portugiesische Küche wird in einem verspielten Ambiente serviert. Hauptspeisen liegen um die 20 €. Travessa das Amoreiras 1, Tel. 21/386 08 89, www.casadacomida.pt, Metro: Rato

O Café de São Bento. Dunkle holzvertäfelte Wände und rot gepolsterte Clubsessel lassen einen eher an einen gepflegten Drink denken als an die Spezialität des Hauses. Das Café de São Bento wird nicht nur von seinen Stammgästen wegen seiner ausgezeichneten Steaks geschätzt. Tgl. 12.30–14.30 und 19–2 Uhr, Rua de São Bento 212, Tel. 21/395 29 11, www.cafesaobento.com, Metro: Rato, Tram 25E und 28E

O Cantinho da Paz. Im kleinen und unscheinbaren Restaurant geht es familiär zu. Journalisten und Politiker kommen vom nahe gelegenen Parlament herüber und lassen sich von der Küche Goas – eine der ehemaligen Kolonien des Landes – verwöhnen. Hauptspeisen um die 15 €, Rua da Paz 4, Tel. 21/390 19 63, Tram 28E sowie Bus 6 und 727

ÜBERNACHTEN

Jardim de Santo Hostel. Das nette Hostel ist nicht nur für junge Backpacker interessant. Neben 6- und 10-Bettzimmern gibt es auch schöne 2-Bettzimmer. Bäder für Männer und Frauen. Eine Küche und ein Aufenthaltsraum stehen den Gästen zur Verfügung. Handtücher müssen ausgeliehen werden, dafür kostet die Nacht ab 10 € im Gruppenraum und 25–30 € im Doppelzimmer. Largo Vitorino Damásio 4, Tel. 21/397 46 66, www.jardimdesantoshostel.com, Tram 15E und 18E

EINKAUFEN

Centro Comercial das Amoreiras. Riesiges Einkaufszentrum mit rund 300 Shops, Kinos und Restaurants, Avenida Engenheiro Duarte Pacheco, www.amoreiras.com, Metro: Rato

Rua de São Bento. Eine der Straßen Lissabons für Antiquitäten. Hier reiht sich Laden an Laden.

NACHTLEBEN

Kremlin. Gut besuchter Club in einem ehemaligen Kloster. Di–Sa 24–8 Uhr, Escadinhas da Praia 5 (24 de Julho), Tel. 21/395 71 01, www.grupo-k.pt

Plateau. Im vergleichsweise kleinen Club kommen nicht nur die Achtzigerjahre zu musikalischen Ehren, auch Rockmusik vergangener Tage wird gern gespielt. Getanzt wird ausgiebig. Di–Sa 10–6 Uhr, Rua Escadinhas da Praia 7 (Avenida 24 de Julho), Santos, Tel. 21/396 51 16, www.lisbonlux.com

Herrschaftliches Wohnen im Lapa-Viertel

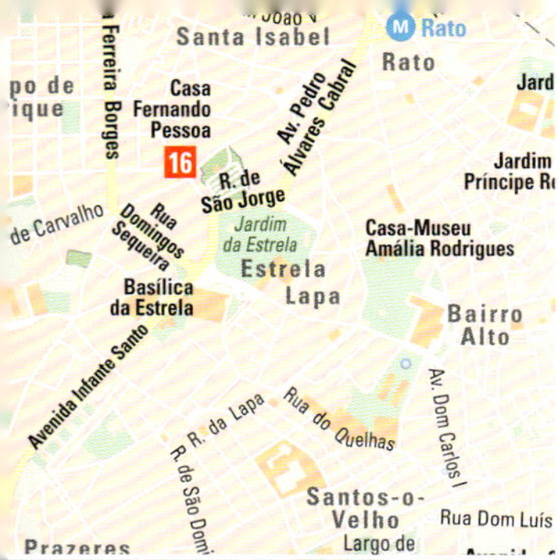

Fernando Pessoa ist untrennbar mit Lissabon verbunden. Reisen lehnte er ab. In seiner Heimatstadt, so war er überzeugt, fand er mehr Eindrücke als er zum Schreiben brauchte.

16 Casa Fernando Pessoa
Im Labyrinth der Worte

Der berühmteste Dichter der Stadt, Fernando Pessoa (1888–1935), lebte in zahlreichen Wohnungen der Hauptstadt. Die letzten 15 Jahre seines Lebens war die Hausnummer 16 der Rua Coelho da Rocha sein Zuhause. Die Stadt Lissabon ließ das Gebäude zu einem modernen Kulturzentrum mit Auditorium, Fachbibliothek und Ausstellungsräumen umbauen. Auch persönliche Gegenstände des großen Literaten sind dort zu sehen.

Der Besucher, so das Ziel der Casa Fernando Pessoa, soll das Gefühl haben, in das Labyrinth der Wörter und Schöpfungen des Autors einzutreten. Das geht am besten, wenn man ein wenig mit dem Werk Pessoas vertraut ist. Falls nicht, wird man nach dem Besuch des Museumshauses den dringenden Wunsch verspüren, dies bald nachzuholen und mehr über die portugiesische Literatur zu erfahren, die in der ersten Hälfte des 20. Jahrhunderts das Leben in Lissabon mitgeprägt hat. Das heimliche Zentrum des dreistöckigen Hauses ist der

MAL EHRLICH

IN DEN STERNEN

Fernando Pessoa war ein leidenschaftlicher Hobbyastrologe. Jeden Tag, so liest man im Ausstellungsraum des Kulturhauses, habe er berechnet, was die Sterne ihm zu sagen haben. Weshalb die Ausgestaltung der Casa-Museu sich dann aber fast ausschließlich auf diesen Aspekt des Dichters stürzt, bleibt ein Rätsel. Gern würde man mehr über sein Schreiben, seine Pseudonyme und sein Leben erfahren – und am besten nicht nur auf Portugiesisch.

Raum im ersten Obergeschoss, in dem Pessoa die letzten Jahre seines Lebens gewohnt hat. Einige der gezeigten Objekte stammen aus dem Nachlass des Autors wie die Schubladenkommode und die Schreibmaschine. Letztere ist aus dem Büro in der Baixa, wo der Hobbyschriftsteller Pessao als Handelskorrespondent arbeitete. Andere Möbelstücke fanden ihren Weg aus einer der insgesamt 16 Wohnungen, in denen der Meister der modernen portugiesischen Literatur in Lissabon gelebt hat. In der Casa sind auch die Kunstwerke von Júlio Pomar oder Costa Pinheiro sehenswert sowie das Porträt, das Rodrigues Castañe gemalt hat. Es ist das einzige, bei dem Pessoa Modell gesessen hat.

Leben und Werk

»Im Grunde reist man am besten, indem man fühlt. / Alles auf jegliche Weise fühlt. / Alles unmäßig fühlt, / weil alle Dinge im Grunde unmäßig sind, / und die ganze Wirklichkeit eine Ausschweifung ist, ein Gewaltakt, / eine lichtscharfe Halluzination, / die wir gemeinsam im Rasen der Seelen erleben, / dem Mittelpunkt, wohin sich alle die seltsamen zentrifugalen Kräfte drängen: / die menschlichen Psychen in ihrer Sinnentracht.«

Der Autor dieser Zeilen nennt sich Álvaro de Campos. Es ist eines der Pseudonyme, unter denen Fernando Pessoa schrieb. Genauer handelt es sich bei Álvaro de Campos nicht um ein Pseudonym, sondern ein Heteronym. Pessoa schrieb nicht nur unter rund 70 unterschiedlichen Namen. Er erdachte für sie auch komplette Biografien und Schreibstile. Die bekanntesten »Pessoas« sind neben Herrn de Campos Alberto Caeiro und Ricardo Reis. (Kompliziert wird es, wenn José Saramago 1984 in *Das Todesjahr des Ricardo Reis* das Heteronym mit seinem Schöpfer Pessoa als Romanfiguren einander begegnen lässt.)

AUTORENTIPP!

DAS VERMÄCHTNIS DES BUCHHALTERS

Literarische Meisterwerke, zumal der Moderne, werden zwar oft hochgelobt, aber selten gelesen. *Das Buch der Unruhe des Hilfsbuchhalters Bernardo Soares* fällt etwas aus diesem Schema. Erst einmal wurde es entdeckt, als die Moderne schon Geschichte war, nämlich 1982, und die feine Melancholie dieses fragmentarischen Romans den Zeitgeist traf: das 600-seitige Vermächtnis von Fernando Pessoa avancierte zum Kultbuch. Die Hauptperson Soares hat wahrscheinlich viele Ähnlichkeiten mit dem Autor. Während sich Soares in einem Kontor der Baixa als Hilfsbuchhalter, Feierabendphilosoph und Dichter betätigt, übersetzt Pessoa englische Handelspapiere. Nach Dienstschluss oder auch davor beobachtet er die Welt vor seinen Augen und Ohren. Er reist nicht in ferne Länder, denn Existieren ist reisen genug, sondern spaziert mit wachen Sinnen durch sein natürliches Habitat, die Stadt Lissabon. Wie man Prag nicht ohne Franz Kafka denken kann und Dublin nicht ohne James Joyce, lebt Lissabon erst mit Fernando Pessoa – zumindest literarisch.

Fernando Pessoa: *Das Buch der Unruhe* des Hilfsbuchhalters *Bernardo Soares*, Fischer 2006

Oben: Pessoa lebte in einer kleinen Wohnung in der ersten Etage des Wohnhauses in Campo de Ourique. **Mitte:** Sein ehemaliges Schlafzimmer ist das Zentrum des Museums. **Unten:** Ein engagiertes Team betreut die Bibliothek, plant Ausstellungen und Veranstaltungen.

Fernando Pessoa wird am 13. Juni 1888 in Lissabon am Largo de São Carlos 4, gegenüber der Oper im Chiado-Viertel, geboren. Seine Kindheit verbringt er in Südafrika, sein Stiefvater ist dort portugiesischer Konsul. 1905 kehrt er nach Lissabon zurück, wo er zunächst studiert, dann jedoch als Handelskorrespondent und Übersetzer bis zu seinem Tod ein bescheidenes und stilles Leben führt. Sein Hauptwerk ist das *Buch der Unruhe*, ein Konvolut aus Reflexionen, tagebuchartigen Betrachtungen und Beobachtungen, die ebenso genau wie mitunter melancholisch sind. Rund 20 Jahre sammelt Pessoa das Material für diesen Meilenstein der modernen Literatur, der allerdings erst posthum im Jahr 1982 veröffentlicht wurde. 2006 ist das Werk in einer hochgelobten neuen Übersetzung auf Deutsch erschienen. Zu Lebzeiten hatte der Dichter nur wenig veröffentlicht. Einige Gedichte und Übersetzungen wurden publiziert, ebenso wie die von ihm herausgegebene Zeitschrift *Orpheu*. Nur wenigen Zeitgenossen ist seine Arbeit bekannt. Erst nach seinem Tod wird der *Schatz* Fernando Pessoa langsam gehoben. In zwei Truhen fanden sich 27 000 Manuskriptseiten. Bis heute sind die Arbeiten am Nachlass noch nicht abgeschlossen.

Lissabon-Besucher stoßen immer wieder auf die Spuren des Dichters. Pessoa arbeitete in mehreren Büros in der Baixa. Die geraden Straßen der Unterstadt und die Gassen und Straßen des Chiado-Viertels sind seine Welt. Er verkehrt in den Cafés, in denen die Boheme der Zeit, die Literaten und Maler sich treffen, wie dem »Café A Brasileira«. Man sieht ihn im »A Licorista« in der Rua dos Sapateiros in Baixa und vor allem im »Martinho da Arcada«. Im Lokal unter den Arkaden an der Praça do Comércio war er Stammgast. Seine sterblichen Reste wurden im Kreuzgang des Hieronymusklosters in Belém beigesetzt.

Infos und Adressen

SEHENSWÜRDIGKEITEN

Casa Fernando Pessoa. Rua Coelho da Rocha 16, Mo–Fr 10–18 Uhr, Tel. 21/391 32 70, http://casafernandopessoa.cm-lisboa.pt, Tram 25 und 28

Lugares de Pessoa. Die Casa Fernando Pessoa gibt ein Faltblatt mit den Adressen heraus, anhand derer man dem Leben des Dichters durch die Stadt folgen kann. Es reicht vom Haus im Largo de São Carlos 4, wo Pessoa seine ersten Lebensjahre verbrachte, bis zum Familiengrab auf dem Prazeres-Friedhof in Rua 1, Nummer 4371.

Im Museums-Haus, dem Labyrinth der Worte

Viele seiner Texte schrieb Pessoa im Café.

ESSEN UND TRINKEN

Bota Velha. Der »alte Stiefel« ist eine nette Cervejeira, ein Bierlokal, in dem man gut und günstig essen kann. Ein Hauptgericht kostet um 12 €. Mo–Sa 12–15 und 19–1.30 Uhr, Fr nur abends, Rua Domingos Sequeira 34–38, Tel. 21/390 44 47

Santa Clara. Kleines sympathisches Café-Restaurant direkt gegenüber dem Museumshaus. Spezialität ist »Bacalhau Santa Clara«, ein Auflauf mit Kartoffeln, Spinat und Stockfisch. Preise um 10 €. Rua Coelho da Rocha 21, Tel. 21/39 03 80

ÜBERNACHTEN

Hotel da Estrela. Das kleine Hotel – Mitglied der Small Luxury Hotels of the World – ist eine Oase aus Stil, Gegenwart und gutem Geschmack. 19 individuelle und zeitgenössisch eingerichtete Zimmer beherbergt der historische Palast Condes de Paraty. Weil der bis zuletzt eine Schule war, spielt das Interieur mit dem Thema, hat Schränke und Tafeln bewahrt und manches mehr. Die Kantine stapelt tief, zumindest dem Namen nach. Sie ist ein empfehlenswertes Restaurant mit moderner portugiesischer Küche. DZ ab 100 €, Rua Saraiva de Carvalho 35, Tel. 21/190 01 00, www.hoteldaestrela.com, Metro: Rato, Tram 28

17 Casa-Museu Amália Rodrigues

Das Haus einer Legende

Zwei Jahre nach dem Tod von Amália Rodrigues (1920–1999) wurde ihr Haus zu einem Museum umgestaltet. So hatte es die Fado-Legende vor ihrem Tod verfügt. Das hübsche Stadthaus steht in der Nähe des Parlaments in der Rua de São Bento und ist mit den originalen Möbeln und vielen Erinnerungsstücken ausgestattet. Eine Kultstätte für Fado-Fans.

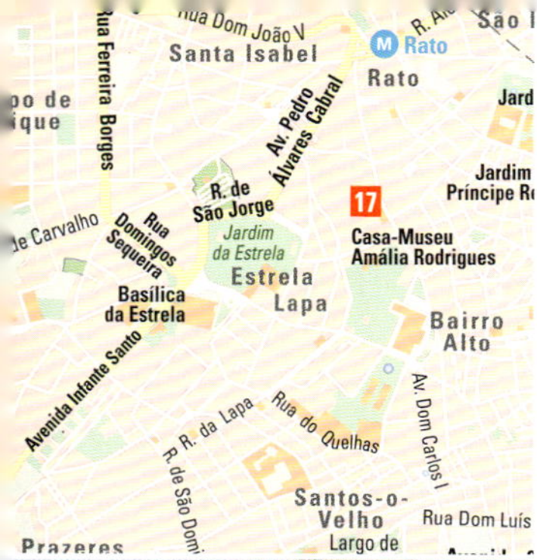

Oben: 1999 verstarb die berühmteste Sängerin des Fado. Im Haus in der Rua do São Bento hatte sie ihre letzten Lebensjahre verbracht. **Unten:** Auf Wunsch der Sängerin wurde ihr Haus posthum zu einem Museum.

Wenn die Fado-Musik und Fado-Kultur eine Religion wäre, gäbe es keinen Zweifel, wer ihre Göttin ist: Amália Rodrigues. Die 1920 geborene Sängerin war und ist ein Symbol der nationalen Identität. Sie ist die Stimme Portugals, die weiterlebt, auch wenn die Sängerin 1999 verstarb.

Amália Rodrigues wuchs in ärmlichen Verhältnissen auf. 1920 wurde sie in Lissabon geboren, wo sie die ersten Jahre bei ihren Großeltern lebte. Den Eltern fehlte das Geld, um die Familie ausreichend zu versorgen. Sie musste früh arbeiten gehen, schuftete in einer Fabrik, half ihrer Mutter auf dem Markt. Dass sie über eine außergewöhnliche Stimme verfügte, wurde bald im Alcântara-Viertel, wo sie lebte, bekannt. Mit 15 sang sie auf Festen, und bald darauf trat sie in den seinerzeit bekannten Fado-Lokalen auf, die sich darum rissen, die junge Künstlerin in ihrem Haus zu haben. Ab 1941 steht sie exklusiv im Fado-Lokal »Solar da Alegria« auf der Bühne. Es folgen Theaterauftritte und erste Filmrollen. Zwei Jahre später hört man sie in Madrid, dann in Brasilien, den USA, Frankreich und anderen Ländern. Insgesamt hat sie rund 170 Platten eingespielt, wie viele es genau sind, ist nicht bekannt. Daneben wirkte sie in Dutzenden von Filmen mit.

Während der Salazar-Diktatur wurde die Fado-Musik, die eigentlich eine Kunst der kleinen Leute ist, für den Staat und seine Ziele vereinnahmt. Auch eine international erfolgreiche Künstlerin wie Amália wurde hofiert. Wie nah oder wie fern sie dem Regime stand, darüber wurde nach der »Nelkenrevolution« von 1974 heftig debattiert.

Im Rahmen der Expo 98 hat die große Künstlerin ihren letzten öffentlichen Auftritt. Ein Jahr später stirbt sie, Portugal ist in dreitägiger Staatstrauer. Hunderttausende Menschen nahmen beim Trauermarsch Abschied, als sie auf dem Friedhof Prazeres beigesetzt wurde. 2001 wurden ihre sterblichen Reste in das Pantheon der Kirche Santa Engrácia überführt. Sie ist an diesem Ort des nationalen Gedenkens die bislang erste und einzige Frau.

Wie die Künstlerin testamentarisch verfügte, wurde ihr Wohnhaus in der Rua de São Bento nach ihrem Tod zu einem Museum, das von der Stiftung Fundação Amália Rodrigues geleitet wird. An der Einrichtung des Hauses mit seinen fünf Zimmern wurde nichts verändert. Man spaziert also – geführt von einer kundigen Museumskraft – durch die Wohnung Amálias. Gästezimmer, Ankleidezimmer, Speiseraum, Wohn- und Schlafzimmer sind meist mit Möbeln des 19. Jahrhunderts eingerichtet. An den Wänden hängen Bilder der Sängerin, Orden- und Ehrenzeichen, Marienfiguren und Schmuck werden dem Amália-Fan bedeutender erscheinen als dem unbedarften Besucher. Aber der wird sich ohnehin nicht in das alte Stadthaus in der Rua de São Bento verirren. Schließlich ist das Museumshaus der Amália Rodrigues kein gewöhnlicher Ort, sondern eine Kultstätte des Fado.

Infos und Adressen

SEHENSWÜRDIGKEITEN

Casa-Museu Amália Rodrigues. Rua de São Bento 193, Mi–So 10–13 und 14–18 Uhr, geführte Besichtigung auf Portugiesisch und Englisch, www.amaliarodrigues.pt, Metro: Rato

Fado-Lokale in den Stadtteilen Chiado, Bairro Alto, Lapa und Alcântara

Café Luso. Eines der bekanntesten und renommiertesten Fado-Lokale des Landes. Hier haben schon alle Größen des Genres gesungen. Tgl. 19.30–2 Uhr, Travessa da Queimada 10, Tel. 21/342 22 81, www.cafeluso.pt, Metro: Baixa-Chiado

O Faia. Klassische Fado-Abende bietet das Lokal auf dem Chiado, Mo–Sa ab 21.30 Uhr, Rua da Barroca 56, Tel. 21/342 67 42, www.ofaia.com, Metro: Baixa-Chiado

O Forcada. Im Herzen des Bairro Alto hat auch dieses Fado-Lokal schon eine gut 30-jährige Tradition. Neben Fado kommen auch Folk und andere Musikarten auf die Bühne. Tgl. ab 20 Uhr, Rua da Rosa 221, Tel. 21/346 85 79, ww.oforcado.com, Metro: Baixa-Chiado

Sr. Vinho. Gepflegter Klassiker für einen Fado-Abend im Lapa-Viertel. Die Abende beginnen ab 21.30 Uhr. Rua do Meio à Lapa 18, Tel. 21/397 26 81, www.srvinho.com, Tram: 25 und 28

Timpanas. Fado und Folklore stehen auf dem Programm des Timpanas. Das klassische Lokal im Stadtteil Alcântara hat in den 1960er-Jahren eröffnet. Mi–Mo ab 21 Uhr, Rua Gilberto Rola 24, Tel. 21/390 66 55, www.timpanas.pt, Tram: 15E

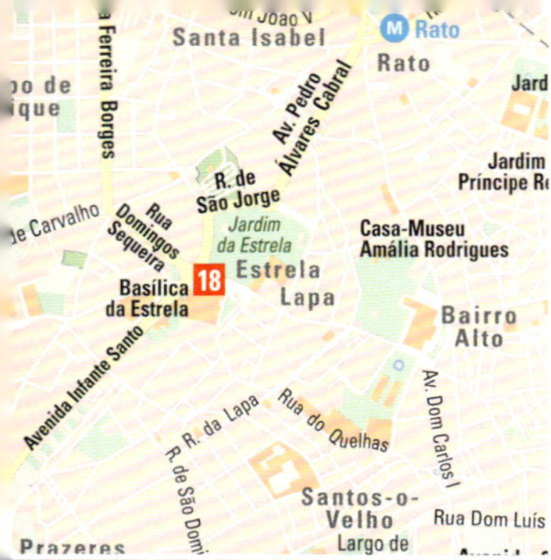

Oben: Die Kuppel der Basilika ist ein markanter Punkt der Skyline von Lissabon.
Unten: Nach ihrem Tod wurde die Stifterin Königin Maria I. in der Basilika beigesetzt.

18 Basílica da Estrela

Strahlendes Gelübde

Hell und erhaben leuchtet die Basílica da Estrela über der westlichen Altstadt. Der eindrucksvolle Kirchenbau aus dem späten 18. Jahrhundert entstand durch ein Gelübde der damaligen Königin Maria I. Die erste Frau auf dem portugiesischen Thron hat in der »Sternenbasilika« ihre letzte Ruhe gefunden. Von der Dachterrasse schaut man über den Westen der Stadt.

Im Vergleich zu anderen südeuropäischen Städten gibt sich Lissabon, was seine Sakralarchitektur betrifft, fast bescheiden. Es gibt zweifellos sehr schöne Kirchen wie die alte Kathedrale Sé auf der Alfama oder die Igreja de São Roque auf dem Chiado, doch kein Bauwerk reicht an die Baudenkmäler Venedigs oder Roms heran, an die Kathedralen von Burgos oder Toledo oder die Gotik Kataloniens. Umso stolzer ist man in der Stadt am Tejo auf die strahlend weiße und durchaus imposante Basílica da Estrela, die weithin sichtbar von einer Anhöhe der westlichen Altstadt her grüßt.

Königin Maria I. (1734–1816), »die Fromme«, hat den Bau der Basilika in Auftrag gegeben. Dass man ihre Frömmigkeit nicht mit Harmlosigkeit verwechseln durfte, bekam der Marquês de Pombal zu spüren. Während der Regierungszeit ihres Vaters trimmte der Marquês das klerikal geprägte Königreich auf ein modernes absolutistisches Staatswesen. Dazu modernisierte er nicht nur die Stadt nach dem großen Erdbeben, er legte sich auch mit der Kirche an, schränkte ihre Befugnisse ein und verbot den Jesuitenorden. Nach dem Tod ihres Vaters verfügte Maria 1777 als eine der ersten Amtshandlungen die Entlassung Pombals. Die fromme

Monarchin nahm einige der antiklerikalen Reformen zurück. Bald darauf verfiel sie aber in wahnhafte Glaubensvorstellungen, bis sie schließlich 1792 entmündigt wurde. Obwohl schon längst nicht mehr Herrin ihrer Sinne, erhielt sie ein Jahr vor ihrem Tod den Titel Königin von Brasilien. 1816 starb sie in Rio de Janeiro. 1807 war sie mit dem Hof vor den Truppen Napoleons in das ferne Land geflohen.

Kurz nach der Thronbesteigung gab Maria I. von Portugal den Auftrag für die Basilika. Sie erfüllte damit das Gelübde, wonach sie eine Kirche stiften würde, sollte sie einen männlichen Thronfolger zur Welt bringen. Ihren Sohn José hatte sie bereits 1761 geboren. 1788, zwei Jahre bevor die Kirche fertig wurde, starb er an Pocken. Mit dem Bau der Basílica e Convento do Santíssimo Coração de Jesus, wie der offizielle Name der Basílica da Estrela lautet, wurde Mateus Vicente de Oliveira beauftragt. Bei seinem Entwurf, den er 1779 erarbeitete, orientierte er sich an der Basilika des Palácio Nacional de Mafra. Dort hatte er als Schüler von Johann Friedrich Ludwig (in Portugal João Frederico Ludovice) beim Bau mitgewirkt und den Palácio Nacional de Queluz vor den Toren Lissabons entworfen. Die Hauptfassade mit den beiden Glockentürmen wirkt wuchtig. Die feine Linienführung des spätbarocken und neoklassizistischen Stils macht zusammen mit dem hellen Alcântara-Stein einen prachtvollen und repräsentativen Eindruck.

Dieser setzt sich auch im Innern fort, wo farbiger Marmor auf die malerische Ausgestaltung des Italieners Pompeo Batoni trifft. Beim Hochaltar wurde die Stifterin Maria I. nach ihrer Rückführung aus Brasilien beigesetzt. Ebenfalls sehenswert ist eine Weihnachtskrippe mit mehr als 500 Figuren von Machado de Castro. Lissabon-Besucher kennen seine Arbeit von der Praça do Comércio. Von ihm stammt das Reiterstandbild von José I.

Infos und Adressen

SEHENSWÜRDIGKEITEN

Basílica da Estrela. Tgl. 8–13 und 15–19 Uhr, Largo da Estrela, Metro: Rato, Tram 25 und 28

Dach und Kuppel. Auf der rechten Seite des Haupteingangs führen Wendeltreppen auf das Dach des Kirchenschiffs und ins Innere der Vierungskuppel.

ESSEN UND TRINKEN

Café-Restaurante Jardim da Estrela. Auf der anderen Straßenseite der Basilika lockt der Estrela-Park mit schattigem Grün und einem netten Pavillon für eine erholsame Rast bei kleinen Snacks und Kuchen. Largo da Estrela, Metro: Rato, Tram 25 und 28

Tasca da Esquina. Offene Atmosphäre und frische Küche im Stadtteil Campo de Ourique. Das Tagesmenü kostet um 10 €, eine Hauptspeise à la carte um 15 €. Es gibt auch leckere petiscos (Kleinigkeiten) und portugiesische Käsespezialitäten. Di–Sa 12.30–24 Uhr, Rua Domingos Sequeira 41C, Tel. 919 83 72 55, www.tascadaesquina.com

ÜBERNACHTEN

The House. Die Inhaber der kleinen Boutique Bed & Breakfast wollen dem Gast ein individuelles und angenehmes Zuhause-Gefühl vermitteln. Das gelingt ihnen mit neuen hellen angenehm designten Zimmern, einer Terrasse mit toller Aussicht und gutem Service. Das DZ kostet ab 55 € die Nacht. Travessa do Pinheiro 11, Tel. 21/804 20 43, www.thehouse.pt

Oben: Das Museum ist das bedeutendste seiner Art in Portugal.
Unten: Zu sehen sind Gemälde und Kunsthandwerk aus dem 15. bis 19. Jahrhundert.

19 Museu Nacional de Arte Antiga

Meisterwerke der portugiesischen und europäischen Kunst

Liebhaber alter Kunst kommen nicht umhin, einen Abstecher in den westlich des Zentrums gelegenen Stadtteil Madragoa zu unternehmen. Dort, etwa auf Höhe des Alcântara-Docks, befindet sich das wohl bedeutendste Museum Portugals, das Nationalmuseum für Alte Kunst. Zu sehen sind Meisterwerke der europäischen Malerei und Plastik des 14. bis19. Jahrhunderts.

Um die Schätze des Nationalmuseums für Alte Kunst in Ruhe begutachten zu können, braucht man schon etwas Zeit. Da es im Museum auch ein nettes Restaurant und Café gibt, sollte man für den Besuch etwa einen halben Tag einplanen. Der Schwerpunkt der Sammlung liegt auf den Werken portugiesischer Künstler. Eines der Meisterwerke ist etwa der im 15. Jahrhundert entstan-

MAL EHRLICH

AUF ABWEGEN

Im Chiado, in der Alfama und in der Baixa tummeln sich jede Menge Besucher. Sich nur auf diese Teile der Stadt zu beschränken, wäre viel zu schade. Warum nicht eine entspannte Stunde im Jardim da Estrela, durchs volkstümliche Madragoa-Viertel spazieren – einmal ohne festes Ziel – oder sich kurz entschlossen in ein Museum wagen, das gar nicht auf dem Plan stand. Oft sind es nicht die typischen Sehenswürdigkeiten, die eine Reise zum Erlebnis machen, sondern der ganz normale Alltag, das Unvermutete und Überraschende, was in keinem Reiseführer steht.

Museu Nacional de Arte Antiga

Entrée des Museums

dene Vinzenz-Altar von Nuno Gonçalves. Daneben stehen Arbeiten von Albrecht Dürer, Hieronymus Bosch, Piero della Francesca, Raffael, Diego de Velázquez und Francisco de Zurbarán für die außergewöhnliche Qualität der Sammlung. Die Malerei wird flankiert von Skulpturen des 12. bis 19. Jahrhunderts sowie kostbaren Keramiken, Möbeln, Textilien und Schmuck.

Das Museum wurde 1884 offiziell eröffnet. Den Ausschlag dafür gab unter anderem eine sehr erfolgreiche Ausstellung über spanische und portugiesische Kunst, die zwei Jahre zuvor im Palast des Grafen von Alvor gezeigt wurde und nun dauerhaft zu sehen sein sollte.

Das Gebäude

Ende des 17. Jahrhunderts ließ der Graf Alvor den Palast auf einer Anhöhe über dem Tejo erbauen. Der älteste Gebäudeteil stammt allerdings aus dem Jahr 1584. Es ist eine Kapelle im Untergeschoss, die Capela das Albertas, die zum St.-Albert-Karmeliterkloster gehörte und im Zuge einer Museumserweiterung in den Komplex integriert wurde. Die sehenswerte Kapelle ist fast komplett mit Azulejos ausgekleidet. Im Vorraum ist eine ganzjährig aufgebaute Weihnachtskrippe zu sehen. Leider ist die Kapelle derzeit nicht zu besichtigen.

AUTORENTIPP!

MEISTERWERK DER PORTUGIESISCHEN RENAISSANCE

1882, rund 400 Jahre nachdem das Polyptychon gemalt wurde, entdeckte man *Die Anbetung des Heiligen Vinzenz* im Kloster São Vicente de Fora in Lissabon. Die sechs Bildtafeln, auf Portugiesisch »Os Painéis de São Vicente« – werden dem portugiesischen Maler Nuno Gonçalves (15. Jh., um 1490) zugeschrieben und gelten als eines der Hauptwerke der alten portugiesischen Malerei. Gonçalves hatte zunächst in Flandern das Malen gelernt, ehe er zwischen 1450 und 1467 Hofmaler bei König Alfons V. wurde. Interessanterweise ist der Heilige Vinzenz zweimal dargestellt – auf den beiden mittleren Tafeln. Er wird umringt von der königlichen Familie auf der linken Tafel und mehreren Rittern auf der rechten. Die beiden zentralen Tafeln mit dem jeweils rot und kostbar gekleideten Heiligen werden flankiert von den Tafeln der Ritter und Mönche sowie der Fischer und Reliquien.

Museu Nacional de Arte Antiga. Di 14–18 Uhr, Mi–So 10–18 Uhr, 2. OG (Piso 3), Rua das Janelas Verdes, Tel. 21/391 28 00, www.mnarteantiga-ipmuseus.pt, Tram 15 und 18, Haltestelle: Cais da Rocha

Oben: Ein wichtiger Sammlungsschwerpunkt liegt auf der portugiesischen Malerei.
Unten: Die ältesten Porzellanarbeiten aus China stammen aus dem 12. Jahrhundert.

Wegen seiner ehemals grünen Fensterläden hatte das Gebäude auch den Beinamen »Casa das Janelas Verdes« bekommen, wie noch heute die Straße heißt, in der sich das Museum befindet. Der ursprüngliche Alvor-Palast wurde mehrfach umgebaut und erweitert, um den Ansprüchen eines Museums gerecht zu werden, das dann1884 feierlich eröffnet wurde.

Rundgang durch das Museum

Untergeschoss. Nachdem man den Haupteingang an der Rua das Janelas Verdes passiert hat, gelangt man rechter Hand in den Bereich, der für Sonderausstellungen vorgesehen ist.

Hauptgeschoss. In die bereits erwähnte Capela das Albertas gelangt man über das Hauptgeschoss, das auch durch einen weiteren Eingangsbereich vom Largo 9 de Abril zu erreichen ist. Ein Teil dieser Ebene ist dem Kunsthandwerk gewidmet, besser gesagt historischen Möbelstücken. Die rund 1700 Sammlungsstücke stammen aus Portugal, Europa oder dem fernen Asien und Afrika. Hier lassen sich die spannenden stilistischen Beeinflussungen nachvollziehen, die durch den Handel Portugals mit Japan, China, Indien und weiteren Ländern entstanden. Die ausgestellten Objekte stammen aus der Zeit zwischen dem 15. und 19. Jahrhundert.

Der Hauptakzent des Piso 1, wie diese Ebene heißt, liegt jedoch auf der europäischen Malerei, die im ehemaligen Palast ist. Eines der Hauptwerke ist das Triptychon *Die Versuchung des heiligen Antonius* (um 1500) von Hieronymus Bosch. Auf das Jahr 1521 ist der *Heilige Hieronymus* datiert, den Albrecht Dürer sinnierend mit Bibel und Totenschädel dargestellt hat. Beim Rundgang durch die europäische Kunst bis zum 19. Jahrhundert stößt

Rundgang Museum

EBENE 0

A Sonderausstellungen

B Bibliothek

C Auditorium

EBENE 1

D 31–32. **Kapelle Capela das Albertas**

E 36–44. **Möbel des 15.–19. Jh.**

F 50. **Raum mit bemalter Decke**

G Europäische Malerei
51. Frankreich und Großbritannien 18.–19. Jh.
52–53. Italien und Frankreich 17.–18. Jh.
54–58. Holland, Flandern, Spanien 17. Jh.
59. Niederlande, Italien und Spanien 16. Jh.
60. Porträts 15.–17. Jh.
61–63. Niederlande, Deutschland, Flandern und Italien 15.–16. Jh.
64–65. Niederlande, Spanien, Italien 14.–15. Jh.

H Dekorative Künste
48, 49, 55, 66–70. Holland, Flandern, Italien, Spanien, Deutschland und Iran 16.–18. Jh.

EBENE 2

I Orientalische Kunst
14. Namban-Kunst
15. Sinoportugiesische Kunst
16–17. Indoportugiesische Kunst
18. Afroportugiesische Kunst
19. Islamische Kunst

J Keramik
20–25. Portugiesische Keramik und chinesisches Porzellan 12.–19. Jh.

K Gold- und Silberwaren
26–30. 12.–19. Jh.

EBENE 3

L 1–13. **Portugiesische Malerei und Skulpturen**

AUTORENTIPP!

EIN PALAST ZUM WOHNEN

Es gibt viele Hotels, die den Namen »Palast« in ihrem Namen tragen, sei es in der portugiesischen Version des »Palácio« oder der englischen des »Palace«. Jeder weiß, mitunter aus eigener Erfahrung, dass nicht jedes Hotel dieser Bezeichnung gerecht wird. Beim Lapa Palace ist dies anders. Das 1877 erbaute Anwesen liegt auf einer Anhöhe mit Blick über den Tejo, umgeben von einem parkähnlichen Grün, und zeigt auch im Innern palasttypische Merkmale wie eine kunstvolle Ausgestaltung, Ölgemälde sowie Stuckaturen und glitzerndes Kristall im Überfluss. Ein Highlight dieses edlen Hotels ist der Columbano-Saal, den man nicht durchschreiten kann, ohne dass man sich gleich ein wenig aristokratisch fühlt, ganz egal wie republikanisch und antifeudalistisch man sich auch immer sehen mag. Wenn man sich dann noch vom ausgezeichneten Service des Hauses umsorgen lässt, hat man mit dem Wörtchen »Palace« gar kein Problem mehr.

Lapa Palace. DZ ab 235 €,
Rua do Pau da Bandeira, 4,
Tel. 21/394 94 94,
www.olissippohotels.com

man auf eine *Salomé* von Lucas Cranach sowie auf Werke von Velázquez, Holbein d. Ä., Pieter Brueghel, Hans Memling und Piero della Francesca mit einer Darstellung des heiligen Augustinus.

1. Obergeschoss. Der Piso 2 erstreckt sich nur auf den Erweiterungsbau. Er ist ganz den angewandten Künsten gewidmet, die in Form kostbarer Fayencen aus Portugal sowie Porzellankunst aus Portugal und China vertreten sind. Die bereits erwähnten fernöstlichen Einflüsse auf das portugiesische Kunsthandwerk und umgekehrt die Spuren portugiesischer Elemente in der Kunst aus China und Japan, lassen sich in der sogenannten Namban-Kunst entdecken. So zeigt etwa ein japanischer Wandschirm aus dem ausgehenden 16. Jahrhundert die Ankunft der Portugiesen im Jahr 1543. Die gegenseitige Beeinflussung lässt sich auch in afrikanischen Möbelstücken oder Objekten aus Indien ausmachen, die ebenfalls auf dieser Ebene zu sehen sind. Ein weiterer Schwerpunkt liegt auf Gold- und Silberwaren des 12. bis 19. Jahrhunderts.

2. Obergeschoss. Der Piso 3 ist ganz der portugiesischen Kunst gewidmet, womit in diesem Fall Malerei und Skulptur gemeint sind. Die frühesten Arbeiten stammen aus dem 15. Jahrhundert. Besonders hervorzuheben ist in diesem Zeitraum der mehrteilige Vinzenz-Altar, der höchstwahrscheinlich vom portugiesischen Hofmaler Nuno Gonçalves geschaffen wurde. Wie bei Gonçalves ist die frühe portugiesische Malerei stark von der flämischen beeinflusst. Häufig haben die Künstler in Flandern ihr Handwerk erlernt oder kommen von dort, wie etwa Francisco Henriques. Eine schöne Verkündigungsszene hat Frei Carlos de Évora 1523 geschaffen. Sie lohnt ebenso einen genaueren Blick wie ein Gemälde zum selben Thema, das Gregório Lopes (um 1540) zugeschrieben wird.

Infos und Adressen

SEHENSWÜRDIGKEITEN

Museu Nacional de Arte Antiga. Di 14–18 Uhr, Mi–So 10–18 Uhr, Rua das Janelas Verdes, Tel. 21/391 28 00,www.mnarteantiga-ip museus.pt, Tram 15 und18, Haltestelle: Cais da Rocha

ESSEN UND TRINKEN

Cafetaria im Museu Nacional de Arte Antiga. Man muss nicht groß die Umgebung nach einem Restaurant absuchen, wenn der Magen knurrt. In der hauseigenen Cafeteria wird ein Mittagstisch angeboten, und wenn das Wetter es zulässt, genießt man im Grünen bei Vanilletörtchen und Kaffee den Blick über den Tejo. Tel. 21/391 28 00, www.mnarteantiga-ipmuseus.pt, Tram 15 und 18, Haltestelle: Cais da Rocha

Le Chat. Fast hat man den Eindruck, die Restaurant-Bar würde über dem Hang am Tejo schweben. Bis auf den Boden und das Dach ist das prämierte Gebäude ganz aus Glas. Besonders schön ist es am Abend, wenn die Lichter der Stadt und der Mond sich auf den Wassern des großen Flusses spiegeln. So, Di, Mi 12–24 Uhr, Do–Sa 12–3 Uhr, Jardim 9 de Abril, Janelas Verdes, Tel. 966 537 387, www.lechat-lisboa.com, Tram 15 und 18,Haltestelle: Cais da Rocha

Im Museu Nacional de Arte Antiga

ÜBERNACHTEN

York House. Vor gut 200 Jahren war das Haus ein Kloster. Das tut dem Anwesen gut, denn es trägt noch immer zur angenehmen, und fast möchte man sagen, besinnlichen Atmosphäre bei. Schöner Innenhof und recht große Zimmer. Der Schriftsteller Cees Nooteboom lässt seine Hauptperson in *Die folgende Geschichte* übrigens im Hotel wohnen, dort heißt es allerdings Essex House. DZ ca. 140 €, Rua das Janelas Verdes 32, Tel. 21/396 24 35, www.yorkhouselisboa.com, Tram 15

Gartenterrasse mit Cafeteria des Museums

Oben: Für die bedeutende Sammlung des Museu do Oriente wurde ein ehemaliges Lagerhaus im Hafen von Alcântara umgebaut.
Unten: Andere Länder, andere Formen – diese Steigbügel wurden in Japan gefertigt.

20 Museu do Oriente
Ost-West-Dialog

Das Museu do Oriente liegt im Hafengebiet von Alcântara, also zwischen dem Tejo und der breiten und oftmals unüberwindlichen Schneise aus Schienen und den Fahrspuren der Avenida 24 do Julho. Die sehr sehenswerte Sammlung dokumentiert die Geschichte der Portugiesen im Fernen Osten anhand von kostbaren Keramiken, Lackschatullen, Wandschirmen. Einzigartig ist die Sammlung über asiatische Gottheiten, Mythen und Legenden.

Wie es da steht, im Hafen von Alcântara, macht das Museumsgebäude einen monumentalen Eindruck. Die Architektur ist typisch für die Zeit des Estado Novo und ihren Anklängen an die faschistische Formensprache. Aber der Eindruck erklärt sich auch durch die ehemalige Funktion des Bauwerks. Um 1940 wurde das Edificio Pedro Álvares Cabral erbaut. Zwei große Reliefs schmücken die fensterlosen Gebäudeflügel, die einen leicht erhöhten Mittelbau flankieren. Wüsste man nicht, dass man es mit einem ehemaligen Warenlager zu tun hat, in dem jahrelang Stockfisch getrocknet wurde, man könnte den Klotz für einen Repräsentationsbau der Salazar-Regierung halten.

Es ist den Architekten João Luís Carrilho da Graça und Rui Francisco zugutezuhalten, dass sie beim aufwendigen Umbau nicht nur den Fischgeruch aus den Mauern verbannt, sondern auch den Charakter des Gebäudes deutlich herausgearbeitet haben. Sozusagen passend zum Äußeren gibt sich das Entree schwer und massiv. Damit hat es sich dann aber auch, denn die eigentlichen Ausstellungsebenen nehmen sich ganz zugunsten der präsentierten Objekte zurück. Die Räumlichkeiten nimmt man gar nicht wahr. Man läuft durch dunkel gestrichene Räume, die nur durch die punktuell beleuchteten Sammlungsobjekte erhellt werden. So wirken die Masken und Vasen, die Schränke, Paravents und Kultobjekte magisch und intensiv.

Die Dauerausstellung ist in zwei große Bereiche unterteilt, die sich deutlich voneinander unterscheiden. *Die Anwesenheit der Portugiesen in Asien* ist der Titel des ersten Bereichs. Die über 1000 Objekte wurden von der Fundação Oriente speziell für das Museum erworben. Die Stiftung ist der Träger des Museums. Den zweiten Schwerpunkt macht die Kwok On-Sammlung aus. Sie wurde 1999 der Stiftung vermacht und umfasst rund 13 000 Objekte meist religiöser Kunst aus dem asiatischen Raum. Zusammen bilden sie den außerordentlichen Bestand an östlichen und fernöstlichen Kulturschätzen, der in Europa seinesgleichen sucht.

Die Portugiesen in Asien (presença portuguesa na Ásia)

Durch den Handel der Portugiesen mit den Ländern des Fernen Ostens, der Kolonialisierung und den damit einhergehenden Versuchen der Missionierung entwickelte sich ab dem 15. Jahrhundert ein enger wirtschaftlicher Austausch. Ein Ausstellungsbereich ist Macao gewidmet. Die bei Hongkong liegende chinesische Sonderverwaltungszone lag bis 1999 unter portugiesischer Verwaltung. Wandschirme aus dem 17. und 18. Jahrhundert mit Malereien zeigen den Blick der Asiaten auf die ihnen exotisch erscheinenden Europäer. Wenig schmeichelhaft ist die Skulptur von 1622, die einen holländischen Eroberer darstellt. Malereien, Möbel und andere Objekte der Zeit ergänzen diese Sektion. Sehenswert sind auch die Miniaturen des englischen Malers George Chinnery (1774–1852),

AUTORENTIPP!

SCHAU MAL, WIE DAS RIECHT!
Wer auf der Suche nach einem speziellen Souvenir ist, findet womöglich im Shop des Museu do Oriente das Passende. Neben Tees und feiner Keramik wurde auch eine Kollektion chinesischer Schnupftabaksfläschchen aufgelegt. Im Museumsbereich kann man sich von der Schönheit und Vielfalt dieser kleinen Kunstobjekte überzeugen. Den neuen Fläschchen im Shop fehlt notwendigerweise die historische Patina.
Snuff Bottles haben in China eine jahrhundertealte Tradition, dabei kam der Schnupftabak im ausgehenden 16. Jahrhundert aus dem Westen in das ferne Land, wo er am Hof des Königs wegen seiner entspannenden und leicht narkotisierenden Wirkung geschätzt wurde. Das Rauchen von Tabak war dagegen in jener Zeit verboten. Während der Jahrhunderte wurden die Fläschchen zu Spiegelbildern der jeweils vorherrschenden kunsthandwerklichen Fähigkeiten und Vorlieben und sind bei Sammlern sehr beliebt. Sie wurden aus Elfenbein, Porzellan, Glas, Jade und anderen Materialien gefertigt.

Spannungsvolle Ausstellungsarchitektur

Mitte: Eine Porzellanschale aus der Qing-Dynastie
Unten: Ein Teil der Ausstellung ist den Göttern Asiens gewidmet.

der die meisten Jahre seines Lebens in Südchina und Indien verbrachte. Porzellan, Teeservice und Fächer mit kunstvollen Designs sind zu betrachten, Objekte, die an den Höfen und Adelshäusern Europas heiß begehrt waren. Die einstigen Missionierungsversuche der katholischen Kirche in Goa, China und Japan bescheren der Ausstellung weitere Kunstwerke. Aus Japan sind besonders schöne Stücke zu sehen: Lackkästchen und Wandschirme der Namban-Epoche des 16. und 17. Jahrhunderts. Mit dem Begriff »Namban« bezeichneten Chinesen und Japaner unzivilisierte Völker, die nicht aus ihrem Kulturraum kamen. Wegen ihrer schlechten Manieren wurden die Portugiesen im 16. Jahrhundert von den Japanern so bezeichnet. Gleichzeitig markiert die Namban-Epoche die erste Zeit des Handels und kulturellen Austauschs zwischen dem Fernen Osten und den Seefahrern der Iberischen Halbinsel.

Götter Asiens (Deuses da Ásia)

Die nächste Ausstellungsebene ist den Gottheiten Asiens gewidmet. Die Vielfalt der Formen, der Gottheiten, Legenden und Mythen, öffnet dem Besucher neue Horizonte. Herausgelöst aus den jeweiligen liturgischen Kontexten kann man sich ganz auf die Ästhetik der Altäre, der Malereien und Figuren einlassen und ihren Reichtum bewundern.

Infos und Adressen

SEHENSWÜRDIGKEITEN

Museu do Oriente. Avenida de Brasília, Doca de Alcântara (Norte), Mo–Fr 9.30–18.30 Uhr, Sa/So 10–18 Uhr, www.museudooriente.pt, Tram 15 E und 18 E

ESSEN UND TRINKEN

Cafetaria/Restaurant Museu do Oriente. An Wochenenden können Besucher an einer geführten Besichtigung (auf Englisch und Portugiesisch) ab 16 Uhr teilnehmen und werden anschließend im Restaurant zu Tee und Keksen eingeladen. Besuch und Teestunde kosten 8 €. Infos und Reservierung Tel. 21/358 52 44, www.museudooriente.pt, Tram 15 E und 18 E

Doca de Santo. Die ehemaligen Lagerhallen der Docks schräg unterhalb der Hängebrücke sind eine beliebte Ausgehzone. Das Doca de Santo hat eine tolle Außenterrasse mit Palmen. Mittags isst man hier ab 9 €. Am Abend wird es voll. Doca Santo Amaro Armazém, Tel. 21/396 35 22, www.grupodocadesanto.com.pt

NACHTLEBEN

Buddha LX. Ab zwei Uhr strömen die Massen in diesen Großclub am Hafenbecken. Ein bisschen Indien bzw. Goa weht durchs Interieur, wenn man denn dafür bei all den schönen Menschen noch einen Blick hat. Der Club gilt als Treffpunkt der jungen Lissabonner Oberschicht. Di–Sa 22–4 Uhr, Gare Marítima de Alcântara, Tel. 21/395 05 55, www.buddha.com.pt.

Aus der Sammlung »Die Götter Asiens«

ÜBERNACHTEN

Residencial As Janelas Verdes. In der unmittelbaren Nähe des Museums gibt es kein Hotel. Ein sehr schönes, geradezu herrschaftliches Ambiente verströmt das komfortable Haus in der Nähe des Museu Nacional de Arte Antiga. Neben einem lauschigen Hinterhof begeistert die Dachterrasse mit tollem Rundumblick. Zimmer um die 200 €. Rua das Janelas Verdes 47, Tel. 21/321 82 00, www.asjanelasverdes.com

Ein Nuo-Altar aus China

Oben: Über das Aquädukt wurde ab dem 18. Jahrhundert Wasser aus dem Norden ins Bairro Alto geleitet.
Unten: Heute führt das Aquädukt kein Wasser mehr. Das Innere der Anlage kann besichtigt werden.

21 Aqueduto das Águas Livres

Trinkwasser für Lissabon

Zwei Jahrzehnte wurde an der insgesamt 19 Kilometer langen Wasserzufuhr gebaut, die das Alcântara-Tal in einem mächtigen Aquädukt überspannt. Das knapp einen Kilometer lange Bauwerk hat das große Beben von 1755 unbeschadet überstanden. Auch wenn es heute kein Wasser mehr in die Oberstadt von Lissabon leitet, wo es ein Reservoir und etliche Brunnen speiste, erinnert das Aquädukt noch immer an den Wert des Wassers. Die Aussicht von der Brücke ist beeindruckend.

Gut einhundert Jahre, nachdem das große Aquädukt erbaut wurde, reiste der Deutsche Alexander Wittich in den Südwesten Europas. Seine Eindrücke hat er 1843 in einem Buch festgehalten, das den etwas umständlichen Titel trägt *Erinnerungen an Lissabon – Ein Gemälde der Stadt nebst Schilderung portugiesischer Zustände, Bestrebungen und Fortschritte der neuesten Zeit*. Auch wenn die Szenerie heute eine völlig andere ist, lässt sich dem Spaziergang, den Wittich damals unternahm, noch heute in etwa folgen. Er beginnt am Schlusspunkt des Aquädukts Águas Livres bei der »Wassermutter«, der Mãe d'Água, an der Praça das Amoreiras. »Zwei Meilen von der Stadt Carenque beginnen die Wasser ihren Lauf, die durstige Lisboa zu erquicken«, schreibt er, und man spürt schon, wie wichtig und beschwerlich es damals war, sich mit dem nötigen und dazu noch frischen Wasser zu versorgen. Wittich macht eine Beobachtung, die auch heute noch gilt und die man nicht nur in Lissabon, sondern praktisch überall im Mittelmeerraum erleben kann: »Wenn der Engländer an seinem Kamin, an der Fireside, sich am wohlsten fühlt, so findet der gemeine Portugiese am Chafariz seinen höchsten Komfort«. Der *chafariz*, der Brunnen, ist auf der Iberischen Halbinsel viel mehr als er es in unseren Breiten sein kann, und folglich ist auch ein Aquädukt in einem wasserarmen Land viel mehr als nur eine technische Meisterleistung. Das Bauwerk ist ein Versprechen, ein Symbol, das König João V. seinem Volk gab. Tatsächlich kannte man zu jener Zeit bereits andere Techniken als das aus der Antike stammende Aquädukt.

Spaziert man heute von der Mãe d'Água in Richtung Aquädukt, schaut man nicht über weites Land, sondern verläuft sich in einer dichten Stadtlandschaft. Mit Karte oder direkt mit dem Bus bis Campolide erreicht man den südlichen Zugang des Bauwerks, der Teil des Wassermuseums ist und der Mãe d'Água und der Reservatório da Patriarcal im Jardim Príncipe Real gehören. Dort befindet man sich am sehenswertesten Teil der insgesamt fast 20 Kilometer langen Wasserführung, am 941 Meter langen Aqueduto das Águas Livres. 1748 wurde er fertiggestellt, also sieben Jahre, bevor das Erdbeben Lissabon in die Katastrophe stürzte. Die Architektur mit ihren 35 Bögen überstand das Beben und versorgte die Oberstadt mit dem dringend benötigten Frischwasser. Der mittlere Hauptbogen des Aquädukts soll mit seinen 65,29 Metern Höhe der größte gemauerte Bogen der Welt sein und hat folglich auch einen Eintrag im Guinnessbuch der Rekorde. Bis 1967 flossen die Wasser aus insgesamt 58 Quellen der Serra da Carregueira über die große Brücke in die Stadt, dann wurde ein neues Versorgungssystem aufgebaut. Dass der Blick von der Brücke nicht nur positiv beflügeln kann, wusste schon Alexander Wittich im frühen 19. Jahrhundert. Er berichtet, dass das Monument damals wegen zahlreicher Selbstmorde traurige Berühmtheit erlangt hat.

Infos und Adressen

SEHENSWÜRDIGKEITEN

Aqueduto das Águas Livres. Auf dem Aquädukt kann man entlangspazieren und die Stadt aus einem ungewohnten Blickwinkel erleben. Mo–Sa 10–18 Uhr, allerdings nicht von Nov. bis Feb., Travessia do Vale de Alcântara – Calçada da Quintinha 6, Tel. 21/810 02 15, www.museudaagua.epal.pt, Bus bis Campolide u.a. mit 702 ab Marquês de Pombal oder 758 ab Cais do Sodré

Weitere Stationen des Wassermuseums Museu da Água

Estação Elevatória a Vapor dos Barbadinhos. Mo–Sa 10–18 Uhr, Rua do Alviela 12, Sta. Apolónia, Tel. 21/810 02 15, http://museudaagua.epal.pt, Bus 794

Reservatório da Mãe d'Água. Mo–Sa 10–18 Uhr, Jardim das Amoreiras, Tel. 21/810 02 15, www.museudaagua.epal.pt, Metro: Rato

Reservatório da Patriarcal. Mo–Sa 10–18 Uhr, Praça do Príncipe Real, Tel. 21/810 02 15, www.epal.pt, Metro: Rato

ÜBERNACHTEN

Way to Stay. Hotels und Pensionen bekommen immer mehr Konkurrenz durch private Unterkünfte oder Wohnungen, oder anders gesagt, viele Urlauber mieten lieber eine kleine Wohnung als ein Hotelzimmer. »Way to Stay« hat knapp 500 Privatunterkünfte in Lissabon gelistet. Die günstigste kostet pro Person ab 11 € die Nacht. In der Umgebung des Aquädukts finden sich immerhin fünf Adressen, in die man sich einmieten kann. Tel. in Deutschland 030/31 87 94 22, www.waytostay.com

ALFAMA, GRAÇA UND DER OSTEN

22 Durch die Mouraria nach Graça
Dunkle Gassen und tolle Ausblicke 134

23 Erkundungen in der Alfama
Wo alles begann 138

24 Castelo de São Jorge
Auf dem Dach der Stadt 146

25 Kathedrale Sé Patriarcal
Romanischer Bischofssitz 150

26 Museu do Fado
Der Sound von Lissabon 154

27 Mosteiro de São Vicente de Fora
Lissabons El Escorial 158

28 Panteão Nacional
Letzte Ruhe im Namen der Nation 160

R. do São Lázaro
Rua do Desterro
Desterro
Cal. do
Rua da Palma
Esc. do Olarias
Miradouro de Nossa Senhora do Monte
Largo do Monte
Esc. do Monte
Rua da Senhora do Monte
Rua de São Gens
Rua de São Gens
Rua da Graça
R. das
Peixinhos
Esplanada da Graça
Hospital de São José
Beco do São Lázaro
Rua de São Lázaro
Tv. do Hospital
Benformoso
Rua das Olarias
Rua Damasceno Monteiro
Cal. do Monte
Tv. do Monte
Rua
Tv. do Nazaré
Calçada do Monte
Cal. Agostinho de Carvalho
Martim Moniz
Beco da Barbadela
Rua do Benformoso
R. do Terreirinho
Tv. do Jordão
Largo das Olarias
Rua dos Lagares
O Pitéu da Graça
Tv.
R. J. A. Serrano
Cal. da Mouraria
Rua da Graça
R. da Voz do Operário
Rua
Tv. do Colégio
Socorro
Rua da Mouraria
R. do Capelão
Rua dos Cavaleiros
Tv. do Terreirinho
Tv. dos Lagares
Igreja da Graça und Miradouro
R. do Arco da Graça
Rua Martim Moniz
R. da Guia
22
Rua da Amendoeira
Calçada de Santo André
Jardim Augusto Gil
Largo
Travessa das Mónicas
Calçada da Graça
Santa Justa
Rua da Palma
Esc. da Saúde
R. do Marquês de Ponte de Lima
Santiago
Costa do Castelo
Olissippo
R. de Santa Marinha
R. de São Vicente
Poço do Borratém
Rua do São Pedro Mártir
L. da Rosa
Castelo
Museu da Marioneta
Largo de Santa Marinha
Arabella
Calçada
Rua Dom Duarte
Castelo de São Jorge
24
R. de São Tomé
Rua do Salvador
R. das Farinhas
Costa do Castelo
Jardim do Castelo de São Jorge
L. de Santa Cruz do Castelo
Solar do Castelo
R. dos Cegos
Alfama Patio
Rua das Escolas
Rua
Rua
Rua
Casa Costa do Castelo
Casa do Leão
São Cristóvão e São Lourenço
L. do Salvador
R. de São Cristóvão
Rua do Regedor
Cal. do Marquês de Tancos
Café Palácio Belmonte
Palácio Belmonte
Portas do Sol
Baixa
Rua dos Douradores
R. do Chão da Feira
Rua da
Largo das Portas do Sol
Museu de Artes Decorativas
L. Adelino Amaro da Costa
Restô do Chapitô
Esplanada do Castelo
Rua das Damas
L. dos Lóos
Miradouro de Santa Luzia
Rua da Vitória
R. da
Alfama
23
São Miguel
Rua de São Miguel
Rua dos Fanqueiros
Madalena
Rua de São Mamede
Rua de Pedras Negras
Tv. do Almada
Museu Teatro Romano
Saudade
Le Petit Cafe
R. do Limoeiro
Santo Antonio de Alfama
Rua de São Nicolau
Correeiros
Queijaria Nacional
Museu Igreja de Santo António
Chi Coração
Rua A. Rosa
Memmo Alfama
Santo António
Catedral Sé Patriarcal
25
São João da Praça
Clube de Fado
Chafariz del
R. do Conceição
Rua Augusta
Rua da Prata
Julião
Rua de São João da Praça
Rua de São
Sé
Cais de Santarém
Infante
Comércio
R. dos Bacalhoeiros
Pois Café
Rua do Ministério da Justica
Fundação José Saramago
R. do
Avenida
Rua da Alfândega

Museu da Agua da Epal
R. do Cabral
Rua da Bela Vista
Tv. de Santo António
Senhora da Glória
Rua do Vale de Santo António
Tv. do Olival
Rua do Mato Grosso
Rua das Cortes Reais
Rua Rui Barbosa
Rua Fernão de Magalhães
Rua Washington
Calçada dos Barbadinhos
Rua do Alviela
Rua Leite de Vasconcelos
Rua de Santa Engrácia
Rua Washington
R. Cruz de Santa Apolónia
Rua C
Beco do Mirante
Rua Diogo do Couto
Cal. de Santa Apolónia
Rua de Entremuros do Mirante
Santa Apolónia
Verónica
Beco da Verónica
Tv. do Rosário
Tv. Comandante Avintes
Tv. das Flores
Tv. das Freiras
Beco dos Vidros
São Vicente de Fora
Rua do Mirante
Jardim Boto Machado
Clara Café
Campo de Santa Clara
Feira da Ladra
Campo de Santa Clara
Pr. Doutor Bernardino António Gomes
C. dos Cesteiros
R. da Bica do Sapato
Cal. do Cardeal
Panteão Nacional
28
e da Cima
27
greja de ão Vicente e Fora
Campo de Santa Clara
Tv. do Paraíso
Rua do Paraíso
Tv. do Zagalo
Trav. do Meio
Tv. do Raposo
C. do Cascão
Rua
Faz Figura
R. da Caminhos de Ferro
Estação Santa Apolónia
Avenida Infante Dom Henrique
Lux Fragil
Largo do Outeirinho da Amendoeira
L. dos Caminhos de Ferro
Santa Apolónia
M
Estação Maritima do Santa Apolónia
Bica do Sapato
Cal. do Forte
Esc. do Arco de Dona Rosa
Travessa dos Remédios
Rua do Museu de Artilharia
Museu Militar
Deli Delux
Entre Guitarras
Santo Estêvão
Remédios
Mesa de Frades
Rua Teixeira Lopes
Rua do Viqário
Largo do Museu de Artilharia
Rua dos Remédios
Beco da Lapa
Travessa do Fado
Bq. da Ponte da Lama
R. do Jardim do Tabaco
Alfândega
Loja Museu do Fado
26
Museo do Fado
Henrique
Doca do Terreiro do Trigo
Sehenswürdigkeit, Denkmal
Aktivität, Ausgehen, Theater
Museum, Galerie
Shopping
Restaurant, Bar, Café
Übernachtungsmöglichkeit
Kirche, Moschee
0
100 m
N

Seite 130/131: Ein Straßenmusiker in der Alfama spielt Fadomusik.
Oben: Die Mouraria war und ist ein Viertel der einfachen Leute. Auch viele Einwanderer haben hier ein Zuhause gefunden.
Unten: Nicht alle Häuser des Viertels sind in einem ähnlich guten Zustand.

22 Durch die Mouraria nach Graça

Dunkle Gassen und tolle Ausblicke

Im ehemaligen Maurenviertel, der Mouraria, wurde der Fado geboren. Nach den düsteren Gassen unterhalb des Castelo de São Jorge wirkt das Graça-Viertel klarer und moderner. Viele der im 19. Jahrhundert erbauten Stadthäuser sind mit farbigen und gemusterten Kacheln gefliest. An den Miradouros da Graça und de Nossa Senhora do Monte lässt sich darüber streiten, von wo die Aussicht schöner ist.

Die Mouraria ist das ehemalige Viertel der Mauren, wie die Moslems, die im Zuge der Eroberungen ab 711 auf der Iberischen Halbinsel einfielen, noch häufig genannt werden. Nachdem Lissabon unter Afonso Henrique ab 1147 von den Christen erobert wurde, durften die Moslems weiterhin in der Stadt bleiben. Allerdings wurde ihnen ein Ghetto zugewiesen, in dem sie leben mussten. Auch waren ihre Rechte gegenüber den Christen deutlich eingeschränkt. Das Viertel, das der König dem besiegten Volk zuwies, lag am Hang zwischen dem Castelo de São Jorge und der heutigen Rua Martim Moniz. Die muslimischen Handwerker, die dort lebten, waren geschickt in der Herstellung von Tonwaren und Flechtwerk. Sie waren Maurer oder Kunsthandwerker, aus deren Formensprache sich der Mudéjar-Stil entwickelte, ein Verschmelzen von arabischen und romanisch-gotischen Elementen. In Lissabon entstand auf diesem Weg die Basis für das aufwendige Dekor für die spätere Manuelinische Formensprache des 16. Jahrhunderts, in der zusätzlich Elemente aus dem Fernen Osten und Lateinamerika eingeflossen sind.

Durch die Mouraria nach Graça

Blick zum Graça-Viertel

Die Mouraria ist seit jeher ein Viertel der armen Leute. Vor etwa 150 Jahren wurde in den damals wohl zu Recht verrufenen Lokalen der Fado erfunden. Der Blues von Lissabon ist, wenn man so will, aus der Armut heraus geboren. Auch Mariza, die vielleicht größte Fado-Sängerin der Gegenwart, wuchs in bescheidenen Verhältnissen in der Mouraria, in der Travessa dos Lagares auf. Das Viertel ist trotz einiger Renovierungsarbeiten in einem beklagenswerten Zustand. Viele Häuser sind nicht mehr bewohnbar. Andere sind es nur, weil die, die dort wohnen, keine Alternative haben. Der Ausländeranteil ist sehr hoch. Das Viertel soll zwar nicht gefährlicher als andere sein, so ganz wohl ist einem in manch düsterer Gasse jedoch nicht. Nach Nordosten hin geht die Mouraria in das Graça-Viertel über. Mitte des 19. Jahrhunderts lebten hier viele Arbeiter, die aus anderen Teilen des Landes in die Stadt gekommen waren.

Heimat des Fado

Vom Largo Martim Moniz, wo ein Einkaufszentrum die Bewohner der angrenzenden Viertel mit

AUTORENTIPP!

MEDITATIONEN ÜBER LISSABON

Er ist das Highlight und ein wenig auch der Geheimtipp unter den Aussichtspunkten der Hauptstadt. Der Miradouro de Nossa Senhora do Monte liegt weit genug von den Hauptströmen der Massen entfernt und doch nah genug, dass man ihn schnell erreichen kann. So ein Miradouro ist schließlich viel mehr als einfach nur ein Ort mit guter Aussicht. Meist gibt es einen kleinen Park mit Bänken und Bäumen, und ein Pavillon mit ein paar Stühlen steht auch in der Regel bereit, sodass man sich setzen, mit Freunden treffen oder einfach verweilen kann. Und dann schaut man in die Ferne, steht sozusagen über den Dingen. Das gilt in besonderem Maße für den Miradouro »Unserer Lieben Frau vom Berg«. Vor einem breitet sich die Stadt aus, die wie ein Gemälde ist. Aber auch wie ein Rätsel aus Gegenwart und Geschichte. Für eine Weile bleiben die Stadt und ihr Leben in sicherer Distanz. Man kann sie betrachten und vielleicht sieht man sie aus einem neuen Blickwinkel, und wenn man Glück hat, sich selbst auch.

Miradouro de Nossa Senhora do Monte. Metro: Martim Moniz, Tram: 28

Spaziergang durch die Mouraria

Ⓐ **Largo Martim Moniz** – Der Platz ist ein Treffpunkt für die multinationale Bevölkerung der umliegenden Gegenden.

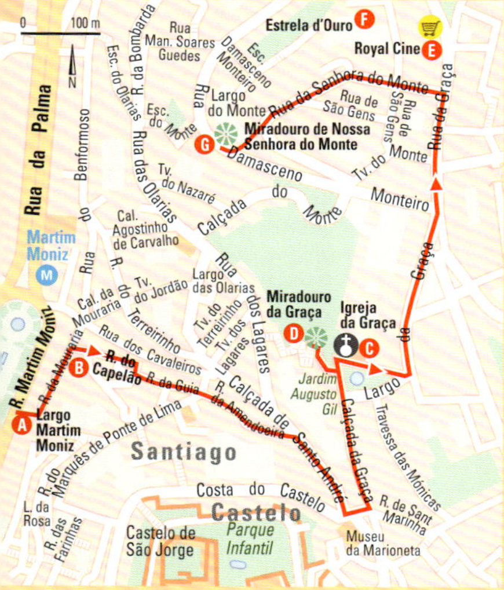

Ⓑ **Rua do Capelão** – Im 19. Jh. entstand in den Lokalen des verrufenen Mouraria-Viertels die Fado-Musik. Maria Severa (1820–46), die erste bekannte Fadosängerin, wurde in der Straße geboren.

Ⓒ **Igreja da Graça** – Auf der Anhöhe des Graça-Viertels befindet sich die gleichnamige Kirche. Das dazugehörige Kloster ist leider nicht zugänglich. Beide wurden im 16. und 18. Jh. erbaut.

Ⓓ **Miradouro da Graça** – Aussichtsterrasse mit tollem Blick über die Stadt.

Ⓔ **Royal Cine** – Die prachtvolle Fassade von 1930 schmückte einst ein Kino. Heute verbirgt sich dahinter ein Supermarkt.

Ⓕ **Estrela d'Ouro** – Die Arbeitersiedlung entstand im Jahr 1909. Im einst noblen Stadtteil Graça wurde in den Hinterhäusern billiger Wohnraum für Industriearbeiter geschaffen.

Ⓖ **Miradouro de Nossa Senhora do Monte** – Unübertroffen ist der Blick auf Lissabon von dieser Aussichtsterrasse.

Ohne Toleranz geht es nicht – das Leben in der Mouraria.

dem Nötigen versorgt, geht es an der Ermida da Senhora da Saúde vorbei hinauf ins Viertel. Die Rua do Capelão gilt als Geburtsort des Fado. In dieser Straße lebte Maria Severa (1820–46), der erste Star des Fado, wenn man so will. Die Tochter eines Roma sang in den Kneipen des Viertels und verdiente ihr Geld als Prostituierte. Bekannt wurde sie nicht zuletzt wegen ihrer unglücklichen Liebschaft mit dem Graf von Vimioso. Eine schwarze Gitarrenskulptur erinnert an die Fado-Legende.

Am Miradouro bei der Graça-Kirche kann man das Stadtpanorama auf sich wirken lassen. Die Kirche und das Kloster liegen auf der Anhöhe, wo im 12. Jahrhundert Afonso Henriques mit seinen Truppen kampiert hatte. Errichtet im 16. Jahrhundert, musste der Konvent nach dem Erdbeben zu weiten Teilen wieder aufgebaut werden. Im Innern lohnt ein Blick auf die bemalte Decke des Kirchenschiffs. Das Kloster ist leider nicht zugänglich. Ein vielleicht noch schönerer Ausblick als vom Miradouro da Graça bietet sich vom Miradouro de Nossa Senhora do Monte.

Aussicht vom Miradouro da Graça

Infos und Adressen

SEHENSWÜRDIGKEITEN

Igreja da Graça. Di–Fr 9.30–12.30 und 15–18 Uhr, Eintritt frei, Largo da Graça, Tram: 28

ESSEN UND TRINKEN

Esplanada da Graça. Die Lissabonner lieben ihre Miradouros, ihre Aussichtsterrassen. Hier lässt sich unter Pinienbäumen bei einem Bier oder Wein der Abend einläuten. Tgl. 12–24 Uhr, Miradouro da Graça, Tram: 28

O Pitéu da Graça. Zwei Lokale in einem für Graça typischen Haus mit Azulejos. In der Pasteleria Estrela da Graça steht man an der Theke mit Einheimischen bei Café und Gebäck. Das edle »O Pitéu« ist nebenan. Lecker und reichlich sind die Fisch- und Fleischportionen. Hauptspeisen ab 15 €. Mo–Fr 12–15 und 19.30–22.30, Sa 19.30–22.30 Uhr, Largo da Graça 95, Tel. 21/887 10 67, Bus: 28

ÜBERNACHTEN

Olissippo. Das moderne Haus mit großen Panoramafenstern schmiegt sich an den Hang unterhalb des Castelo de São Jorge. Einige Zimmer haben eigene Terrassen. DZ ab 90 €. Rua Costa do Castelo 126, Tel. 21/882 01 90, www.olisippohotels.com, Metro: Martim Monz, Tram: 28

NACHTLEBEN

Restô do Chapitô. Ein Klassiker des eher alternativen Kulturlebens. Hierher kommt man, um die hauseigene Zirkusschule, ein Konzert oder eine Theateraufführung zu sehen. Die Terrasse bietet einen herrlichen Blick über die Baixa. Di–Fr 19.30–2, Sa & So 10.30–2 Uhr, Rua Costa do Castelo 7, Tel. 21/886 73 34, Metro: Rossio

Oben: Enge Gassen und ein riesiges Kloster: der Blick über die Alfama zum Konvent São Vicente da Fora
Unten: Herrliche Aussicht am Miradouro Santa Luzia

23 Erkundungen in der Alfama

Wo alles begann

Die Alfama mit ihren engen Gassen und Treppen, die zwischen verschachtelten Häusern den Hang hinaufführen, ist der älteste Teil der Stadt. Zwischen dem Tejo und dem Castelo de São Jorge erschließt sich eine eigene Welt, die trotz Atlantik orientalisch anmutet. Wegen der tollen Ausblicke, der malerischen Winkel, der Kirchen und Museen ist die Alfama auch einer der sehenswertesten Stadtteile.

Wenn es ein Bild gibt, das so sehr mit Lissabon verbunden ist, dass man sich die Stadt ohne es gar nicht vorstellen kann, dann dieses: Ein Meer aus weißen, mitunter pastellfarben gestrichenen Häusern schmiegt sich eng an einen Hang. Vorn fließt der Fluss, oben ahnt man die Zinnen einer Burg und dazwischen erheben sich einige Kuppeln und Kirchtürme. Über allem liegt ein Licht, das sich mit den Tageszeiten verändert. Um die Alfama zu erkunden, sollte man sich Zeit lassen. Schließlich

MAL EHRLICH

TATORT ELÉCTRICO

Weil in der Tramlinie 28 immer viele Touristen unterwegs sind, lockt dies auch die Taschendiebe an. Sie steigen zu dritt oder viert ein, tun so, als gäbe es ein dichtes Gedränge in der Bahn und steigen an der nächsten Haltestelle schon wieder aus. Wer dann feststellt, dass die Handtasche oder der Rucksack geöffnet ist, dem wurde höchstwahrscheinlich die Kamera, die Brieftasche oder sonst etwas gestohlen. Der Polizei scheint das bislang verborgen geblieben zu sein.

gibt es einiges zu sehen. Außerdem sind die Auf- und Abstiege ganz schön anstrengend, und man nutzt gern die Gelegenheiten, um in einem Café eine Pause einzulegen. Äußerst praktisch ist die Tramlinie 28E, mit der man an vielen der Sehenswürdigkeiten direkt vorbeifährt: an der Kathedrale, dem Miradouro de Santa Luzia, dem Museu de Artes Decorativas und dem Kloster São Vicente de Fora. Um die verwinkelten Ecken und den Zauber des Viertels zu erkunden, kommt man aber nicht umhin, sich abseits der Gleise zu begeben.

Museu Militar

Der Spaziergang durch das Viertel beginnt hier im Osten, am Bahnhof Santa Apolónia, der zugleich eine Metrostation ist. Im 1865 eröffneten Kopfbahnhof kommen die Züge aus Spanien und Südportugal an. Gleich gegenüber dem Haupteingang steht ein prachtvoller Barockbau aus dem 18. Jahrhundert. Schon früher und vor dem Erdbeben von 1755 stand an dieser Stelle ein Militärlager. In den knapp 30 Ausstellungsräumen des Museu Militar, das darin untergebracht ist, hängen Gewehre und Pistolen in Vitrinen und warten Uniformen, Rüstungen und Kanonen auf interessierte Besucher. Wer sich nichts aus Militaria macht, kann sich auf die herrschaftlichen und prunkvollen Säle konzentrieren.

Parallel zur lauten und viel befahrenen Avenida Infante Dom Henrique spaziert man auf der ruhigen Rua do Jardim do Tabaco in Richtung Praça do Comércio. Kurz nach der Kapelle Nossa Senhora dos Remédios, mit einem schönen Manuelinischen Portal aus dem Jahr 1517, wartet linker Hand das Museu do Fado auf Besucher. Zum Museum gehört auch ein empfehlenswertes Restaurant mit schöner Terrasse. Geht man noch ein Stück weiter geradeaus, kommt man am Chafariz d'El Rei vorbei. Ein Chafariz ist ein Brunnen, diese königliche An-

AUTORENTIPP!

AUF DEM MARKT DER DIEBE

Lissabons Flohmarkt hat eine lange Geschichte. Lässt man einmal außer Acht, dass sich seine Adresse immer wieder mal verändert hat, dass er mal auf dem Rossio, dann auf der Praça da Alegria und an anderen Orten ausgerichtet wurde, so kann er auf eine mittlerweile mehr als 700-jährige Vergangenheit zurückblicken. Natürlich blickt nicht der Markt selbst zurück, sondern die Lissabonner, die inmitten des Gewühles immer wieder mal das wiederfanden, was ihnen, wer weiß wann zuvor gestohlen wurde. Vielleicht kommt der Name »Markt der Diebe« aber auch einfach daher, dass man gar nicht so genau wissen will, wie der Verkäufer zu den gut erhaltenen Azulejos gekommen ist, die da am Boden ausgelegt sind, oder woher Schmuck und Krimskrams kommen.

Campo de Santa Clara. Di und Sa 7–17 Uhr, Metro: Santa Apolónia, Tram: 28E

Oben: Seit mehr als einhundert Jahren kurven die »Elektrischen« durch die Altstadt. Das ideale Verkehrsmittel für die verwinkelte Alfama.
Unten: Zeit für eine leichte Mahlzeit – eines der vielen Lokale des Viertels

lage war die erste öffentliche der Stadt. Hier konnten sich die Bewohner der Alfama ab dem 13. Jahrhundert ihr Wasser holen.

Im Herz der Alfama

Am kleinen Platz gegenüber dem Fado-Museum öffnet sich ein Gassengewirr. Welchen Weg man einschlägt, ist eigentlich gleich, Hauptsache man arbeitet sich langsam nach oben, und wer möchte, wirft einen Blick in die Igreja de São Miguel mit prachtvollem Barockinterieur. Erbaut wurde die Kirche zwischen 1670 und 1720. Hält man sich nun immer rechts, gelangt man über Treppen zur Igreja de Santo Estêvão. Vom Vorplatz der Kirche schaut man über den Tejo und über die Dächer, zwischen denen die Gassen wie ein Labyrinth verlaufen. Nur wenige Meter oberhalb der Kirche kommt man in die Calçada de São Vicente, wo Autos und die »Eléctrico« unterwegs sind. Die enge Kurve, um die sich die alte Tram hier schiebt, und die weiter oben am Hang liegende Ampel, an der oft eine Bahn wartet, sind beliebte Fotomotive. Ein Stück oberhalb der Ampel thront das Mosteiro de São Vicente de Fora und seine gleichnamige Kirche. Die riesige Klosteranlage ist im Innern reich geschmückt mit Azulejos und lohnt allein schon wegen der Aussicht vom Dach der Kirche. An der Rückseite des Mosteiro geht es irdischer zu. Jeden Dienstag und Samstag findet auf dem Campo de Santa Clara die Feira da Ladra statt. Schon immer heißt der Flohmarkt »Markt der Diebe«. Die strahlend helle Kuppel des Panteão Nacional unterhalb des Campo de Santa Clara ist charakteristisch für die »Skyline« der Alfama.

Unbedingt besuchen sollte man das Castelo de São Jorge. Der Festung ist es zu verdanken, dass sich Lissabon gerade von hier aus entwickelte. Wer auch immer am Tejo herrschte, seien es die Römer,

Spaziergang vom Tejo zum Castelo de São Jorge

A Santa Apolónia – Der Kopfbahnhof aus dem 19. Jh. ist immer noch in Betrieb.

B Museu Militar – Rüstungen, Kanonen und andere Militaria in über 30 Sälen. Schöne Azulejos.

C Museu do Fado – Die Geschichte des Fado: Bilder, Instrumente, Musikarchiv und nettes Café.

D Chafariz d'El Rei – Brunnenanlage aus dem 13. Jh., die die Bewohner mit Trinkwasser versorgte.

E Igreja de São Miguel – Barockkirche aus dem 17. Jh.

F Igreja de São Estêvão – Die ursprüngliche Kirche aus dem 17. Jh. wurde nach dem Erdbeben von 1755 im barocken Stil wiederaufgebaut.

G Panteão Nacional – Der im 17. Jh. begonnene Kirchenbau wurde erst 1966 fertiggestellt und dient als nationales Pantheon.

H Campo de Santa Clara – Di und Sa wird es eng auf dem Platz. Dann findet der Flohmarkt »Feira da Ladra« statt.

I Mosteiro São Vicente de Fora – Die große Klosteranlage aus dem 16. Jh. ist mit Azulejos reich geschmückt. Sitz des Bischofs von Lissabon.

J Castelo de São Jorge – Die weitläufige Burganlage thront über der Alfama. Ein Museum, ein archäologisches Ausgrabungsfeld und die fantastische Aussicht belohnen den Aufstieg.

K Largo das Portas do Sol – Platz mit Cafés und schönem Blick über die untere Alfama.

L Miradouro de Santa Luzia – Einer der beliebtesten Aussichtspunkte der Stadt mit Blick über den Tejo.

M Teatro Romano – Versteckt inmitten eines alten Wohnviertels finden sich die Reste eines römischen Theaters.

N Igreja de São Antonio – An dieser Stelle soll der hl. Antonius von Padua, der hier Antonius von Lissabon genannt wird, geboren worden sein. Eine Kirche samt Museum ist dem Heiligen gewidmet.

O Kathedrale Sé – Romanische Kathedrale. Im gotischen Kreuzgang graben Archäologen sich in die frühe Geschichte der Stadt.

P Casa dos Bicos – Im Renaissancepalast mit der markanten Fassade hat die José-Saramago-Stiftung ein Museum eingerichtet.

AUTORENTIPP!

RÜCKZUG AUF DER BURG

Auf dem Burgberg und der Alfama gibt es nur wenige Pensionen oder gar Hotels. Dennoch findet sich eine der schönsten Unterkünfte der Stadt genau hier oben. Zugegeben, die Lage macht viel vom Reiz des Solar do Castelo aus, das bei seiner Eröffnung 2001 noch eines der ersten, wenn nicht gar das erste Boutiquehotel der Stadt war. Das Hotel liegt innerhalb des ummauerten Areals des Castelo de São Jorge, was an sich schon sehr romantisch ist. Das Boutiquehotel nutzt ein Haus aus dem 18. Jahrhundert als historische Basis. Geschmackvolle Zimmer im klassisch-modernen Stilmix gruppieren sich teilweise um einen lauschigen Innenhof, in dem ein Brunnen plätschert. Schade, dass es kein Schwimmbad ist. Das 2001 eröffnete Hotel wurde vom TÜV Rheinland als Ökohotel zertifiziert.

Solar do Castelo. DZ ab 150 €, Rua das Cozinhas 2, Tel. 21/880 60 50, www.solardocastelo.com

die Westgoten, die Mauren oder das portugiesische Königshaus, jeder nutzte die Festung und ließ sie für seine Ansprüche umbauen. Das letzte Facelifting fällt in die Salazar-Zeit. Der Diktator hatte der Burg seine Vision verpasst, wie eine mittelalterliche Burg auszusehen hätte. Das Ergebnis sieht man bis heute.

Gute Aussicht und ein Palast voll schöner Dinge

Wer zum ersten Mal in Lissabon ist und in einer der gelben Trambahnen der Linie 28E Platz genommen hat, wird sicher am Largo de Santa Luzia wieder aussteigen. Da sind einige Lokale auf dem Platz, und auf der anderen Seite der Straße schaut man über die tiefer gelegenen Bereiche der Alfama. Man kann nicht sagen, dass die Aussicht vom Miradouro de Santa Luzia besser wäre, denn das ist reine Geschmackssache, aber sie ist zumindest anders. Von hier aus ist der Fluss präsenter, man fühlt sich dem Himmel näher. Auch hier ist ein nettes Lokal, allerdings mit etwas aufdringlichem Service. In der Begeisterung über die beiden Aussichtspunkte übersieht man schnell das Museu de Artes Decorativas, das an der Ecke des Largo de Santa Luzia zum Largo das Portas do Sol steht. Das Museum der Schönen Künste ist im Azurara-Palast aus dem 16. Jahrhundert untergebracht. Die Salons der Andar Nobre, der herrschaftlichen ersten Etage, vereinen Möbel, Keramiken, Geschirr, Gemälde, Teppiche und einen Raum mit Weihnachtskrippen aus dem 16. bis18. Jahrhundert.

Von der Kathedrale zum Stachelhaus

Auf eine Bahn zu warten, lohnt sich kaum, denn bis zum nächsten Highlight, der Kathedrale Sé Patriarcal, ist es nur eine Station. Außerdem geht es

Die Igreja de São Estêvão

leicht bergab. Auf dem Weg dorthin lassen sich rechter Hand die Reste eines römischen Theaters (Teatro Romano) begutachten. Die romanische Kathedrale wurde nach der Eroberung der Christen im 12. Jahrhundert erbaut, nachdem die Stadt seit 712 von den Moslems regiert wurde.

Während des Zweiten Kreuzzugs fiel Lissabon wieder den Christen zu, 50 Jahre danach wurde 1195 gleich neben der Moschee und der Kathedrale Fernando Martins de Bulhões geboren. Als der hl. Antonius von Lissabon oder auch der hl. Antonius von Padua ging er in die Geschichte ein. Über seinem Geburtshaus wurde im 18. Jahrhundert eine Kirche gebaut, die Igreja de Santo Antonio de Lisboa. Über Treppen und einige schmale Gassen ist es nicht mehr weit bis hinunter zur Rua da Alfândega. In der Casa dos Bicos, einem Renaissancehaus mit markantem pyramidenförmigem Fassadenschmuck, ist die José-Saramago-Stiftung eingezogen. Der aus Lissabon stammende Literaturnobelpreisträger hat unter dem Olivenbaum auf dem Vorplatz seine letzte Ruhe gefunden.

AUTORENTIPP!

SARAMAGOS HEIMKEHR

Nicht nur wegen ihrer Renaissancefassade ist die Casa dos Bicos ein echter Kulturschatz. Im entkernten Inneren ist die Fundação José Saramago eingezogen. Die Wände der Ausstellungsräume sind sozusagen tapeziert mit Büchern von José Saramago (1922–2010), dem vielleicht bekanntesten portugiesischen Schriftsteller der jüngsten Vergangenheit. Bildschirme zeigen Interviews, wo man etwa seine Dankesrede hören kann, nachdem er 1998 mit dem Literaturnobelpreis ausgezeichnet wurde. Ein Arbeitszimmer wurde mit originalen Objekten ausgestattet, die der kritische Geist einst sein Eigen nannte, und im Obergeschoss warten eine Bibliothek und ein Shop mit Werken des Autors in mehreren Sprachen. Aus Protest gegen die damalige Kulturpolitik des Landes zogen Saramago und seine Frau 1992 auf die spanische Kanareninsel Lanzarote, wo der Autor bis zu seinem Tode gelebt hat. Seine Asche ruht unter dem Olivenbaum vor der Casa dos Bicos.

Fundação José Saramago. Mo–Fr 10–18, Sa 10–14 Uhr, Casa dos Bicos, Rua dos Bacalhoeiros 10, www.josesaramago.org, Metro: Terreiro do Paço

In der Nähe vom Bahnhof Santa Apolónia

Infos und Adressen

SEHENSWÜRDIGKEITEN

Castelo de São Jorge. März–Okt. tgl. 9–21 Uhr, Nov.–Feb. bis 18 Uhr. Periskop: 10–17.30 Uhr, letzter Einlass 30 Min. vor Schließung. Die Burg des hl. Georg ist eines der ältesten Bauwerke der Stadt, der Ausblick von ganz oben auf die Stadt und das Meer ist atemberaubend. Rua de Santa Cruz, www.castelodesaojorge.pt, Tram: 12, 28, Bus: 37

Catedral Sé Patriarcal. Kirche tgl. 9–19 Uhr, Eintritt frei; Domschatz Mo–Sa 10–17, Kreuzgang Mai–Sept. 14–19, sonst 10–18 Uhr (So erst ab 14 Uhr). Metro: Terreiro do Paço, Tram 12, 28

Am *Largo Portas do Sol*

Fundação José Saramago. Mo–Fr 10–18, Sa 10–14 Uhr, Casa dos Bicos, Rua dos Bacalhoeiros 10, www.josesaramago.org, Metro: Terreiro do Paço

Mosteiro de São Vicente de Fora. Di–So 10–18 Uhr, Largo São Vicente, Metro: Santa Apolónia, Tram: 28

Museu de Artes Decorativas. Tgl. 10–17 Uhr, Largo das Portas do Sol 2, www.fress.pt, Metro: Terreiro do Paço, Tram: 12, 28

Museu do Fado. Di–So 10–18 Uhr, Largo do Chafariz de Dentro 1, Tel. 21/882 34 70, www.museudofado.pt, Metro: Santa Apolónia

Museu Igreja de Santo António. Tgl. 9–19.30 Uhr. Museum Di–So 10–13 und 14–18 Uhr, Rua das Pedras Negras 1, Metro: Terreiro do Paço

Museu Militar. Di–So 10–12.30 und 13.30–17 Uhr, Largo do Museu da Artilharia, www.exercito.pt, Metro: Santa Apolónia

Panteão Nacional. Di–So 10–17 Uhr, Campo de Santa Clara, Metro: Santa Apolónia, Tram: 28

Museu Teatro Romano. Di–So 10–13 und 14–18 Uhr, Eintritt frei, Patio do Aljube 5, www.museuteatroromano.pt, Metro: Terreiro do Paço, Tram: 12, 28

ESSEN UND TRINKEN

Bica do Sapato. Das In-Restaurant der Stadt, gleich neben dem »LuxFrágil« in den ehemaligen Hafenanlagen beim Bahnhof Santa Apolónia. Cafeteria, Sushi-Bar und Restaurant mit portugiesischer Nouvelle Cuisine spiegeln den Zeitgeist wider. Di–Sa 12.30–14.30 Uhr, 20–23.30 Uhr, Sushi-Bar 19.30–1 Uhr, Cafeteria 12–15.30 Uhr, 20–1 Uhr, Av. Infante Dom Henrique, Armazém B, Tel. 21/881 03 20, www.bicadosapato.com, Metro: Santa Apolónia

Mesa de Frades. Davon träumt der Fado-Liebhaber: Jemand greift zur Gitarre, ein anderer stimmt einen wehmütigen Gesang an, alles spontan und sozusagen aus dem Leben. Kann sein, dass man so einen unvergesslichen (späten) Abend in der ehemaligen Kapelle mit Fliesenschmuck erlebt. Vielleicht aber auch nicht. Ein guter Tipp für die Alfama ist das nostalgisch anmutende Tavernen-Restaurant aber trotzdem. Mi–Mo abends, Rua dos Remédios 139, Tel. 21/888 37 13, Metro: Terreiro do Paço, Tram: 12, 28

Portas do Sol. Der »Sonnenplatz« ist kein echter Miradouro. Dennoch ist die Aussicht wunderbar und wenn möglich versucht man einen Tisch draußen zu bekommen. Von dort aus kann man dem Treiben der anderen Touristen zuschauen und sich an einem Snack oder einem kühlen Bier erfreuen.

Arm, aber glücklich – ein Hundeleben in der Alfama

Und was gäbe es Angenehmeres als sich an den schmucken Häusern der Alfama satt zu schauen? Di–So 10–24 Uhr, Largo das Portas do Sol, Tel. 21/885 12 99, www.portasdosol.biz, Metro: Terreiro do Paço, Tram: 12, 28

EINKAUFEN

Arabella Cardoso. In ihrem Atelier malt die vielseitige Keramikkünstlerin Azulejos mit hübschen Motiven. Auf Wunsch fertigt sie auch ganze Tableaus an. Auch die Kacheln stellt sie selbst her. Calçada São Vicente 66, Metro: Santa Apolónia, Tram: 28

Deli Delux. Frisches Obst und Gemüse, eine Metzgerei mit ausgesuchten Köstlichkeiten und eine Cafeteria, in der man das Gefühl hat, an Bord eines Hausboots auf dem Tejo zu sitzen. Di–Fr 12–24, Sa 10–24, So 10–20 Uhr, Av. Infante D. Henrique, Armazém B Loja B, www.delidelux.pt, Metro: Santa Apolónia

ÜBERNACHTEN

Palácio Belmonte. Das Hotel am Eingang zum Castelo de São Jorge ist ein Traum. Der Palast, dessen Ursprünge auf das 15. Jahrhundert zurückgehen, wird von originalen Wandfliesen geschmückt, alte Holzböden und antike Möbel, ergänzt durch einzelne Designstücke, machen den Aufenthalt in diesem altehrwürdigen Haus zu einem besonderen Erlebnis. Nur Suiten. Die günstigste kostet 500 € die Nacht. Páteo Dom Fradique 14, Tel. 21/881 66 00, www.palaciobelmonte.com, Metro: Terreiro do Paço, Tram: 12, 28

Am *Largo do Chafariz de Dentro*

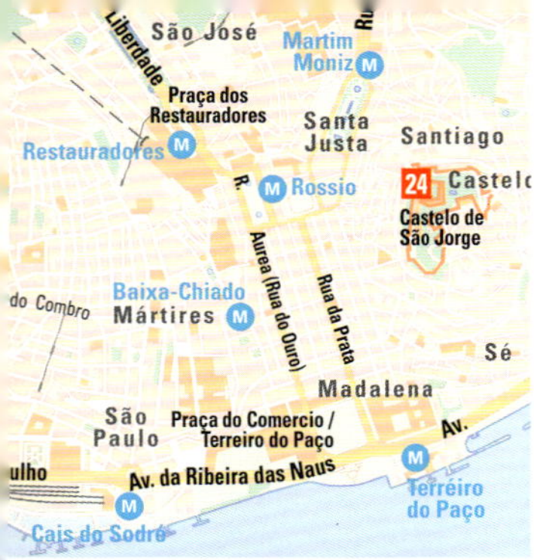

24 Castelo de São Jorge

Auf dem Dach der Stadt

Über der Alfama und der Altstadt von Lissabon befindet sich das Nationaldenkmal in aussichtsreicher Lage. Zum Castelo de São Jorge gehören die Reste des alten Königspalasts, die ehemaligen Wohnviertel der Eliten, ein Museum und die mittelalterliche Festung. Dort, im Ulysses-Turm, lässt sich die Stadt mithilfe eines Periskops in einer 360-Grad-Ansicht betrachten.

Steil ist der Aufstieg, und vor allem im Sommer wird man auf den letzten Metern spüren, dass eine Stadtbesichtigung durchaus eine Form des Aktivurlaubs ist. Mit der Tram 28, die wohl die meisten Besucher für die Anfahrt wählen, kommt man nicht bis direkt vor das Eingangstor der mächtigen Burganlage. Man muss noch ein Stück bergauf gehen oder den Bus 37 nehmen. Der fährt bis zur Porta de São Jorge.

Wie es sich für eine Stadt gehört, deren Geschichte bis in die vorchristlichen Jahrhunderte reicht,

MAL EHRLICH

EINE FRAGE DER AUSSICHT

Mit dem Castelo de São Jorge ist es so eine Sache. Wenn man es mal ganz nüchtern betrachtet, ist außer Mauern, Türmen und einem kleinen Museum auf dem Burgberg selbst nicht viel zu sehen. Anders sieht die Sache aus, wenn man vom Burgberg oder den Wehrgängen hinunter oder über die Stadt schaut. Die Aussicht ist sehr eindrucksvoll. Außerdem gibt es ja noch das Periskop im Ulysses-Turm. Die »magischen«, weil realen Stadtansichten werden auch die Kinder begeistern.

Oben: Spuren der Geschichte – jede Epoche hat auf dem Burgberg ihre Spuren hinterlassen: Die ehemalige maurische Siedlung aus dem 11. und 12. Jh.
Unten: Trutzig – die Festung wurde ab den 1930er Jahren restauriert.

hat auch Lissabon eine Festung. Im Lauf dieser Geschichte haben sich ihr Bild, die Funktion und ihr Zustand immer wieder verändert. Das Castelo de São Jorge ist am strategisch günstigsten Punkt der Stadt, auf einem Hügel, von dem aus sich alles gut überblicken lässt, gebaut. Schon ab dem 7. Jahrhundert v. Chr. war der Berg besiedelt und wurde spätestens von den Römern mit einem Kastell bebaut. Das Machtvakuum, das das zerfallende Imperium hinterließ, wurde auf der Iberischen Halbinsel ab dem 5. Jahrhundert von den Westgoten genutzt, die sich aber im frühen 8. Jahrhundert einer Invasion von Arabern und Berbern gegenübersahen, der sie wenig entgegenzusetzen hatten. In der islamischen Epoche entstanden wesentliche Elemente der Burg.

Im Mittelalter wendete sich das Blatt wieder. Die Rückeroberung der Iberischen Halbinsel war ein machtpolitisches wie religiöses Ziel der Christen. Afonso Henriques aus Guimarães war die treibende Kraft im Osten der Halbinsel. Nach den ersten Siegen in Santarém zog er als Alfonso I. von Portugal gen Süden, um Lissabon einzunehmen. Unterstützt wurde er von Kreuzrittern aus dem Norden Europas. Nach einer dreimonatigen Belagerung fiel Lissabon im Jahr 1147. Die Burg wurde nach dem Schutzheiligen der Kreuzritter, dem hl. Georg, benannt. Mit der Aufwertung Lissabons zur neuen Hauptstadt des jungen Königreiches im Jahr 1255 wurde das Kastell zum königlichen Palast ausgebaut. Erst im 17. Jahrhundert verlor das Castelo de São Jorge zunehmend an Bedeutung, da der Hof in einen neuen Palast am Ufer des Tejo umgezogen war.

Das Bild, das sich heute bietet, ist jüngeren Datums. Ab den 1940er-Jahren wurde die Anlage restauriert. Man erinnerte sich an den kulturellen und nationalen Wert der Burg, baute die Kasernen

AUTORENTIPP!

AM ABEND AUF DEM CASTELO

In der portugiesischen Hauptstadt hat man das eigenartige Erlebnis, dass sich die Stadt immer wieder in Szene setzt. Natürlich ist es nicht die Stadt selbst, die dafür verantwortlich ist, sondern die Topografie, ihre Lage auf mehreren Hügeln und die Miradouros, die Aussichtspunkte, die die Lisboetas gebaut haben, damit sie das einzigartige Panorama immer wieder betrachten können. Den Besuchern und Touristen ergeht es nicht anders. Auch ihnen ist das Bild der Stadt ständig gegenwärtig, es drängt sich ihnen förmlich auf, und manchmal scheint es einen zu fragen: »Warum wohnst du nicht hier?« Auf dem Burgberg kann man sich ganz diesen Betrachtungen hingeben. Besonders schön ist es am frühen Abend, wenn die Sonne ihr Licht schräg über den Tejo wirft. Unten liegen die Baixa, dahinter der Chiado und das Bairro Alto im Gegenlicht, und ja, man glaubt fast, man könne in diesem gelb-orangefarbenen Schein baden oder posieren, so wie es die Stadt auch tut.

Blick vom Castelo

Oben: Die archäologischen Funde werden in einem Museum gezeigt. **Unten:** Brunnen und Schatten auf dem Burgberg

und andere Gebäude wieder auf und rekonstruierte die mittelalterliche Feste. Sicher wäre es auch spannend zu sehen, wie das Kastell aussah, als es von den ersten portugiesischen Königen nach der Rückeroberung im 12. Jahrhundert zu einem Königspalast erweitert wurde. 1174 wurde die Burg zur Residenz und blieb es bis ins Jahr 1506, als König Manuel I. es vorzog, hinunter an den Tejo zu ziehen und aus dem nicht mehr vorhandenen Palast an der Praça do Comércio regierte. Aber das Erdbeben von 1755 hatte auch die Alfama und mit ihr den Festungspalast arg mitgenommen, sodass der Besucher auf seine Fantasie angewiesen ist. Die Überreste des Erdgeschosses, allerdings nur eines Teils der ehemaligen Palastanlage, kann man in jenem Bereich der ummauerten Festung finden, der mit »Núcleo Arqueológico« ausgeschildert ist. Zu den archäologischen Resten gehören auch die Grundmauern einiger Wohnhäuser aus islamischer Zeit. Wie in jener Zeit auf dem Burgberg gelebt wurde, zeigt ganz anschaulich ein Film im Museum, wo auch die Funde – Tonkrüge u. Ä. – zu sehen sind, die bei Grabungen auf dem Berg entdeckt wurden.

Die eigentliche Burganlage mit ihren insgesamt elf Türmen ist ein eigenes geschlossenes Ensemble. Vom Wehrgang aus kann man die innere Festung umrunden und sieht immer neue Ansichten der Stadt. Im mächtigen Mauer- oder Ulysses-Turm, der sich neben dem Eingang erhebt, befand sich ab dem 14. Jahrhundert das königliche Archiv. Heute projiziert ein Periskop darin das Bild der Stadt im 360-Grad-Winkel auf eine runde Steinschale. Die Technik, mittels Linsen und Spiegel ein Bild in Echtzeit zu projizieren, wurde bereits im 16. Jahrhundert von Leonardo da Vinci erfunden. Wie beim Fotografieren gilt auch hier: je besser das Licht draußen ist, desto schöner wird das Bild in der dunklen Turmkammer.

Infos und Adressen

SEHENSWÜRDIGKEITEN

Castelo de São Jorge. März–Okt. tgl. 9–21, Nov.–Feb. bis 18 Uhr. Periskop: 10–17.30 Uhr, letzter Einlass 30 Min. vor Schließung. www.castelodesaojorge.pt, Tram: 12, 28, Bus: 37

ESSEN UND TRINKEN

Casa do Leão. In Lissabon gibt es zwar keine Pousada, aber immerhin ein Restaurant der staatlichen Hotelkette. In bester Lage, direkt auf der Burg und mit toller Aussicht, erwartet die Gäste kreative portugiesische Küche zu anspruchsvollen Preisen. Tgl. 12.30–15 und 20–22.30 Uhr, Castelo de São Jorge, Tel. 21/888 01 54, www.pousadas.pt

Café Palácio Belmonte. Nur wenige Meter unterhalb der Porta São Jorge öffnen sich rote Flügeltüren zu einem lauschigen Hof. Das Café gehört zum Luxushotel Palácio Belmonte, was einen aber nicht abschrecken sollte. Während der Mann am Piano spielt, kann man Kaffee und Kuchen genießen oder den ersten frühabendlichen Drink. Páteo Dom Fradique 14, Tel. 21/881 66 00

Die Festung mit dem Ulysses-Turm

Ein Aquarellmaler bei der Arbeit

EINKAUFEN

Chi Coração. Die Wolle der dezent eleganten Mode kommt von Schafen aus dem Norden des Landes. Alle Materialien sind natürlich und werden von Hand genäht. Rua Augusta Rosa 22–24, www.chicoracao.pt, Tram: 12, 28

ÜBERNACHTEN

Casa Costa do Castelo. Die vier Zimmer der Privatunterkunft liegen im 4. Obergeschoss und unter dem Dach. Der Ausblick über die Stadt begeistert. Schöne Zimmer mit angenehmen Materialien. Deutsche Leitung. Buchbar ab zwei Nächten. DZ 90 €. Costa do Castelo 54, Tel. 21/882 26 78, www.c-c-castelo.com, Metro: Rossio, Tram: 12

Das Westportal der Kathedrale macht einen wehrhaften Eindruck. Mit dem Bau wurde nach der Eroberung der Stadt im 12. Jh. begonnen.

25 Kathedrale Sé Patriarcal

Romanischer Bischofssitz

Weithin sichtbar ragen die mit Zinnen bewehrten Türme der Kathedrale von Lissabon Sé Patriarcal über das Dächermeer der Alfama. Der romanische Bau ist in seiner Art einzigartig in Portugal. Im gotischen Kreuzgang graben sich Archäologen in die Geschichte der Stadt. Neben Resten der ehemaligen Moschee haben sie auch Relikte aus vorchristlicher Zeit entdeckt.

Kaum ist man in der Baixa in der Rua da Conceição in eine der alten Trams der Linie 28 gestiegen, muss man sich schon wieder in Richtung Ausgang drängen. Der Anblick der altehrwürdigen Kathedrale, der sich nach einer Linkskurve bietet, ist einfach überwältigend. Ernst und erhaben in ihrer romanischen Schlichtheit, wehrhaft und imposant baut sie sich vor einem auf.

Man wird es nicht bereuen, die Tram verlassen zu haben, denn die Kathedrale von Lissabon ist in mehrfacher Hinsicht bemerkenswert. In einer Stadt,

MAL EHRLICH

IMMER SCHÖN IN DER REIHE BLEIBEN

Wenn eine der alten Straßenbahnen angezuckelt kommt, um die Fahrgäste mit zur Alfama zu nehmen, ist es mit dem Anstand der Urlauber vorbei. Unabhängig von Herkunftsland, Bildungsschicht oder Geschlecht wird sich vorgedrängelt oder den Senioren der letzte Sitzplatz weggeschnappt. In einem Land, wo man sich an Haltestellen brav wie früher die Schulkinder in eine Reihe stellt, geht das gar nicht.

deren Bestand an historischen Gebäuden weitgehend aus dem 18. Jahrhundert stammt, wirkt ein romanisches Bauwerk fast wie ein Fremdkörper. Tatsächlich ist es die einzige romanische Kathedrale in ganz Portugal. Vergleicht man die Igreja de Santa Maria Maior, wie die Kathedrale eigentlich heißt, mit anderen etwa in Frankreich oder Spanien, fällt die ungewöhnliche Lage auf. Die Sé liegt am Hang, eingebettet in ein Gewimmel von Häusern, ohne dass ein Platz oder die Straßenzüge die Bedeutung des Bauwerks unterstreichen würden. Der Name Sé leitet sich übrigens vom lateinischen »sedes« ab, der Sitz, und bezeichnet einen Bischofssitz bzw. eine bischöfliche Kathedralkirche.

Als in der zweiten Hälfte des 12. Jahrhunderts mit dem Bau begonnen wurde, stand an derselben Stelle eine Moschee. 1147 hatten die Christen Lissabon von den Mauren erobert und ihre Gebete zunächst im Hause Allahs abgehalten. Aber auch die Moslems hatten ihren Tempel an die Stelle einer früheren christlichen Kultstätte erbaut. Es ist, wenn man so will, ein heiliger Ort, den man betritt. In der Regierungszeit von Sanchos I. (1185–1211) wurde das mächtige Bauwerk im Wesentlichen abgeschlossen. Erster Bischof wurde der englische Mönch Gilbert von Hastings. Der Kreuzritter war vermutlich mit einem Segelschiff unterwegs ins Heilige Land, als er und seine Mitstreiter »engagiert« wurden, die muslimischen Herrscher von Lissabon zu stürzen. Möglicherweise befand sich in seinem Gefolge auch der spätere Baumeister der Kathedrale, ein gewisser Meister Robert. Im 13. und 14. Jahrhundert wurde der Kreuzgang errichtet. Er befindet sich hinter dem Chor.

Das Kircheninnere

Das Westportal mit seinen wehrhaften Türmen ist weitgehend original erhalten geblieben. Lediglich

AUTORENTIPP!

WIENER GEFÜHLE

Nur wenige Schritte unterhalb der Kathedrale befindet sich ein besonderes Café. Zumindest in Lissabon würde man nicht erwarten, zu *bica* oder *galão* ein Stück Sachertorte oder gar Apfelstrudel bestellen zu können. Im »Pois Café« schon, denn das haben zwei Österreicherinnen eröffnet. Der kulinarische Import kommt bei den Hauptstädtern gut an. Unter den Steinbögen des hübschen Lokals sind oft alle Tische besetzt, besonders am Mittag, wenn ein leckeres Tagesmenü in der Küche zubereitet wird. Am schönsten aber ist es, auf den Secondhand-Möbeln herumzulümmeln, in einer der ausliegenden Zeitungen zu lesen und die Zeit bei Kaffee und Kuchen zu vertrödeln. Ab und an gibt es auch ein Konzert am Abend oder werden Künstler für eine Ausstellung im Haus eingeladen.

Pois Café. Di–So 11–22 Uhr, Rua São João da Praça 93–95, Tel. 21/886 24 97, www.poiscafe.com, Metro: Terreiro do Paço

Oben: Markant überragt die Kirche die Altstadt.
Unten: Die prachtvoll ausgestaltete Sakramentskapelle

die Zinnen wurden im 20. Jahrhundert sozusagen als eine Art Reinterpretation des Mittelalters hinzugefügt. Selbst ein Erdbeben, das im Jahr 1344 dem Gotteshaus großen Schaden zugefügt hatte, konnte diesem Teil nichts anhaben. Beim Wiederaufbau im ausgehenden 14. Jahrhundert wurde der Chorumgang mit den Kapellen angelegt. Das etwas jüngere Baujahr dieses Teils ist unter anderem an den gotischen Bögen erkennbar. Das Erdbeben von 1755 wirkte sich auf die Alfama und die Kathedrale weit weniger verheerend aus als auf die Baixa. Im Innern erwartet den Besucher ein dreischiffiger Kirchenraum. Das Hauptschiff mit Tonnengewölbe wird von niedrigeren Seitenschiffen flankiert. Die klare Architektur des romanischen Raums ist ein erhebendes Erlebnis, dessen Stimmung und Akustik erst während einer Messe richtig zur Geltung kommen.

Gleich links neben dem Haupteingang befindet sich ein Taufbecken. Hier soll 1195 der hl. Antonius getauft worden sein, dem gegenüber der Kathedrale ein kleines Museum gewidmet ist. Besonders sehenswert ist der Chorumgang mit der Kapelle des Stadtpatrons, des hl. Vinzenz. Stille und Gefasstheit gehen von den meisterhaft ausgeführten gotischen Liegefiguren aus, wie etwa von der des Lopo Fernandes Pacheco und seiner Gemahlin Maria Vilalobos.

Um den Chorumgang, den Domschatz und den Kreuzgang zu sehen, muss man am Eingang ein Ticket lösen. Während der Kreuzgang selbst aus dem 14. Jahrhundert gut erhalten ist, zeigt sich die Innenfläche als eine Baustelle der Geschichte. Seit 1992 wird dort gegraben. Gefunden wurden Teile einer römischen Straße und Reste aus der Zeit der Phöniker sowie der Moschee, die hier bis ins 12. Jahrhundert stand. Stege führen über das Grabungsgelände.

Infos und Adressen

SEHENSWÜRDIGKEITEN

Catedral Sé Patriarcal. Kirche tgl. 9–19 Uhr, Eintritt frei; Domschatz Mo–Sa 10–17, Kreuzgang Mai–Sept 14–19, sonst 10–18 Uhr (So erst ab 14 Uhr), Eintritt jeweils 2,50 €. Metro: Terreiro do Paço, Tram: 12, 28

Igreja de Santo António. Kleine Kirche und Museum gegenüber der Kathedrale. Tgl. 9–19.30 Uhr. Museum Di–So 10–13 und 14–18 Uhr. Rua das Pedras Negras 1, Metro: Terreiro do Paço

ESSEN UND TRINKEN

Le Petit Cafe. Dass dies kein großes Lokal ist, erkennt man schon am Namen. Im romantisch-rustikalen Interieur kann man einen schönen Abend verbringen bei Fado-Musik oder Jazz. Gute und ansprechend präsentierte portugiesische Küche. Largo de São Martinho 6/7, Tel. 21/888 13 04.

EINKAUFEN

Queijaria Nacional. Ein markanter Geruch erfüllt das Ladenlokal etwas unterhalb der Kathedrale in Richtung Baixa. Ob man den als unangenehm oder appetitanregend empfindet, ist reine Geschmackssache. Unter dem Glastresen lagern die 1001 Aromen der »Übeltäter«, zum Teil handgemachte oder andere seltene Käsespezialitäten aus Portugal. Rua da Conceiçao 8, www.queijarianacional.pt, Metro: Terreiro do Paço

Der Domschatz

ÜBERNACHTEN

Memmo Alfama. Ganz neu, erst im Sommer 2013 eröffnet, ist das Designhotel eine angenehme Alternative zu den typischen Hotelstandorten. Seine innovative Architektur fällt angenehm auf. Das Design der hellen Zimmer bildet einen wunderbaren Kontrast zur historischen Umgebung. Travessa das Merceeiras 27, Tel. 21/351 43 68, www.memmoalfama.com, Metro: Terreiro do Paço, Tram: 12, 28

Vierung der *Sé Patriarcal*

Ein Museum für die Musik. Der Fado entstand im 19. Jh. in Lissabon. Er ist heute ebenso lebendig wie damals.

26 Museu do Fado

Der Sound von Lissabon

In einer ehemaligen Pumpstation aus der zweiten Hälfte des 19. Jahrhunderts wurde das Museu do Fado eingerichtet. Die Geschichte und die Kultur, in der der »Blues von Lissabon« entstanden ist, wird mit Instrumenten, Kleidern und Objekten berühmter Fadistas und mit Filmbeiträgen erzählt. In der Mediathek kann man Stunden verbringen und sich durch das musikalische Gedächtnis der Stadt hören.

Wenn etwas zum Gegenstand eines Museums wird, das einmal eine Subkultur war, das im Alltag verankert ist, und eigentlich nur dort seinen echten Charme entfalten kann, dann darf man skeptisch sein, ob dies gelingt. Im Museu do Fado wird genau das versucht. Der Blues von Lissabon, diese oft traurige und immer sehnsuchtsvolle Musik, ist kunstvoll. Sie wollte aber nie eine hohe Kunst sein, nie akademisch. Sie gehört den einfachen Leuten oder gehörte ihnen. Während der Salazar-

MAL EHRLICH

O WEHMUT …

Das Bild von Lissabon, das in zahllosen Reisereportagen transportiert wird, trieft nur so vor wohliger Schwermut. Fado, Saudade und Melancholie – natürlich gehört diese Lust am süßen Schmerz zum Lebensgefühl der portugiesischen Hauptstadt. Aber letztlich macht es doch nur einen, vielleicht sogar nur einen kleinen Teil des Alltagslebens aus. Die moderne Metropole lockt heute ebenso mit Szenetreffs, die von Lounge-Ambiente und funktionalem Design geprägt sind. Es ist wohl wie immer beim Reisen. Man sieht erst das, was man sehen möchte.

Diktatur wurde sie vor den Karren des Nationalen gespannt. Heute ist sie ein Baustein des Stadtmarketings. Fast überall sind Fado-Klänge als Hintergrundmusik zu hören. Aber auch das kann dieser leidenschaftlichen Musik nichts anhaben. Immer neue Generationen von Musikern interpretieren das musikalische Erbe Lissabons neu und halten es so am Leben. Wahrscheinlich bräuchte der Fado gar nicht das schützende Dach eines Museums – einen Besuch ist es dennoch wert.

Im Museum

Das Museum im alten Wasserwerk zwischen den Bahnhöfen Santa Apolónia und Terreiro do Paço lohnt sich für alle, die mehr über den Fado erfahren möchten, oder im Musikarchiv auf Entdeckungstour gehen möchten. Im Ausstellungsbereich finden sich Instrumente, Schrift- und Kleidungsstücke sowie das erste Gemälde, auf dem ein Fado-Sänger zu sehen ist. »O Fado« heißt das 1910 gemalte Werk von José Malhoa. Ein junger Mann singt zur Gitarre, während er von einer rauchenden Frau mit halb entblößtem Oberkörper angeschmachtet wird. Auf jeden Fall muss die Szenerie für die damaligen Zeitgenossen etwas Anrüchiges und Verführerisches gehabt haben. Tatsächlich hat sich die Fado-Musik in den Armenvierteln Lissabons, vor allem in der Mouraria, im 19. Jahrhundert entwickelt. In die melancholischen, oft schmerzerfüllten, aber auch glücklich-sehnsuchtsvollen Lieder sind die Melodien mit eingeflossen, die die portugiesischen Seeleute aus dem fernen Brasilien mitgebracht haben.

Am Rand der Gesellschaft

Bereits 1903 hat ein gewisser Pinto de Carvalho eine *Geschichte des Fado* verfasst. Darin schreibt er, dass die meisten Fadista – so werden die Sänger

AUTORENTIPP!

DIE NEUE KÖNIGIN DES FADO
Amália Rodrigues mag die unerreichbare Königin des Fado sein. Aber die Musik der 1999 gestorbenen Künstlerin – so großartig ihre Stimme auch ist – gehört doch einer anderen Zeit an. Längst hat sich eine neue Generation von Fadistas in die Herzen der Fadofans gesungen. Für viele ist Mariza, eigentlich Marisa dos Reis Nunes (* 16. Dezember 1973), der neue Stern am Fadohimmel. Das Debütalbum »Fado em Mim« von 2001 der in Mosambik geborenen und in Lissabon aufgewachsenen Künstlerin ist schon jetzt ein Klassiker. Mittlerweile wurde sie mit Preisen wie dem BBC-Award und dem Latin Grammy Award ausgezeichnet und feiert weltweit Erfolge. Ihr größter ist vielleicht der, dass es ihr gelungen ist, die Fado-Musik so zeitlos und kraftvoll zu interpretieren, dass man gar nicht auf die Idee kommt, dass der »Blues von Lissabon« in den Moden der Gegenwart einmal untergehen könnte. Zum Reinhören empfehlen sich die Alben »Fado em Mim« (2001), »Fado Curvo« (2003) und »Fado Tradicional« (2010).

Oben: Die Geschichte des Fado wird in Bildern, Filmen und Dokumenten erzählt.
Mitte: Der Fado wird salonfähig: Gemälde »O Fado« von 1910.
Unten: In der Mediathek kann man viele Stunden verbringen und Musik hören.

und Sängerinnen sowie die Musiker genannt – mit Ankern, Schiffen, Herzen oder Blumen tätowiert waren. Über die leidenschaftliche Musik, die in den zwielichtigen Kneipen der Alfama im frühen 20. Jahrhundert gespielt und gesungen wurde, rümpfte man in der feinen Gesellschaft die Nase. Gefährlich erschien auch den Autokraten des Salazar-Regimes die freie Meinungsäußerung in Liedform. Sie grenzten diesen potenziellen politischen Brandherd ein, indem sie dem Fado eigens eingerichtete Häuser zuwiesen, die »Casas de Fado«. So konnte man besser kontrollieren, was da vor sich ging. Wegen dieser Vereinnahmung hatten viele Portugiesen befürchtet, dass sich nach der »Nelkenrevolution« kein Mensch mehr für den Fado interessieren würde. Aber es kam anders. Eine junge Generation von Musikern wie Cristina Branco, Ana Moura, Mariza, Madredeus, Mísia und andere zeigen, dass die Saudade als Lebensgefühl noch immer lebendig ist. Teilweise nutzen sie die Guitarra Portuguesa, die 12-saitige portugiesische Gitarre, eine Bassgitarre und den Gesang – oder sie schlagen gänzlich neue Wege ein.

Saudade

Das Grundgefühl des Fado ist die Saudade, eine Stimmung, die von Melancholie, Wehmut, aber auch von der Hoffnung auf ein unerreichbares Glück getragen wird. Oft wird sie auch mit der Stadt Lissabon und ihrer Atmosphäre gleichgesetzt, oder man sieht in ihr die Klage über den Verlust der einstigen Größe und Bedeutung des Landes. Was auch immer der Grund der Saudade sein mag, sie passt zu Lissabon. Wie keine andere Sängerin hat Amália Rodrigues (1920–1999) diesem Gefühl eine Stimme gegeben. Sie spielt eine prominente Rolle im Museum, in dem auch Konzerte stattfinden und das im Shop über eine umfangreiche CD-Auswahl verfügt.

Infos und Adressen

SEHENSWÜRDIGKEITEN

Museu do Fado. Largo do Chafariz de Dentro 1, Di–So 10–18 Uhr, www.museudofado.pt, Metro: Santa Apolónia

ESSEN UND TRINKEN

A Travessa do Fado. Im schicken Ambiente des Museumsrestaurants gibt es moderne portugiesische Küche. Mi–So 11–1 Uhr, Largo do Chafariz de Dentro 1, Tel. 21/887 01 44, Metro: Santa Apolónia

Flor dos Arcos. Gegenüber dem Museum, an einer malerischen Ecke, wo die schmalen Gassen zur Alfama hinaufführen, liegt das familiäre Restaurant. Bacalhau in allerlei Varianten, Fisch und ein paar Fleischgerichte werden wie bei Muttern zubereitet – wenn man denn eine portugiesische hätte. An heißen Sommertagen tut ein Gazpacho aus dem Alentejo gut. Largo do Chafariz de Dentro 11/12, Tel. 21/887 20 35, Metro: Santa Apolónia

Clube de Fado. Im schönen Gewölbe des touristischen, aber angenehmen Lokals zwischen Kathedrale und Fado-Museum isst man portugiesisch. Die Hauptspeisen sind mit rund 25 € recht hoch, dafür ist die Musik auch handgemacht.
Tgl. 20–24 Uhr, Rua S. João da Praça 86–94,

Guitarra Portuguesa

Tel. 21/885 27 04, www.clube-de-fado.com, Metro: Terreiro do Paço

EINKAUFEN

Loja Museu do Fado. Im Museumsshop findet man eine gute Auswahl an Fado-CDs. Außerdem werden Instrumente, Postkarten mit alten Fado-Motiven und andere nette Kleinigkeiten rund um den »Lissabon-Blues« angeboten.
Largo do Chafariz de Dentro 1, Di–So 10–18 Uhr, www.museudofado.pt, Metro: Santa Apolónia

Die Haupthalle des *Museu do Fado*

Oben: Das Kloster ist der Sitz des Patriarchen von Lissabon. Diesen Titel trägt der Erzbischof seit dem frühen 18. Jh.
Unten: Stadtpatron und Märtyrer – der hl. Vinzenz

27 Mosteiro de São Vicente de Fora

Lissabons El Escorial

Im großen Klosterpalast hat der Kardinal von Lissabon, der hier der Patriarch genannt wird, seinen Sitz. Der strenge Bau mit seinen zwei Kreuzgängen zeigt im Innern ein Kirchenmuseum und ein schier endlos wirkendes Band aus weiß-blauen Azulejos. Vom Dach der Kirche überblickt man den östlichen Teil der Alfama und den Tejo bis nach Almada und Barreiro.

In der kurzen Phase von 1580–1640, als Portugal Teil des spanischen Weltreichs war, gab Philipp II. (1527–1598) den Auftrag, das Kloster zu errichten. Auf der Anhöhe zwischen der Alfama und dem Graça-Viertel gab es bereits einen romanischen Klosterbau aus dem 12. Jahrhundert. Damals lag er noch außerhalb der Stadtmauern, weshalb er neben dem Namen des Stadtheiligen Sankt Vinzenz den Beinamen »de Fora«, »außerhalb«, bekam.

Der hl. Vinzenz kam ursprünglich aus Huesca, der spanischen Provinz Navarra. Während der Christenverfolgungen unter Kaiser Diokletian im 3. Jahrhundert n. Chr. wurde der damalige Diakon gefangen genommen und in Valencia gemartert. Sein Leichnam wurde im Meer versenkt, was ihn nicht daran hinderte, bald wieder an Land gespült zu werden. Als sein Körper mit einem Schiff nach Lissabon gebracht wurde, folgten ihm – so die Legende – ab dem Kap im Südwesten Portugals, das heute seinen Namen trägt, zwei Raben. So erklärt sich auch das Stadtsymbol aus Schiff und Raben. Der hl. Vinzenz war der »Lieblingsheilige« von Philipp II. Möglicherweise hatte diese Neigung auch politische Gründe.

Mosteiro de São Vicente de Fora

Juan de Herrera, der Hofarchitekt Philipps, entwarf ab 1580 das Bauwerk, dessen Fertigstellung sich allerdings bis ins 18. Jahrhundert hinzog und an dem neben anderen auch Filippo Terzi und João Frederico Ludovice ihre Spuren hinterlassen haben. Der Kirchenraum ist einschiffig und schließt mit einem Tonnengewölbe ab. An den Seiten wird der hohe und erhebend wirkende Raum von Kapellen flankiert.

Der Eingang zum Kloster führt unterhalb der Freitreppe des Hauptportals rechter Hand in einen andalusisch anmutenden Patio. Dort ist auch eine Cafeteria. Bevor man in das eigentliche Kloster kommt, führt ein Tunnel im Untergeschoss zu einer ehemaligen Zisterne, die aus dem 12. Jahrhundert stammt. Besonders der Eingangssaal des Klosters ist prachtvoll ausgeschmückt. Bemalte Azulejos an den Wänden, Marmorböden und eine ausgemalte Gewölbedecke sind hier zu sehen. Danach führt der Rundgang durch einen Museumsbereich, der die Geschichte des Lissabonner Patriarchats dokumentiert. Die zwei doppelstöckigen Kreuzgänge mit ihren identischen Ausmaßen wirken streng und asketisch. In diesem Bereich erinnert das Bauwerk an den Klosterpalast El Escorial bei Madrid. Wie dieser wurde es auch als Pantheon der Könige geplant. Neben Königen der Dynastie der Braganças haben auch die Patriarchen von Lissabon hier ihre letzte Ruhe gefunden. Nach einem Blick in die prachtvolle Sakristei, die zwischen den beiden Kreuzgängen liegt, steigt man hinauf ins erste Obergeschoss. Unter- und Obergeschoss sowie die Treppenaufgänge werden von Azulejos geschmückt. Sie stellen unter anderem die Einnahme Lissabons dar. Im Obergeschoss sind es Szenen und Motive aus den Fabeln von La Fontaine. Grandios ist der Ausblick vom Kirchendach, das man über ein Treppenhaus im südlichen Kirchturm erreicht.

Infos und Adressen

SEHENSWÜRDIGKEITEN

Mosteiro de São Vicente de Fora. Di–So 10–18 Uhr, Largo São Vicente, Metro: Santa Apolónia, Tram: 28

ESSEN UND TRINKEN

Entre Guitarras. Manchmal ist so ein kleines einfaches Lokal genau richtig. Auf den Tischchen mit den karierten Decken wird auch ein günstiges Mittagsmenü serviert. Tolle Lage mitten in der Alfama. Calçada de São Vicente 24, Tel. 939 692 150, Metro: Santa Apolónia

Santo Antonio de Alfama. Nur ein paar Schritte von der Kirche San Miguel entfernt liegt die romantische Fado-Bar, die von zwei Schauspielern geführt wird. Leckere portugiesische Küche. Pro Person und Menü muss man mit etwa 30 Euro rechnen. Tgl. 12.30–2 Uhr, Beco de São Miguel 7, Tel. 21/888 13 28, www.siteanto nio.com, Metro: Santa Apolónia

ÜBERNACHTEN

Alfama Patio. Neben 4–10-Bett-Zimmern stehen auch Einzel- und Zweibettzimmer zur Wahl. Mit schönem Garten in einem typischen Alfama-Haus. Spezielle Angebote gibt es für Erasmusstudenten und längere Aufenthalte.
Escolas Gerais 3, Patio dos Quintalinhos 1, Tel. 21/888 31 27, www.alfamapatio.com, Metro: Santa Apolónia, Tram: 28

28 Panteão Nacional

Letzte Ruhe im Namen der Nation

Als Kirche wurde die Igreja de Santa Engrácia nie genutzt. Der barocke Prachtbau mit der strahlend weißen Kuppel wurde erst 1966 fertig. Fünfzig Jahre zuvor wurde er zum nationalen Pantheon erkoren. Neben Staatsmännern und Schriftstellern hat auch die Fado-Sängerin Amália Rodrigues hier ihre letzte Ruhe gefunden.

Auf den östlich der Baixa gelegenen Stadthügeln ragen die weißen Kuppeln einiger Kirchen aus der engen Bebauung. Neben der Kathedrale, die zwar nicht weiß, aber weithin sichtbar ist, sind es die Igreja da Graça, die Kirche des Klosters São Vicente de Fora und die der Igreja de Santa Engrácia. Letztere liegt ein Stück unterhalb und weiter östlich des Augustinerklosters São Vicente de Fora, etwa auf der Höhe des Bahnhofs Santa Apolónia. Inmitten der alten, vor sich hinbröckelnden Häuschen des Alfama-Viertels wirkt das Bauwerk wie frisch erstellt. So ganz falsch liegt man mit diesem Eindruck nicht, denn fertiggestellt wurde die Kirche erst im Jahr 1966, gut 280 Jahre nachdem mit dem Bau begonnen wurde. Bevor um 1570 der Grundstein für einen ersten, nicht mehr vorhandenen Bau gelegt wurde, stand an der Stelle bereits in früherer Zeit eine Kirche, die der Heiligen gewidmet war. Die heilige Engrácia wurde im 12. Jahrhundert im portugiesischen Braga geboren und starb als Märtyrerin im spanischen Saragossa.

Das architektonisch interessante Gotteshaus mit der großen, fast überdimensioniert wirkenden Kuppel hat einen symmetrischen Grundriss in Form eines griechischen Kreuzes. Neben den baro-

Oben: Im 18. Jh. begonnen und erst 1966 fertig gestellt – der harmonische Bau der Santa-Engrácia-Kirche.
Unten: Im nationalen Pantheon sind Staatsmänner und Persönlichkeiten des öffentlichen Lebens beigesetzt.

cken Elementen finden sich auch solche der Renaissance. Vier quadratische Türme ruhen auf einer wiederum quadratischen Bodenfläche. Das strenge, strikt symmetrische Prinzip der Architektur verleiht dem Bau etwas Gravitätisches und Tempelartiges. Weder von der königlichen Familie, die die Kirche ursprünglich gestiftet hatte, noch von der Bevölkerung scheint der Wunsch groß gewesen zu sein, dass das Bauwerk endlich fertiggestellt und seiner eigentlichen Bestimmung übergeben werden könnte. Tatsächlich wurde in der Igreja de Santa Engrácia nie eine Messe zelebriert.

In den Jahren der ersten Republik (1910–1926) wurde dem barocken Monument eine neue Funktion zugewiesen. Die Kirche sollte von nun an als Pantheon der Nation dienen. Dem Bedürfnis nach Ahnenkult und Stilisierung vergangener Größe erlag auch das Salazar-Regime. In der Zeit des Estado Novo wurde nicht nur das Gebäude fertiggestellt, es wurden auch ein paar Heroen der Geschichte fiktiv beigesetzt. Nur symbolisch in Form von Kenotaphen ruhen der Entdecker Vasco da Gama, der Kämpfer gegen die Kastilier Nuno Álvares Pereira und der Dichter Luís de Camões im Pantheon. Tatsächlich begraben liegen hier die ersten Präsidenten des Landes Manuel de Arriaga, Teófilo Braga und Óscar Carmona. Sie befinden sich in Gesellschaft von einigen Schriftstellern und der Fado-Sängerin Amália Rodrigues, der bisher einzigen Frau dieses Klubs der toten Männer. Der Schatten des Salazar-Regimes, der das Pantheon belastet, wird besonders durch den Namen eines Mannes entlastet, der eine filmreife Lebensgeschichte hat: Humberto Delgado. Delgado beteiligte sich am Militärputsch 1926, gründete die TAP, die portugiesische Staatsairline, war General der Luftwaffe und wurde dann jedoch zum erklärten Gegner Salazars. 1965 wurden er und seine Sekretärin von der Geheimpolizei PIDE ermordet.

Infos und Adressen

SEHENSWÜRDIGKEITEN

Panteão Nacional/Igreja de Santa Engrácia. Di–So 10–17 Uhr, Campo de Santa Clara, www.igespar.pt, Metro: Santa Apolónia, Tram: 28

ESSEN UND TRINKEN

Clara Café. Am Campo de Santa Clara, wo der Flohmarkt Feira da Ladra tagt, befindet sich dieser nette Café-Kiosk. Hier bleibt man gern einen Moment, isst einen der leckeren Toasts, nimmt einen Kaffee oder etwas anderes, und wer mit Kindern reist, freut sich über den Spielplatz in Sichtweite. Jardim Botto Machado, Campo de Santa Clara, Tel. 21/885 01 72

Faz Figura. In diesem zeitgemäß eingerichteten Restaurant gibt es moderne portugiesische Küche. Von der Terrasse kann man über den Tejo schauen. Hauptspeisen ab 15 €. Tgl. 12.30–15 und 19.30–23 Uhr. Rua do Paraíso 15B, Tel. 21/886 89 81, www.fazfigura.com

ÜBERNACHTEN

Chafariz del Rei. In den sechs Suiten dieses palastartigen Stadthauses aus dem 19. Jahrhundert soll und darf man sich ein wenig aristokratisch fühlen. Im opulenten Interieur aus Stuck und Kristalllüstern sorgen moderne Akzente wie ein knallroter Teppich oder ein modischer Tisch für den gewünschten Reiz. Ab 220 €. Travessa Chafariz del Rei 6, Tel. 21/888 61 50, www.chafarizdelrei.com

TRISTAÕ DACVNHA
C. DESCALENTE

AUSSERHALB DES ZENTRUMS

29 Die nördlichen Avenidas
Zwischen Alltag und Kunst **166**

30 Fundaçao Gulbenkian
4000 Jahre Kunst **172**

31 Palácio dos Marquêses de Fronteira
Ein Garten-Palast mit Geschichte **178**

32 Museu Nacional do Azulejo
Kobaltblau und Kupfergrün **180**

33 Parque das Nações
Zurück in die Zukunft **184**

34 Oceanário
Zu Besuch im Meer **192**

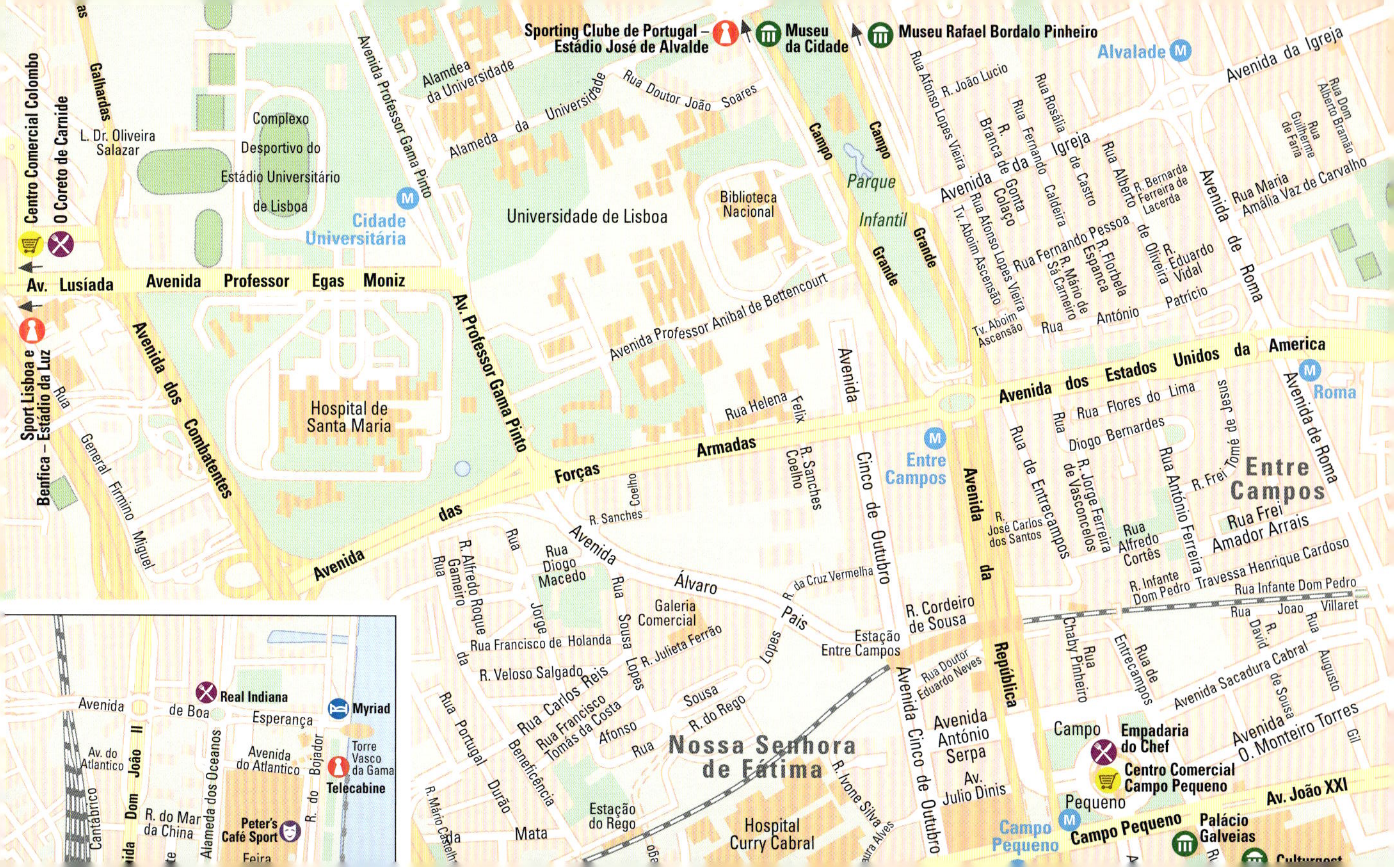
Sporting Clube de Portugal – Estádio José de Alvalade
Museu da Cidade
Museu Rafael Bordalo Pinheiro
Alvalade
Centro Comercial Colombo
O Coreto de Carnide
Sport Lisboa e Benfica – Estádio da Luz
Galhardas
L. Dr. Oliveira Salazar
Complexo Desportivo do Estádio Universitário de Lisboa
Cidade Universitária
Universidade de Lisboa
Biblioteca Nacional
Hospital de Santa Maria
Av. Lusíada
Avenida Professor Egas Moniz
Av. Professor Gama Pinto
Avenida Professor Gama Pinto
Avenida dos Combatentes
Rua General Firmino Miguel
Alamdea da Universidade
Alameda da Universidade
Rua Doutor João Soares
Avenida Professor Anibal de Bettencourt
Campo Grande
Parque Infantil
Avenida das Forças Armadas
Avenida dos Estados Unidos da America
Rua Afonso Lopes Vieira
R. João Lucio
Avenida da Igreja
Rua Rosália de Castro
Rua Fernando Caldeira
R. Branca de Gonta Colaço
Tv. Aboim Ascensão
Rua Alberto de Oliveira
R. Bernarda Ferreira de Lacerda
Rua Fernando Pessoa
R. Florbela Espanca
R. Mário de Sá Carneiro
R. Eduardo Vidal
Rua António Patrício
Avenida de Roma
Rua Maria Amália Vaz de Carvalho
Rua Guilherme de Faria
Rua Dom Alberto Bramão
Roma
Entre Campos
Rua Flores do Lima
Rua Diogo Bernardes
R. Frei Tomé de Jesus
R. Jorge Ferreira de Vasconcelos
Rua de Entrecampos
Rua António Ferreira
Rua Frei Amador Arrais
Rua Alfredo Cortês
R. José Carlos dos Santos
R. Infante Dom Pedro
Travessa Henrique Cardoso
Rua Infante Dom Pedro
Rua Joao Villaret
R. David de Sousa
Rua Augusto Gil
Avenida Sacadura Cabral
Avenida O. Monteiro Torres
Av. João XXI
Rua Chaby Pinheiro
Campo Pequeno
Empadaria do Chef
Centro Comercial Campo Pequeno
Palácio Galveias
Culturgest
Avenida da República
Rua Helena Felix
R. Sanches Coelho
Avenida Cinco de Outubro
R. Cordeiro de Sousa
Estação Entre Campos
Rua Doutor Eduardo Neves
Avenida António Serpa
Av. Julio Dinis
R. Ivone Silva
Laura Alves
Hospital Curry Cabral
Nossa Senhora de Fátima
Avenida Álvaro Pais
R. da Cruz Vermelha
Rua Diogo Macedo
Rua Jorge
Galeria Comercial
Rua Sousa Lopes
R. Julieta Ferrão
Rua Francisco de Holanda
R. Veloso Salgado
Rua Carlos Reis
Rua Francisco Tomás da Costa
Rua Afonso Lopes
Sousa
R. do Rego
Estação do Rego
Rua R. Alfredo Roque Gameiro
Rua Portugal Durão
Beneficência
Mata
R. Mário Castelhano
Avenida de Boa Esperança
Real Indiana
Myriad
Torre Vasco da Gama
Telecabine
Avenida do Atlantico
R. do Bojador
Alameda dos Oceanos
Peter's Café Sport
Feira
R. do Mar da China
Dom João II
Av. do Atlantico
Cantábrico

Museu Nacional do Azulejo 32
Fundação Gulbenkian 30
Museu Calouste Gulbenkian
Cafeteria do CAM
Centro de Arte Moderna
Praça de Espanha
31 Palácio dos Marquêses de Fronteira
Praça Duque de Saldanha 29
Casa-Museu Dr. Anastácio Gonçalves
Saldanha
São Sebastião da Pedreira
Parque Eduardo VII
Parque Ventura
Palácio da Justiça
Estufa Fria
Pavilhão Carlos Lopes
El Corte Inglés
Café Versailles
La Finestra
Rei do Bacalhau
Italia
Fontana Park
Pousada da Juventude de Lisboa
Forum Picoas
Picoas
S. Sebastião
Jardim de Henrique Lopes de Mendonça
Avenida da República
Avenida Fontes Pereira de Melo
Avenida António Augusto de Aguiar
Avenida Duque de Ávila
Rua Marquês de Sá da Bandeira
Alameda Edgar Cardosa
Alameda do Cardeal Cerejeira
Av. Sidónio Pais
Rua Rodrigo da Fonseca
Rua Castilho
Estação Oriente
Oriente
33
Vitaminas
Centro Vasca da Gama
Zon Lusomundo
Tivoli Oriente
Pavilhão Atlântico (Multiusos)
Pavilhão de Portugal
Doca dos Olivais
34 Oceanário
Água e Sal
Petra Rio
Casino de Lisboa
Pavilhão do Conhecimento
Teatro Camões
Lighthouse
Edifício Nau
Porta Fluvial
Avenida Dom João II
Av. Fernando Pessoa
Sehenswürdigkeit, Denkmal
Aktivität, Ausgehen, Theater
Museum, Galerie
Shopping
Restaurant, Bar, Café
Übernachtungsmöglichkeit
Kirche, Moschee
0
200 m
N

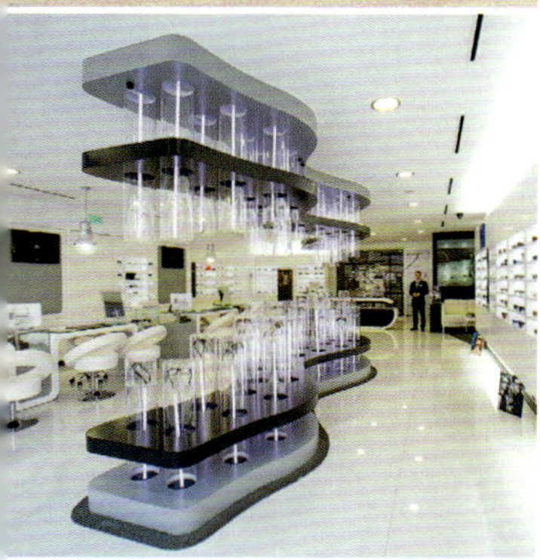

Seite 162/163: Azulejo im Palácio dos Marquêses de Fronteira
Oben: Auch wenn die Straßen breiter und die Häuser höher sind als die in der Altstadt, gibt es entlang der Avenida Novas auch bunte Fassaden.
Unten: Hightech-Design beim Optiker

29 Die nördlichen Avenidas

Zwischen Alltag und Kunst

Dieses Kapitel führt in die Stadtteile außerhalb des historischen Zentrums, jenseits der Praça Marquês de Pombal. Zwischen modernen Blocks und großbürgerlichen Stadthäusern im Jugendstil finden sich einige sehr sehenswerte Museen. Hier, abseits der Touristenströme, erlebt man sozusagen das »normale« Lissabon, das aber doch ein wenig anders ist als das Leben in einer mitteleuropäischen Stadt.

Aus dem Straßentunnel, der die Praça Marquês de Pombal unterquert, dröhnt der Verkehr in die Avenida Fontes Pereira de Melo. Als Fußgänger fühlt man sich fehl am Platz und wechselt gern in eine der ruhigeren Parallelstraßen. Die Avenida mit ihrem Patchwork aus hohen Bürohäusern und vereinzelten Palästen aus dem späten 19. oder frühen 20. Jahrhundert fasst in einem Bild zusammen, was einen in den nördlich gelegenen Stadtteilen erwartet. Anders als in der Altstadt ist es hier wenig sinnvoll, sich einfach dem Lauf der Dinge beziehungsweise der Schritte zu überlassen. Besser steuert man die Sehenswürdigkeiten gezielt an. Gleich gegenüber dem Fórum Picoas, einem modernen Kongresszentrum, zweigt linker Hand die Avenida 5 de Outubro ab, wo man dem Haus des Dr. Gonçalves einen ersten sehr angenehmen Besuch abstatten sollte.

Casa-Museu Dr. Anastácio Gonçalves

In den ersten Jahren des 20. Jahrhunderts ließ sich der Künstler José Malhoa (1855–1933) das präch-

Entlang der Avenida da República

tige Stadthaus im Jugendstil bauen. Das Obergeschoss besteht fast ausschließlich aus einem großen und lichten Atelier. Zum Teil fällt das Licht durch motivische Buntglasfenster. Von Malhoa stammt übrigens das erste Gemälde mit einem Fado-Motiv, das im Fado-Museum in der Alfama zu sehen ist. Neben Columbano Bordalo Pinheiro (1857–1929) gehörte er zu den erfolgreichsten portugiesischen Künstlern seiner Zeit. Gonçalves, ein passionierter Sammler portugiesischer Malerei, speziell der naturalistischen Strömungen des 19. Jahrhunderts, kaufte das Künstlerhaus samt Inhalt. Der Besucher spaziert im Erdgeschoss durch eine original eingerichtete Wohnung der Zeit mit einigen schönen Stücken. Unter anderem schmückt eine der Wände ein Paradiesgarten, der Jan Brueghel zugeschrieben wird. Ein kleines Museum mit chinesischen Keramiken des 17. und 18. Jahrhunderts ist zu sehen und natürlich das Atelier, das eine beachtliche Sammlung naturalistischer portugiesischer Malerei des 19. und frühen 20. Jahrhunderts zeigt.

Deutlich mehr Zeit sollte man sich für den Besuch des Museums der Fundação Calouste Gulbenkian nehmen. Das womöglich bedeutendste Museum

AUTORENTIPP!

SPORTING ODER BENFICA

Die Fußballfans der Stadt – davon gibt es sehr viele – sind entweder Anhänger des einen Vereins oder des anderen. Ein Sowohl-als-Auch gibt es nicht. Der Sporting Clube de Portugal hat sein Stadion am nördlichen Ende des Jardim do Campo Grande. Im Zuge der Europameisterschaft von 2004 – damals wurde Griechenland unter Otto Rehagel überraschend Europameister – wurde die Sportarena samt Einkaufszentrum erbaut. Sporting, mit den grün-weißen Vereinsfarben, hat bislang 18-mal die Meisterschaft gewonnen. Diese und andere Trophäen sind im hauseigenen Museum zu bewundern. Lokalrivale Benfica Lissabon residiert nur wenige Kilometer entfernt im Estádio da Luz, das mit 65 000 Plätzen größer ist als das von Sporting (50 000 Plätze). Benfica ist im Vergleich der erfolgreichere (und reichere) Verein. 32 Mal wurden sie bislang portugiesischer Meister. Bei der Stadion-Tour nimmt man Platz auf der Spielerbank, schaut sich die Pressetribüne oder die Kabinen an.

Sport Lisboa e Benfica – Estádio da Luz. Führungen außer an Spieltagen um 10, 11, 12, 14.30, 15.30, 16.30, 17.30 Uhr, Av. General Norton de Matos, Tor 18, Tel. 707 20 01 00 (Ticketverkauf), www.slbenfica.pt, Metro: Colégio Militar

Sporting Clube de Portugal – Estádio José de Alvalade. Mo–Fr 10–19 Uhr, Sa 10–13 Uhr (nur 1. und 2. Sa im Monat, außer fei), Rua Professor Fernando da Fonseca, Tel. 21/751 65 41/ 42/43, www.sporting.pt., Metro: Campo Grande

Oben: Die Stierkampfarena von Lissabon im Stil des Neomudéjar
Mitte: Unter der Praça de Touros befindet sich ein Einkaufszentrum.
Unten: Viel Licht zum Malen – Atelierfenster der Casa Museu Dr. Gonçalves

der Stadt, zu dem auch das Centro de Arte Moderna gehört, erreicht man nach einem kurzen Spaziergang von circa 10 Minuten. Beide werden in einem eigenen Kapitel vorgestellt.

Als nächste Anlaufstation bietet sich ein Stopp am Campo Pequeno an. Die riesige Stierkampfarena im Neo-Mudéjar-Stil wurde 1892 fertiggestellt. Vorher stand an derselben Stelle bereits eine Arena. Vor knapp zehn Jahren wurde der Campo komplett umgebaut und zu einem Einkaufszentrum erweitert. Das befindet sich unterhalb der Arena, die selbst überdacht wurde und für Kulturveranstaltungen aller Art genutzt wird. Auch Stierkämpfe werden in der Arena noch ausgetragen. In Portugal folgen diese deutlich anderen Regeln als im Nachbarland Spanien. Nicht nur, dass die Stiere seit dem 18. Jahrhundert nicht mehr getötet werden dürfen. Auch der Ablauf ist anders und die traditionelle Kleidung der *Cavaleiros*, der berittenen Kämpfer, und der tollkühnen *Forcados*. Der portugiesische Stierkampf scheint ein Auslaufmodell zu sein. Die Begeisterung schwindet, und wo vorher noch stille Akzeptanz war, werden die Proteste von Tierschützern und Stierkampfgegnern immer lauter.

Vom Campo Pequeno aus nur eine Straßenecke weiter liegt die Sparkassenzentrale. Im Monumentalbau ist die hauseigene Kulturstiftung Culturgest untergebracht, die häufig spannende Kunstausstellungen zeigt.

Am Jardim do Campo Grande

In den neueren Stadtvierteln ist es nicht unbedingt ein Vergnügen, als Fußgänger unterwegs zu sein. Erst beim Jardim do Campo Grande verlässt man gern wieder Bus oder Metro, um durch den grünen Park mit seinen hohen alten Bäumen zu

Spaziergang durch breite Straßen zu Orten der Kunst

A Casa-Museu Dr. Anastácio Gonçalves – Diesem Atelierhaus sollte man einen Besuch abstatten. José Malhoa lebte und arbeitete darin Anfang des 20. Jh. Besonders sehenswert ist die Sammlung an naturalistischer portugiesischer Malerei des 19. und frühen 20. Jh.

B Museum Calouste Gulbenkian – Das Schwergewicht in der Lissabonner Museumslandschaft zeigt Kunst aus vier Jahrtausenden.

C Centro de Arte Moderna José de Azeredo Perdigão – Zur weitläufigen Anlage der Gulbenkian-Stiftung gehört nicht nur ein lauschiger Garten, sondern auch ein Museum für moderne und zeitgenössische Kunst vornehmlich portugiesischer Künstler.

Graffiti im Saldahna-Viertel

D Praça de Touros – In der Stierkampfarena aus dem Jahr 1892 im Neo-Mudéjar-Stil finden neben Stierkämpfen auch Konzerte und andere Veranstaltungen statt. Unter der Arena befindet sich ein Einkaufszentrum.

E Culturgest – Im Kulturzentrum der Caixa Geral de Dépositos finden spannende Ausstellungen statt.

F Museu da Cidade – Das Stadtmuseum erzählt die Geschichte Lissabons in einem sehenswerten Palast aus dem 18. Jh. nach.

G Museu Rafael Bordalo Pinheiro – Das Museum zeigt das Werk des im ausgehenden 19. Jh. erfolgreichen Künstlers und Karikaturisten Rafael Bordalo Pinheiro.

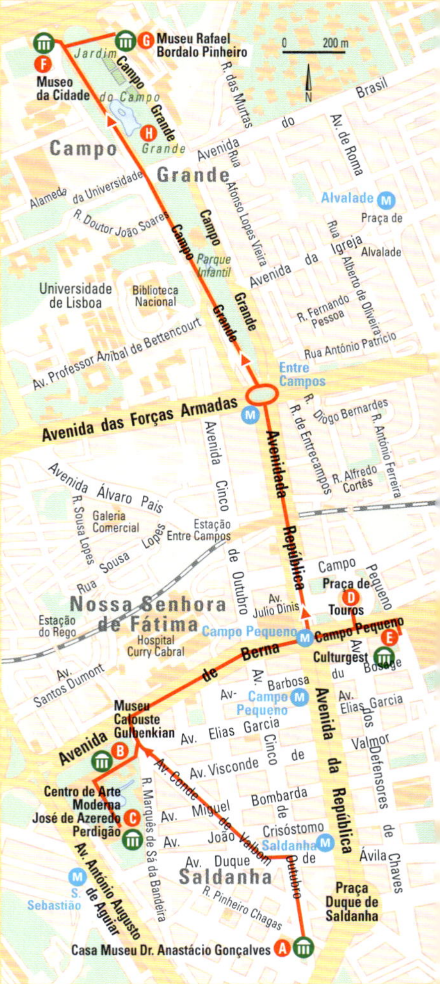

H Jardim do Campo Grande – Innerhalb des großen romantischen Parks befinden sich Lokale sowie ein Teich. Früher wurde der lang gestreckte Park als Pferderennbahn genutzt.

AUTORENTIPP!

PAUSE IM PALASTGARTEN
Steht man auf dem Platz, der die neoarabische Stierkampfarena umschließt, sieht man inmitten der hohen Wohnblocks, die ihn umgeben, einen alten Stadtpalast. Der Palácio Galveias an der Avenida João XXI ist ein schönes Beispiel für den Stil eines portugiesischen Adelssitzes. In der Mitte des 17. Jahrhunderts wurde er vom Marquês de Távora in Auftrag gegeben. Seinen Namen hat er allerdings von seinem späteren Eigentümer, dem Grafen Galveias. 1928 hat die Stadt das Anwesen gekauft und eine öffentliche Bibliothek darin eingerichtet. Im Palast, der u-förmig einen gepflasterten Hof umfasst, finden Lesungen und andere Veranstaltungen statt. Ein verstecktes Kleinod ist der Palastgarten. Man betritt ihn über ein Tor in der Avenida Barbosa du Bocage. Einige Gartenmöbel stehen dort verstreut auf dem gepflegten Grün, ideal für eine stille Lesestunde oder eine kurze Pause. Sollte man Verlangen nach einer *bica*, einem Kaffee oder kühlen Getränk haben – im kleinen Garten gibt es sogar einen Kiosk.

Palácio Galveias. Av. João XXI, Tel. 21/780 30 20 (Bibliothek), Metro: Campo Pequeno

Fliesenschild am Palácio

Im Rego-Viertel

spazieren. Hier erwarten den Besucher auch zwei sehenswerte Museen. Die lang gestreckte Form des Parks erinnert noch an die Zeiten, als hier Pferderennen ausgetragen wurden. Das war im frühen 19. Jahrhundert, in der Zeit, als der Jardim sein romantisches Gesicht bekam.

Am nördlichen Ende lohnt der Besuch des Museu da Cidade. Das Stadtmuseum ist in einem herrschaftlichen Palast untergebracht, der Mitte des 18. Jahrhunderts in der damals noch unbebauten Landschaft stand. Der Rundgang führt anhand von Funden, Karten, Stichen und Gemälden durch die Geschichte der Stadt. Dabei fallen die vielen Stadtpanoramen auf und ein Modell Lissabons. Neben der Ausstellung ist auch das Haus einschließlich seiner original erhaltenen Küche sehenswert.

Ebenfalls am Campo Grande befindet sich das Monografische Museum, das dem Künstler und Karikaturisten Rafael Bordalo Pinheiro (1846–1905) gewidmet ist. Das Museumshaus ist dem Dichter und Mäzen Ernesto de Santa Cruz Magalhães zu verdanken, der eine umfangreiche Sammlung dieses Chronisten des Lissabonner Lebens besaß.

Infos und Adressen

SEHENSWÜRDIGKEITEN

Casa-Museu Dr. Anastácio Gonçalves. Di 14–18, Mi–So 10–18 Uhr, Av. 5 de Outubro 6–8, Tel. 21/354 08 23, www.imc-ip.pt, Metro: Picoas

Museu Calouste Gulbenkian. Di–So 10–17.45 Uhr, Av. de Berna 45A, Tel. 21/782 30 00, www.museu.gulbenkian.pt, Metro: São Sebastião oder Praça de Espanha

Centro de Arte Moderna José de Azeredo Perdigão (wie Museu Calouste Gulbenkian).

Culturgest. Mo, Mi–Fr 11–19, So 14–20 Uhr, Av. João XXI, Caixa Geral de Depósitos Edificio 7, Eintritt frei, Tel. 21/790 51 55, www.culturgest.pt, Metro: Campo Pequeno

Museu da Cidade. Di–So 10–13 und 14–18 Uhr, Campo Grande 245, Tel. 21/751 32 00, www.museudacidade.pt, Metro: Campo Grande

Die Saldahna ist eine begehrte Wohngegend.

Buntglasfenster in der Casa Museu Dr. Gonçalves

Museu Rafael Bordalo Pinheiro. Di–Sa 10–18 Uhr, Campo Grande 382, Tel. 21/817 06 67, www.museubordalopinheiro.pt, Metro: Campo Grande

ESSEN UND TRINKEN

Empadaria do Chef. José Avillez ist ein junger Sternekoch, der Fast-Food und gute lokale Küche zusammenbringt. Leckere Suppen und Empadas, gefüllte Teigteilchen. Tgl. 10–23 Uhr, Centro Comercial do Campo Pequeno, Tel. 21/380 31 10, www.empadariadochef.com, Metro: Campo Pequeno

ÜBERNACHTEN

Fontana Park. Das schicke Designhotel versteckt sich hinter einer Fassade aus dem frühen 20. Jh. Viel Weiß und Schwarz, Glas und indirektes Licht. DZ ca. 180 €. Deutlich günstigere Promotionspreise möglich. Rua Eng. Vieira da Silva 2, Tel. 21/357 62 12, www.fontanaparkhotel.com

EINKAUFEN

Centro Comercial Campo Pequeno. Ein eher praktisches denn schönes Einkaufszentrum. Trotzdem, sucht man etwas Bestimmtes, wird man es hier womöglich finden. Praça de Touros do Campo Pequeno, www.campopequeno.com

Der menschliche Körper als Ideal – römischer Torso von Pothos aus dem 1. Jh. v. Chr.

30 Fundaçao Gulbenkian

4000 Jahre Kunst

Das Museum der Gulbenkian-Stiftung besitzt eine einzigartige Sammlung. Von 4000 Jahre alten ägyptischen Statuetten über orientalische Teppiche und Kunsthandwerk bis zur Malerei des frühen 20. Jahrhunderts spannt sich ein Bogen menschlichen Kulturschaffens. Die moderne, zeitgenössische Kunst wird im Centro de Arte Moderna José de Azeredo Perdigão gezeigt. Zur Anlage gehört auch ein lauschiger Garten mit Freilichtbühne.

Die Stiftung des armenisch-britischen Geschäftsmanns Calouste Sarkis Gulbenkian (1869–1955) befindet sich auf einem großzügigen, etwa sieben Hektar großen Gelände. Sie umfasst zwei Museen, ein Auditorium, eine Freilichtbühne, eine umfangreiche Fachbibliothek und einen schönen, parkähnlichen Garten zwischen den beiden Museumsgebäuden. Während das architektonisch interessantere Centro de Arte Moderna José de Azeredo Perdigão (CAM), das der modernen, vor allem portugiesischen Kunst vorbehalten ist, 1983 eröffnet wurde, geht die Gründung des Gulbekian-Museums auf das Jahr 1969 zurück.

Calouste Gulbenkian

Der Kunstsammler Calouste Sarkis Gulbenkian wurde 1869 im heutigen Istanbul geboren. Nach einem Ingenieursstudium in Marseille und London kam er durch seine Arbeit als Privatsekretär eines armenischen Ölmillionärs in Kontakt mit russischen Unternehmern, die er in London vertrat. Als Verhandler und Berater der Ölindustrie wuchs sein Vermögen beständig. Lukrative Verträge bei der

Der Eingang zum Museum

Erschließung neuer Ölfelder oder der Gründung neuer Gesellschaften festigten seine Rolle und ermöglichten ihm, seine Leidenschaft als Kunstsammler auszuleben. 1942 gelang es ihm, sich mit seiner Sammlung aus dem von den Nazis besetzten Paris ins neutrale Portugal abzusetzen, wo er sich bis zu seinem Tod 1955 meist aufhielt. Wie er testamentarisch verfügt hatte, wurde seine Privatsammlung der von ihm gegründeten Stiftung vermacht.

Rundgang

Die 17 Säle der ständigen Ausstellung sind weitgehend chronologisch aufgebaut. Folglich begegnen dem Besucher in Saal 1 die ältesten Exponate. Der aus Obsidian gefertigte Kopf, der Teil einer Ganzkörperskulptur war, stellt den Pharao Sesostris III. dar und stammt aus dem 2. Jahrtausend v. Chr. Einige Hundert Jahre jünger ist die Frauenstatuette der Hohepriesterin Henut-taui aus Holz.

In den nächsten Räumen durchwandert man sozusagen die Zeit der griechisch-römischen Antike. Neben einem großen Alabasterrelief aus dem einstigen assyrischen Reich in Mesopotamien gibt es hier auch eine umfangreiche antike Münzsammlung.

AUTORENTIPP!

SÜSSES GEBÄCK UND ARTDÉCO

Es ist wohl ein Glück für dieses altehrwürdige Kaffeehaus, dass es abseits ausgetretener Pfade liegt. Nun ist man ja selbst auch Tourist, doch wenn man nur unter seinesgleichen sitzen würde, könnte man auch zu Hause bleiben. Im Café Versailles, das 1922 nach dem Vorbild eines Pariser Caféhauses eröffnet wurde, trifft sich ein breites, bürgerliches Publikum. Ein Querschnitt des Viertels sozusagen. Am Interieur hat sich in den letzten 100 Jahren kaum etwas verändert. Große Spiegel, ein endloser Tresen mit Torten und Gebäck und dahinter die Riege der Kellner und Verkäufer in einwandfreier schwarz-weißer Arbeitskleidung geben einem das gute Gefühl, am richtigen Ort zu sein. Eine süße Spezialität des Hauses sind die *Indianos*, ein cremig-köstliches Biskuitteil mit Schokoladen- oder Kaffeefüllung. Wie in Lissabon üblich, finden auch Tee-Liebhaber eine breite Auswahl.

Café Versailles. Av. da República 15a, tgl. 7.30–22 Uhr, Tel. 21/354 63 40, Metro: Saldanha

AUTORENTIPP!

AM ENGLISCHEN HOF

El Corte Inglés, der »englische Hof«, hat nichts mit England oder gar dem dortigen Königshaus zu tun. In Madrid und Barcelona sind die Kaufhäuser mit dem grünen Dreieck allgegenwärtig. Tatsächlich ging die spanische Kette aus einem kleinen Krämerladen in Madrid hervor. Die einzige Filiale in Lissabon liegt seitlich des Parque Edouardo VII und in der Nähe der Gulbenkian-Stiftung. Weshalb es hier genannt wird, liegt aber nicht an seinem breiten Sortiment, das durchaus beträchtlich ist und sich auf über zehn Etagen verteilt. Art und Charakter des Hauses kennt man in Deutschland von Kaufhof oder Karstadt. Im Untergeschoss erwartet den Kunden ein sehr gut sortierter Supermarkt. Dort findet man ein großes Angebot an portugiesischen Weinen, an lokalen und internationalen Spezialitäten, eine Käse- und Fleischtheke und manches mehr, was man entweder mit nach Hause nehmen möchte oder für ein Abendessen in der Ferienwohnung braucht.

El Corte Inglés. Mo–Do 10–22, Fr, Sa 10–22.30, So 10–20 Uhr, Avenida António Augusto de Aguilar 31, www.elcorteingles.pt, Metro: São Sebastião

Im Museum Gulbenkian

Der sich anschließende größere Raum ist der islamischen und armenischen Kunst gewidmet, die hier mit einigen sehr schönen Stücken vertreten ist. Bemalte Tonschalen oder ein Mihrab aus dem Persien des 13. Jahrhunderts sind zu sehen oder ein mit bunten Vögeln bemaltes Glasgefäß aus dem 14. Jahrhundert. Kostbare Teppiche, illuminierte Manuskripte aus Persien und dem Osmanischen Reich sind auch ohne Vorkenntnisse ein schöner Anblick. Aus der ehemaligen Heimat des Sammlers, aus Istanbul, stammt auch eine illuminierte Bibel aus dem Jahr 1623. Sie wurde für eine armenische Gemeinde im damaligen Konstantinopel gefertigt. Typisch für ein Museum in Lissabon, so besitzt auch dieses eine, wenn auch kleinere Sammlung an fernöstlichen Kunstwerken, wie einem chinesischen Jadebecher aus dem 18. Jahrhundert und Porzellan.

Europäische Kunst

In den abendländisch-europäischen Kulturkreis kommt man ab Saal 7. Ein fein gearbeitetes Elfenbeinrelief aus dem 10. Jahrhundert mit dem Gekreuzigten, der von der Jungfrau Maria und Johannes flankiert wird, zeigt, welche Religion nun vorherrschend sein wird. Fast sinnlich schön ist eine Mutter-Kind-Skulptur, die Jean de Liège zugeschrieben wird und im ausgehenden 14. Jahrhundert entstand. Die Sammlung führt den Besucher ganz ohne akademischen Touch in einen anregenden Diskurs der Farben und Formen, der Themen und Strömungen durch die Jahrhunderte. Von Stefan Lochner begeistert die *Stigmatisierung des hl. Franziskus* (um 1445), während man Dierick Bouts *Verkündigung* (1465–70) endlich im Original betrachten kann.

Die italienische Renaissance ist mit dem *Bildnis einer jungen Frau* (1480) von Domenico Ghirlandaio vertreten. Aus Flandern und den Niederlanden sind kostbare Wandteppiche sowie Arbeiten von Peter Paul Rubens, Anton van Dyck und Jacob van Ruisdael zu sehen. Zwei Bildnisse von Rembrandt laden zu Spekulationen ein, wer denn darauf dargestellt sein könnte und wie meisterlich der Holländer den Pinsel führte.

Überraschend wirkt innerhalb des Ausstellungskontextes der Raum mit französischem Kunsthandwerk des 18. Jahrhunderts. Die kostbaren Uhren, Schränke und Tischwaren, die zum Teil aus der Privatwohnung des Sammlers stammen oder aus dem Besitz von Marie Antoinette, möchte man sich gern in einer konkreten Raumsituation vorstellen. Andererseits führen sie so gut in die höfisch geprägte Malerei des französischen Barock und Rokoko ein. In Jean-Honoré Fragonards *Fest in Rambouillet* (1770) ahnt man schon, wie die Natur in der Malerei zum eigenständigen Thema wird. Dramatisch schildert William Turner 1810 den Untergang eines Schiffes in wilder See. Immer wieder ein Vergnügen ist es, die Gemälde der Künstler zu sehen, die im französischen Barbizon unter freiem Himmel malten und den Impressionismus vorbereiteten. Charles-François Daubigny ist mit einigen Landschaftsansichten zu sehen, ebenso Camille Corot mit *Die Brücke von Mantes* (1868–1870).

Oben: Die »Diana« von Jean-Antoine Houdon aus dem Jahr 1780
Unten: Diese ägyptische Vase wurde vor mehr als 600 Jahren gefertigt.

Oben: Das Porträt aus der Hand von Anton van Dyck entstand um 1625.
Mitte: Sonnenkönig mit Lockenpracht – Frankreichs König Ludwig der XIV.
Unten: Frische Farben und ein volkstümliches Sujet – französische Pleinair-Malerei des 19. Jhs.

Etwa zeitgleich entstand das Porträt mit Seifenblasen von Édouard Manet. Gulbenkian, der lange in Paris gelebt hat, beweist seinen Geschmack auch mit weiteren schönen Stücken des französischen Impressionismus. Mit Arbeiten von Pierre-Auguste Renoir und Claude Monet und einer Marmorskulptur von Auguste Rodin kommt man zum Ende der Kunstsammlung.

Sammlung Lalique

Zum Abschluss des Rundgangs gelangt man in die Räume, in denen die extravaganten Jugendstilkreationen gezeigt werden. Sie wurden von dem Juwelier René Lalique (1860–1945) gefertigt, mit dem Gulbenkian befreundet war. Broschen, Vasen, Ketten und andere Preziosen spielen zum Teil mit den poetischen Tiermotiven wie Pfau- oder Libellenformen.

Zentrum für moderne Kunst

Durch einen schönen Park mit Teichen und vielen stillen Ecken gelangt man zum Centro de Arte Moderna José de Azeredo Perdigão. Das Kunstzentrum gehört ebenfalls zur Gulbenkian-Stiftung und ist in einem sehenswerten Gebäude von John Leslie Martin untergebracht, das geschickt den Park mit schönen Ausblicken in die Architektur integriert. Zu sehen sind Arbeiten portugiesischer und internationaler Künstler des 20. und 21. Jahrhunderts, die in temporären Ausstellungen präsentiert werden. Eines der Hauptwerke der Sammlung ist das Pessoa-Porträt (1964) von José de Alfredo Negreiros. Überhaupt ist das CAM eines, vielleicht das beste Museum, um die jüngere portugiesische Kunst kennenzulernen. Mário Eloy, Amadeo de Souza-Cardoso, Paula Rego, Carlos Botelho sind einige der bekannteren Künstler des 20. Jahrhunderts, deren Werke hier zu sehen sind.

Infos und Adressen

SEHENSWÜRDIGKEITEN

Museu Calouste Gulbenkian. Di–So 10–17.45 Uhr, Av. de Berna 45A, Tel. 21/782 30 00, www.museu.gulbenkian.pt, Metro: São Sebastião oder Praça de Espanha

Centro de Arte Moderna José de Azeredo Perdigão (wie Museu Calouste Gulbenkian)

ESSEN UND TRINKEN

Cafeteria do CAM. Im Gulbekian-Museum sowie im Kunstzentrum gibt es natürlich auch nette Cafeterien, wo man günstig zu Mittag essen kann. Kleiner und netter ist die Cafeteria des Centro do Arte Moderna. Di–So 10–17.30 Uhr, Rua Nicolau Bettencourt, Tel. 21/782 27 51

La Finestra. Im italienischen Restaurant gibt es leckere Pizzas. Tgl. 12–15.30 und 19–1 Uhr, Av. Conde de Valbom 52, Tel. 21/761 35 80, www.lafinestra.pt, Metro: Saldanha

Rei do Bacalhau. Das 80er-Jahre-Entrée lässt einen zögern. Beim »König des Stockfischs« geht es aber nicht ums Design, sondern um *bacalhau*. Der kommt in zahllosen Varianten auf den Tisch. Tgl. 12–16 und 19–23 Uhr, Av. Conde Valbom 71 a,

Gebäck im *Café Versailles*

Tel. 21/796 02 60, www.restaurantelaurentina.com

ÜBERNACHTEN

Hotel Italia. In einem schönen Jugendstilstadthaus in der Nähe des Museums ist das saubere, aber praktisch nüchtern eingerichtete Hotel. Dafür sind die 44 Zimmer für rund 50 € wirklich preiswert. Av. Visconde Valmor 67, Tel. 21/761 14 90, www.hotelitalia.pt, Metro: Saldanha

Pousada da Juventude de Lisboa. Von den Jugendherbergen der Stadt liegt diese am günstigsten. Im Mehrbettzimmer kostet die Nacht ab 14, im DZ mit eigenem Bad 40–44 €. Rua Andrade Corvo 46, Tel. 21/353 26 96, http://microsites.juventude.gov.pt. Metro: Picoas

Filiale der spanischen Kaufhauskette *El Corte Inglés* in Lissabon

Oben: Der Palast wurde im 17. Jh. als Jagdschloss außerhalb der Stadt erbaut.
Unten: Der Fronteira-Palast ist noch immer in Privatbesitz; hier der Speiseraum mit originaler Ausstattung.

31 Palácio dos Marquêses de Fronteira

Ein Garten-Palast mit Geschichte

Der herrschaftliche Palast mit seiner originalen Ausgestaltung und Einrichtung aus dem 17. bis 19. Jahrhundert lässt den Besucher ahnen, wie der portugiesische Adel gelebt hat und zum Teil heute noch lebt. Mindestens so sehenswert wie die Gebäude ist die verwunschene Gartenanlage mit französischen Elementen des Barock und romantischen Bereichen.

Wäre der Palast am nördlichen Hang des Monsanto-Parks nur nicht so schwer zu erreichen! Wer sich für Parks und Paläste interessiert, sollte den Ausflug nach Benfica also gut planen, damit man nicht enttäuscht wird. Den Fußweg von der Metrostation Jardim Zoológico aus zu finden, ist nicht ganz einfach, und der Bus, der direkt am Palast vorbeifährt, tut dies leider nur selten. Hinzu kommt, dass der Palácio de Fronteira in Privatbesitz ist und von einer Stiftung verwaltet wird, die die Räumlichkeiten gelegentlich für Events vermietet. Wenn man Pech hat, steht man also vor verschlossenen Türen oder kann nur oder immerhin den Garten besichtigen.

Über einen Vorplatz betritt man den Palast, der im 17. Jahrhundert von João de Mascarenhas als Jagdschloss in Auftrag gegeben und während des Erdbebens von 1755 nicht beschädigt wurde. Mascarenhas hatte sich im Unabhängigkeitskrieg gegen die Kastilier ab 1640 ausgezeichnet und wurde vom Königshaus in den Rang eines Markgrafen erhoben. Die ruhmreichen Schlachten des Marquis und wie Portugal wieder seine Souveränität erlangte, zeigen Wandgemälde aus Azulejos im großen Saal der Schlachten, dem Sala dos Batalhas. Für die Entwicklung der Azulejo-Kunst interessant sind die ersten Versuche, das Weiß-Blau der Fliesen mit anderen farbigen Akzenten zu erweitern. So sieht man etwa Kanonen, aus deren Mündung gelb-orange Flammen schießen, und Dom Fernando de Mascarenhas, der erste Conde de Torre, der aber noch kein Marquis war, mit grünem Federbusch auf dem Helm. Der Restaurationskrieg zog sich bis 1668 hin und wurde mit dem Frieden von Lissabon besiegelt. Nachfahren der Familie leben noch immer im Haus; in einem Gebäudeflügel, der nicht öffentlich zugänglich ist. Vom Sala dos Batalhas gelangt man bei der Führung durch den Palast in weitere Räumlichkeiten, in denen das 17. bis 19. Jahrhundert unverändert gegenwärtig ist. Von der Loggia, die als Bibliothek genutzt wird und mit alten Folianten, Foto- grafien der königlichen Familie und einem alten Globus ausgestattet ist, betritt man den Speisesaal und zwei weitere Salons. Beide wirken weniger museal als privat und sind mit sehenswerten Möbeln, Gemälden, Tischware der Zeit ausgestattet.

Das seinerzeit idyllisch gelegene Schloss wurde von Schriftstellern und Botschaftern besucht und war eingebunden in die höfischen Abläufe Portugals. Das kunstsinnige Verständnis seiner Bewohner zeigt sich auch im reichen Azulejo-Schmuck der oberen Terrasse. Dort sind nicht nur die Künste in allegorischen Figurenbildern dargestellt, auch Affen und andere tierische Wesen sind auf den Wänden versammelt und zeigen ein fast karikaturhaftes Bild der damaligen Gesellschaft. Von der Terrasse aus erreicht man auch die Hauskapelle und den Garten. Von leuchtend blauen Mauern gefasst und mit exotischen Bäumen begrünt zeigt sich ein romantischer Bereich mit Teich und künstlicher Grotte. Die Anlage vor der Loggia ist geometrisch angeordnet und wird von Springbrunnen und Skulpturen aufgelockert.

Infos und Adressen

SEHENSWÜRDIGKEITEN

Palácio de los Marquêses de Fronteira. Mo–Sa 10.30, 11, 11.30 und 12, Okt.–Mai Mo–Sa 11 und 12 Uhr, Largo de São Domingos de Benfica 1, geführte Besichtigung Juni–Sept. Tel. 21/778 20 23, www.fronteira-alorna.pt. Metro: Jardim Zoológico

ESSEN UND TRINKEN

In der direkten Umgebung des Palácio gibt es keine Lokale. Mehrere Restaurant- und Fast-Food-Ketten finden sich im Centro Comercial Colombo, eine Metrostation weiter (siehe »Einkaufen«). Fährt man von der Stadt aus gesehen zwei Stationen weiter, kann man auch im Stadtteil Carnide und seinem fast dörflich wirkenden Zentrum fündig werden.

O Coreto de Carnide. Das sympathische kleine Restaurant liegt im Ortskern von Carnide. Die klassische portugiesische Küche ist durchaus anspruchsvoll. So stammt das Fleisch etwa – zumindest wird dies versichert – nicht aus Massentierhaltung. Rua Neves da Costa 57, Tel. 21/715 23 72, www.coretodecarnide.com, Metro: Carnide

EINKAUFEN

Centro Comercial Colombo. Das riesige Einkaufszentrum beherbergt mehr als 400 Geschäfte. Hier kann man zur Not also auch einen ganzen, womöglich verregneten Tag verbringen. Supermarkt, Modeshops, Schuhe, Presse, Friseursalons, Schmuck, Spielwaren – eigentlich gibt es alles. Natürlich auch Cafés und Lokale. Avenida Lusíada, www.colombo.pt, Metro: Colégio Militar

Oben: Das Azulejo-Museum nutzt die an sich schon sehenswerte Anlage eines Klosters für seine Ausstellungen, das ab dem 16. Jh. erbaut wurde.
Unten: Ein *Putto* gehörte im 18. Jh. einfach dazu.

32 Museu Nacional do Azulejo

Kobaltblau und Kupfergrün

1509 gründete Königin Leonor den Convento da Madre de Deus. Das Renaissancekloster und seine Kirche wurden bis ins 18. Jahrhundert mit prächtigen Azulejos ausgeschmückt. Die Anlage im Osten des Bahnhofs Santa Apolónia ist der geeignete Rahmen, um die Kunst der Azulejos zu präsentieren. Von der Einführung im frühen Mittelalter durch die Mauren bis zur Gegenwart wird die Kunst mit einzigartigen Beispielen nachgezeichnet.

Das Museu Nacional do Azulejo (MNAz) gehört zu den Häusern, die man ohne Zeitdruck betreten sollte. Die Fülle der Exponate und die Schönheit der Anlage lässt man gern auf sich wirken, zumal es in ganz Portugal und wohl auch in keinem anderen Land ein vergleichbares Museum gibt, in dem die Kunst der Azulejos ähnlich vollständig behandelt wird.

Kirche Mare de Deus und Rundgang

Die Ausstellungsräume gruppieren sich um zwei doppelstöckige Renaissancekreuzgänge. Diese wie auch die Klosterkirche wären auch einen eigenen Besuch wert. Besonders die Kirche Madre de Deus begeistert mit einer prachtvollen barocken Ausgestaltung. Das warm glänzende Gold der Holzarbeiten, etwa am Altar, an Rahmungen und Säulen wird durch die kühlen blau-weißen Kachelbilder, mit denen der untere Teil des Hauptschiffs ausgeschmückt ist, gebrochen. Ehe man in die eigentliche Kirche tritt, durchquert man einen Raum, der zur alten Kirche aus dem 16. Jahrhundert gehört und ebenfalls mit Kachelbildern ausgestattet ist. Besonders sehenswert ist hier das mehrfarbige Altarbild aus Azulejos: *Nossa Senhora da Vida*, das um 1580 entstand.

Beim Rundgang durch die insgesamt drei Ebenen des Museums lässt sich die Entwicklung der Kachelkunst in Portugal gut verfolgen. Die ältesten Beispiele sind maurische Kacheln und solche des 15. Jahrhunderts. Lange verweilen kann man vor einem 23 Meter breiten Kachelpanorama, das 1700 entstand. Es zeigt Lissabon vom Tejo aus und das, was heute interessant ist, bevor das große Erdbeben 50 Jahre später weite Teile der Stadt verwüstete.

Die Geschichte der Azulejos

Der Name Azulejo kommt aus dem Arabischen. Al Zulaij bedeutet so viel wie »kleiner polierter Stein«. Er bezeichnet meist quadratische, bunt bemalte und glasifizierte Keramikfliesen, die sich entweder zu ganzen Wandgemälden fügen oder zu ornamentalen Dekorationen. Ursprünglich kommt die Kunst aus dem persischen Raum. Mit den Mauren, die im 8. Jahrhundert die Iberische Halbinsel überrannten und es zu einer bis dahin nicht gekannten Blüte im Handwerk, in der Medizin und in den Wissenschaften brachten, kamen auch die bunten Fliesen nach Europa, wo das Handwerk im Mittelalter vor allem in Andalusien weiterentwickelt wurde.

Bis zur Erfindung der Majolika-Technik im 16. Jahrhundert lag die Schwierigkeit darin, dass die einzelnen Farben nicht ineinander verlaufen. So wurden etwa eingefettete Bänder in zuvor eingeritzte Vertiefungen gelegt. Neben dieser Corda-Seca genannten Technik kennt die Geschichte der

AUTORENTIPP!

BESUCH IN DER KACHEL-MANUFAKTUR

Die Azulejo-Kunst begleitet die Geschichte Portugals bis heute. Während sich immer wieder auch zeitgenössische Künstler mit den Möglichkeiten bemalter Tontafeln auseinandergesetzt haben, sind die klassischen Motive und Muster, die in den vergangenen Jahrhunderten entwickelt wurden, nach wie vor präsent. Dies trifft im besonderen Maß auf die Fábrica de Faianças e Azulejos Sant Anna zu, jener Azulejo- und Keramik-Manufaktur, die auf eine fast 300-jährige Geschichte zurückblicken kann. Im Stadtteil Belém befinden sich die Werkstätten der Manufaktur, die man besuchen kann. Dort lässt sich verfolgen, wie die Tonmasse angerührt wird, die Formen getöpfert oder gepresst und die Rohlinge von Hand bemalt werden, ehe sie durch den Brand ihr letztes Finish erhalten. Auf dem Werksgelände gibt es auch einen Verkaufsraum.

Fábrica de Faianças e Azulejos Sant'Anna. Mo–Fr 9.30–12.30 und 13.30–18 Uhr, Calçada da Boa Hora 96, www.santanna.com, Tram: 15, 18

Oben: Die kunstvoll ausgestattete Klosterkirche Madre de Deus
Unten: Das Museum vermittelt die Entwicklung der Azulejo-Kunst über die Jahrhunderte.

Azulejo-Herstellung noch die Aresta-Methode, wo der Ton reliefartig geformt wird, sodass Mulden entstehen. Diese können dann getrennt voneinander, ohne dass die Farben ineinander laufen würden, koloriert werden. Einen großen Sprung machte die Azulejo-Kunst durch die in Italien entwickelte Majolika-Technik, die über Flandern und Spanien wiederum Portugal erreicht. Dabei wird die Scherbe vorgebrannt und in einer Zinnglasur gebadet. Auf dem so behandelten Untergrund können Metalloxid-Farben mit dem Pinsel genauso wie auf einem Blatt Papier oder einer Leinwand aufgetragen werden. Durch die speziellen Farben, die sogenannten Scharfbrandfarben, erklärt sich das typische Kolorit der Azulejos: Kobaltblau, Kupfergrün, Manganbraun, Antimongelb und Eisenrot-Orange. Mit der neuen Technik öffneten sich vielfältige Möglichkeiten in der Architektur, die in Portugal begeistert aufgenommen wurden. Mit Azulejos wurden nicht nur Kirchen, Klöster und Paläste großflächig verkleidet. Wie in der Kunst der Wandteppiche entwickelte sich im Barock eine neue Mode, die großflächige Fliesenbilder mit Blumenbouquets, historische Szenerien, Genreszenen, architektonische Trompe l'Œils und vieles mehr darstellen können.

Die Verbindung von Malerei und Ornament mit dem Festen, Dauerhaften und Glänzenden der gebrannten Tonscherben erzeugt eine zauberhafte Illusion. Die Faszination der Portugiesen für das großflächige Keramiktableau reicht vom 15. Jahrhundert bis in die Gegenwart. Davon kann man sich nicht nur im Azulejo-Museum überzeugen, sondern auch in der Stadt, etwa in vielen Metrostationen Lissabons. Die Kunstgeschichte des Landes von der manuelinischen Kunst über das Barock, den Manierismus, Historismus, den Jugendstil bis zur Moderne ist sozusagen in Ton gebrannt.

Infos und Adressen

SEHENSWÜRDIGKEITEN

Museu Nacional do Azulejo. Di–So 10–18 Uhr, Rua da Madre de Deus 4, http://mnazulejo.imc-ip.pt, Metro: Santa Apolónia (danach noch 20 Min. zu Fuß oder Bus 718, 742, 794)

ESSEN UND TRINKEN

Restaurante/Cafeteria MNAz. Nicht nur, weil es in der direkten Nachbarschaft des Museums keine Alternativen gibt – die Cafeteria des Museums ist so angenehm, dass man das Haus gar nicht zu verlassen braucht, sollte der Magen knurren. Im mit Azulejos ausgeschmückten Speiseraum oder dem begrünten Patio kann man einen kleinen Snack zu sich nehmen oder die Spezialität der Küche genießen: Stockfisch mit Pinienkernen und Rosinen. Adresse und Öffnungszeiten wie beim Museum

EINKAUFEN

Azulejos. In den Souvenirgeschäften der Baixa sieht man die bunt bemalten Kacheln, doch diesen – wer weiß schon wie und wo gefertigten Fliesen – fehlen Patina und Schönheit. Wer sich für echte historische Azulejos interessiert, ist in Lissabon am richtigen Platz. Man findet sie unter anderem auf dem Flohmarkt Feira da Ladra, dienstags und samstags im Alfama-Viertel auf dem Campo de Santa Clara sowie in den Antiquitäten-Geschäften in der Rua Dom Pedro V im Bairro Alto und der Rua de São Bento im Rato-Viertel.

Fliesendekor aus dem 17. Jh.

ÜBERNACHTEN

Way to stay. Vom kleinen Studio bis zur 5-Zimmer-Wohnung, knapp 500 Adressen können über die Agentur in Lissabon gemietet werden. Die Preise beginnen bei 45 € pro Nacht. Keine Extrakosten für Reinigung, Strom o. ä., Tel. in Deutschland: 030/31 87 94 22, www.waytostay.com

Das Museumsrestaurant mit begrüntem Patio

Oben: Zum Masterplan für die Expo 98 gehörte auch der Bau einer weiteren Tejo-Brücke, die Ponte Vasco da Gama im Osten der Stadt. **Unten:** Der Pavilhão Atlântico ist die größte Veranstaltungshalle der Stadt.

33 Parque das Nações

Zurück in die Zukunft

Aus dem ehemaligen Gelände der Expo 98 ist ein moderner Stadtteil geworden. Spannende Architektur, ein großes Einkaufszentrum, ein Wissenschaftsmuseum und ein Meeresaquarium locken im Osten der Stadt. Das weite Areal am Tejo sollte man bei gutem Wetter erkunden und sich Zeit lassen zum Spazieren gehen, Radfahren – oder um mit der Gondelbahn zwischen Wasser und Land und Himmel und Erde zu schweben.

Es lässt sich nur schwer vorstellen, welches Bild sich Anfang der 1990er-Jahre im Osten der Stadt an den Ufern des Tejo bot. Ausgediente Hafenanlagen, eine stillgelegte Chemiefabrik, eine alte Ölraffinerie und andere Hinterlassenschaften versperrten nicht nur den Zugang zum Fluss, der hier breit wie ein See ist, sie waren auch ökologische Zeitbomben.

Heute trifft man auf architektonische Errungenschaften neueren Datums. Im Sommer 1998 wur-

MAL EHRLICH

AUF DEM ABSTELLGLEIS

Eigentlich sollte sie bereits 2013 stehen, die Schnellfahrstrecke zwischen Lissabon und Madrid – ebenso wie die Trassen in den Norden und den Süden. Doch dann kam die Krise. Geld oder Baustopp, hieß es aus Brüssel. Ob das klug ist? – Man weiß es nicht. Bis auf Weiteres gibt es also nur den Nachtzug aus Madrid. Immerhin bleibt so genügend Zeit, um sich während der neunstündigen Fahrt mit Pascal Merciers *Nachtzug nach Lissabon* einzustimmen.

de hier eine Weltausstellung gefeiert. Lissabon und der Rest des Landes zeigten der Welt, wie fortschrittlich und sogar nachhaltig Portugal sein kann, wenn denn genügend Geld zur Verfügung steht. Auf einem Kernareal von rund 70 Hektar und einem Masterplan, der sich auf insgesamt 330 Hektar erstreckte, entstand ein komplett neuer Stadtteil.

Finanziell war die Expo 98 – wie andere Veranstaltungen dieser Art auch – ein Verlustgeschäft. Zehn statt 15 Millionen Besucher strömten in die Metropole am Tejo, und die aufwendigen Bauten hinterließen ein Schuldenloch von mehreren 100 Millionen Euro. Gemessen an den Kostensteigerungen, die heute bei Großprojekten mit einzukalkulieren sind, eine fast überschaubare Summe. Anders als etwa bei den Expos in Sevilla (1992) und Hannover (2000) wurde in Lissabon der Parque das Nações, der Park der Nationen, in ein urbanistisches Konzept integriert, von dem die Stadt profitieren konnte und das kein un- oder teilgenutztes Areal am Stadtrand hinterließ.

Aus dem Expogelände ist ein belebter Stadtteil geworden. Rund 10 000 Wohnungen und ebenso viele Arbeitsplätze sind entstanden. Immerhin 15 000 Einwohner hat der Stadtteil Parque das Nações. Dass es noch nicht die anvisierte Zahl von 25 000 ist, liegt wohl auch an der Wirtschaftskrise, unter der Portugal leidet, und den hohen Preisen, die man für eine der modernen Wohnungen bezahlen muss.

Verantwortlich für die positive Bilanz der Expo 98 sind auch zwei Großprojekte, die die Verkehrsanbindung und Situation Lissabons deutlich verbessert haben. Mit dem Gare do Oriente hat die Stadt einen modernen Bahnhof, der die Innenstadt und den Apolónia-Bahnhof entlastet. Das Gleiche gilt

AUTORENTIPP!

AUF ZWEI ODER VIER RÄDERN

Vom Sporthafen im Westen des Parque das Nações bis zum Grün des Parque Tejo kurz vor der 17 km langen Brücke über das Mar da Palha, das sogenannte Strohmeer, sind es gut und gern drei Kilometer. Um das Areal der ehemaligen Expo zu erkunden, muss man also gut zu Fuß sein. Oder man leiht sich ein Fahrrad aus. Dann muss man sich auch nicht beschränken auf den einen oder anderen Pavillon, den Westen oder Osten. Natürlich kann man es auch wie die portugiesischen Familien machen und den Kindern eine Stunde Spaß auf einem Kettcar oder Rad mit Stützrädern gönnen. Die kann man bei Tejobike auch ausleihen.

Tejobike. Leihstation am Pavilhão de Portugal, Apr.–Okt. tgl. 10–20 Uhr, Nov.–März Mo–Fr 12–18, Sa, So 10–18 Uhr
Leihstation Oceanário, Apr.–Okt. tgl. 10–19.30 Uhr, Nov.–März Mo–Fr 12–18, Sa, So 10–18 Uhr
Leihstation Marina, Apr.–Okt. Mo–Fr 14–19.30, Sa, So 10.30–19.30 Uhr, Nov.–März Sa, So 10.30–18 Uhr
Tel. 91/612 98 67, www.tejobike.pt

AUTORENTIPP!

LAND DER ARCHITEKTEN

Portugal hat eine eigene und spannende Architekturgeschichte. Beispiele in Lissabon sind das Hieronymuskloster von Belém im manuelinischen oder die Baixa im pombalinischen Stil. Auch in der Moderne hat das kleine Land im Südwesten Europas seine Spuren hinterlassen. Eines der wegweisenden Gebäude der portugiesischen Moderne ist die Gulbenkian-Stiftung aus den 1960er- und 1980er-Jahren. Über Jahrzehnte geprägt hat Álvaro Siza Vieira (*1933) Portugals Baukunst. In Lissabon ist von ihm etwa der Portugiesische Pavillon auf dem Expogelände zu sehen. Wie Siza Vieira wurde auch Eduardo Souto de Moura (*1952) mit dem Pritzker-Preis ausgezeichnet. Sein Museumsbau für Paula Rego können Besucher in Cascais bewundern. Gleich mehrere Architektur-Highlights finden sich im Parque das Nações: spannende Stadthäuser von Manuel Aires Mateus (*1963), ein Bürogebäude von Alexandre Burmester (*1957) und natürlich der Bahnhof von Santiago Calatrava, der allerdings Spanier ist.

Wie ein Palmenhain – die Dachkonstruktion des Gare do Oriente

für die lang ersehnte zweite Tejobrücke. Bis zur Einweihung der 17 Kilometer langen Ponte Vasco da Gama musste sich der küstennahe Verkehr auf der Nord-Süd-Achse über das Nadelöhr der Ponte 25 de Abril durch Lissabon zwängen.

Gare do Oriente

Wenn man mit der Metro zum Parque das Nações hinausfährt, kommt man zwangsläufig in dieses Kunststück der zeitgenössischen Architektur. Der spanische Architekt und Pritzker-Preisträger Santiago Calatrava hat in seinem typischen Stil den Lissabonnern nicht nur einen praktischen Bahnhof, sondern auch eine echte Sehenswürdigkeit erbaut.

Da der Ostbahnhof auch als Eingangstor zur Expo fungierte, wurde er großzügig geplant und wirkt mit seinem sichelförmigen Entree, das mit seinen Querstreben an die Strahlen einer auf- oder untergehenden Sonne erinnert, entsprechend imposant. Die Gleisebene liegt über dem Straßenniveau. Über ihr spannt sich eine filigran wirkende Dachkonstruktion, die an einen stilisierten Palmenhain denken lässt. Vom Bahnhof aus verkehren Züge in den Norden in Richtung Porto und Guimarães, in den Süden in Richtung Algarve und nach Spanien. Außerdem fahren Regionalbahnen und die Metro vom Gare do Oriente.

Auf dem Expogelände

Nachdem man den Bahnhof verlassen hat, läuft man sozusagen direkt in die Arme des Einkaufszentrums Vasco da Gama. Wer erst einmal drin ist, kommt so schnell nicht wieder heraus. Oder doch? Nach der kurzen oder längeren Durchquerung gelangt man jedenfalls auf das eigentliche, ehemalige Expogelände. Das ist, wie man sehen wird, ein beliebter Ausflugsort für die Hauptstädter. Für das weitläufige Areal bietet sich ein Fahrrad an. Wer möchte, findet einen Verleih in der Nähe (siehe Autorentipp). Geradeaus grüßt die Skulptur *Sol* von Jorge Vieira den Besucher. Das riesige Objekt aus angerostetem Eisen ist laut Angaben des Künstlers eine Hommage an die Sonne. In gewisser Weise erinnert sie aber auch an einen Baum oder einen Menschen. Geradeaus blickt man nun über ein lang gestrecktes Wasserbecken in Richtung Tejo. Östlich oder linker Hand davon liegt der Pavilhão Atlântico. Die riesige Veranstaltungshalle fasst 20 000 Besucher und wurde vom portugiesischen Architekten Regino Cruz für die Expo erbaut. Dieses muschelförmige Kolosseum von Lissabon kann nur während einer Veranstaltung besucht werden.

Bleibt man östlich oder linker Hand der Hauptachse (wenn man in Richtung Tejo schaut), sieht man etwa 500 Meter weiter den Turm Torre Vasco da Gama. So ein Aussichtsturm gehört wie eine Seilbahn zur Grundausstattung einer Expo. Der 142 Meter hohe Turm, in dem sich während der Weltausstellung ein Luxusrestaurant befand, hat buchstäblich Beistand bekommen. Seit 2012 schmiegt sich das Hotel Sana Myriad an den Turm und bildet mit ihm eine architektonische Einheit.

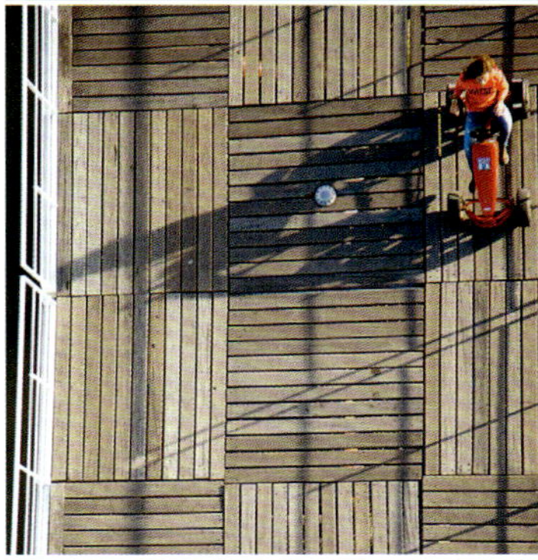

Oben: Wasser ist das wichtigste Gestaltungsmittel im Parque das Nações.
Mitte: Der Blick aus der Gondel
Unten: Am Abend werden Fluss und Himmel zur Bühne.

Oben: Im Pavilhão do Conhecimento ist ein Wissenschaftsmuseum untergebracht.
Mitte: Flanieren am Fluss
Unten: Palmen und Strukturen im modernen Park

Wie das Hotel W von Ricardo Bofill in Barcelona und das bekanntere Burj al Arab in Dubai erinnert es an ein vom Wind aufgeblähtes Segel. Noch ein Stück weiter in Richtung der Brücke Vasco da Gama kommt man in den Parque Tejo. Jogger und Hobbykicker haben ihre Freude an dem grünen Stadtpark, durch den ein Weg in wildem Zickzack verläuft.

Wer nicht mit dem Fahrrad unterwegs ist, kann sich etwas Fußweg sparen und in eine der Gondeln der Telecabine steigen. Darin schwebt man, genau an der Grenze zwischen Fluss und Land, gen Westen, bis zum Meeresaquarium, dem Oceanário. Nicht nur den Kindern macht man damit eine Freude.

Die haben auch im Jardim Garcia d'Orta ihren Spaß, zumindest in jenem Teil, wo sie an Musikspielgeräten Klänge und Geräusche basteln können. Ansonsten ist der Park, der als schmales Band zwischen dem Tejo und der Restaurant- und Barmeile verläuft, geografisch aufgebaut. Goa, Afrika, São Tomé und Brasilien bilden vegetative Einheiten und verweisen einmal mehr auf die koloniale Vergangenheit Portugals. Da es noch nicht erwähnt wurde: Das Motto der Expo 98 hieß *Ozeane – Vermächtnis für die Zukunft.*

An den Flaggenwald mit den 145 Nationen, die seinerzeit bei der Expo dabei waren, grenzt nach Westen hin das rechteckige Hafenbecken der Doca dos Olivais an. An der anderen Stirnseite dieses ruhigen Gewässers spiegelt sich der futuristische Bau des Oceanário (siehe S. 192).

Pavilhão de Portugal

Neben dem Gare do Oriente ist der Pavilhão de Portugal das nächste architektonische Highlight des Parque dos Nações. Als Álvaro Siza Vieira den portugiesischen Pavillon 1998 der Öffentlichkeit präsentierte, staunte man nicht schlecht. Eine derart kühne Dachkonstruktion hatte man bis dahin wohl kaum gesehen, zumindest nicht aus Beton. Das an sich feste Material hängt zwischen zwei Gebäudeteilen, als wäre es elastisch und weich wie ein Textil. 65 Meter lang ist das Betonsegel. Auch wenn es jetzt schon mehr als 15 Jahre gehalten hat, mit dem Wind, der vom Tejo hinüberweht, fliegt einen auch ein kurzer Moment der Angst an: Hoffentlich stürzt es nicht ein, wenn man es unterquert. Im Pavilhão de Portugal ein Architekturmuseum einzurichten, wie es schon seit vielen Jahren geplant ist, wäre ebenso passend wie wichtig. Schließlich nimmt Portugal in der Architektur eine herausragende Stellung ein, und das Haus eines Pritzker-Preisträgers wäre ideal. Leider fehlt auch hier das Geld. Stattdessen werden die Räumlichkeiten für temporäre Ausstellungen zu unterschiedlichen Themen genutzt.

Pavilhão do Conhecimento

Bis zum nächsten Pavillon ist es nicht weit. Der Pavilhão do Conhecimento ist, wie der Name schon sagt, ein Hort des Wissens und der Erkenntnisse. Damit sind in diesem Fall die Naturwissenschaften gemeint, die in dem spannenden Museum spielerisch erlebt werden können. Dem Spieltrieb kann man sich auch im Casino de Lisboa hingeben. Das moderne Haus des Glücksspiels liegt zwischen dem portugiesischen Pavillon und dem Oceanário. Wer hier mit leeren Taschen wieder herauskommt, darf sich trösten. Immerhin hat er geholfen, das Staatsdefizit ein wenig zu senken. Allerlei Wasserspiele und ein Garten mit künstlichem Wasserlauf, der Jardim da Àgua, machen den westlichen Teil des Parque das Nações an heißen Sommertagen zu einem angenehmen Ziel für Familien.

AUTORENTIPP!

SHOPPINGTOUR AUF DEM FLACHEN LAND

Nach eigenen Angaben ist es das größte Outletcenter Europas. Ob es das nun ist oder nicht – Freeport Outlet Alcochete Lisboa, so der Name, ist sehr groß. Auf knapp 50 000 qm Verkaufsfläche sind über 120 Geschäfte und 15 Cafés, Restaurants und Fast-Food-Lokale vereint. Von Adidas bis Versace findet der marken- und preisbewusste Zeitgenosse alles, was das Herz begehrt. Noch immer halten sich Gerüchte, wonach es bei der Zulassung für den Bau des Zentrums nicht mit rechten Dingen zuging. Dem ehemaligen Regierungschef José Sócrates wird vorgeworfen, in seiner Zeit als Umweltminister das Genehmigungsverfahren nicht nur sensationell schnell durchgewinkt, sondern auch Umweltauflagen umgangen zu haben, obwohl das Einkaufszentrum in einer Umweltschutzzone liegt.

Freeport Outlet. Tgl. 10–22 Uhr, Alcochete, www.freeport.pt
Mit dem Auto: auf der A12 über die Ponte Vasco da Gama, dann der Beschilderung folgen. Shuttlebus ab Praça Marquês de Pombal: Tgl. 10 Uhr. Zurück Abfahrt Freeport 16.30 Uhr. Ticket 10 €. Bus: Linien 431, 432, 437 ab Gare do Oriente

Infos und Adressen

INFORMATION UND SEHENSWÜRDIGKEITEN

Informationen zu Museen, Architektur, Aktivitäten, Gastronomie usw. über das Stadtviertel Parque das Nações finden sich auf dem Portal www.parquedasnacoes.pt

Casino de Lisboa. Mo–Do, So 15–3, Fr, Sa 16–4 Uhr, Alameda dos Oceanos, Tel. 21/218 92 90 00, www.casinolisboa.pt, Metro: Gare do Oriente

Oceanário. Tgl. 10–20 Uhr, im Winter bis 19 Uhr, Esplanada D. Carlos I, Parque das Nações, Tel. 21/891 70 02, 03 oder 06 www.oceanario.pt, Metro: Gare do Oriente

Zimmer im *Myriad-Hotel*

Pavilhão do Conhecimento. Di–Fr 10–18, Sa, So 11–19 Uhr, Parque das Nações, Alameda dos Oceanos, Lote 2.10.01 Tel. 21/891 71 00, www.pavconhecimento.pt, Metro: Gare do Oriente

Telecabine. Je nach Jahreszeit zwischen 10.30 und 11 bis 18, 19 und 20 Uhr. Einfache Fahrt 4, Hin- und Rückfahrt 6 €

ESSEN UND TRINKEN

Petra Rio. Dank der geschmackvollen Einrichtung, der Sessel und netten Designstücke ist es im modernen und großen Speiseraum fast heimelig. Das trendig-urbane Lebensgefühl spiegelt sich auch in der modernen mediterran-portugiesischen Küche wider. Hauptspeisen liegen um 16 €. Rua do Pólo Sul, Loja 1.03.2.3E, Tel. 21/894 82 32, www.petrario.com, Metro: Gare do Oriente

Vitaminas. Auf die Lokale der Fast-Food-Kette stößt man in Lissabon immer wieder. Für einen frischen und fleischfreien Snack ist »Vitaminas« eine unkomplizierte Alternative. Die Säfte, Salate und Sandwiches sind keine Offenbarung, aber lecker und vertrauenswürdig. In der 2. Etage des Centro Vasco da Gama, Av. D. João II, Lote 1.05.02, Centro Vasco da Gama, Piso 2, Loja 2.053 Tel. 932 83 10 91, www.centrovascodagama.pt

ÜBERNACHTEN

Myriad (by Sana). Das neue Luxushotel am Turm Torre Vasco da Gama hat gar keine normalen Zimmer. Selbst die einfachsten mit einer Größe zwischen 25 und 30 qm nennen sich Deluxe. Dieser Zusatz darf nicht nur auf die Ausstattung bezogen werden, sondern auch auf den Blick über den Tejo und das moderne Areal im Osten des Zentrums. Auch vom Spa mit Innenpool und Sauna bleibt der große Fluss stets im Blick. DZ ab 180 €, Cais das Naus, Lote 2.21.01, Parque das Nações, Tel. 21/110 76 00, www.myriad.pt

Tryp Oriente. Wer ein vergleichsweise günstiges Businesshotel in Bahnhofs- oder Flughafennähe sucht, für den ist das »Tryp Oriente« möglicherweise die richtige Wahl. Die Zimmer sind komfortabel und gut ausgestattet, könnten aber eine Auffrischung vertragen. Wer ein Zimmer in Richtung Tejo hat, darf sich über die Aussicht und das schöne Morgenlicht freuen. DZ ab 80 €. Av. D. João II, Parque das Nações, Tel. 21/893 00 00, www.tryporiente.com, Metro: Gare do Oriente

AUSGEHEN

Lighthouse. Auf Höhe des Sporthafens, ganz im Westen des Parque das Nações, liegt die Bar, in der man auch Toasts, Hamburger und Crêpes essen kann. Passeio de Neptuno, Marina da Expo,

Im Shopping-Center *Vasco da Gama*

Tel. 919 99 88 00, www.lighthouse.pt, Metro: Gare do Oriente

Peter's Café Sport. Die Fressmeile Rua da Pimenta, die zentral im Expogelände parallel zum Tejo verläuft, ist nicht jedermanns Sache. Um sich zu akklimatisieren oder den Abend zu beginnen, kann man es mit »Peter's Café Sport« versuchen. Auch die Küche ist gut – hier gibt es Typisches von den Azoren. Rua da Pimenta 39, Tel. 21/895 00 60, Metro: Gare do Oriente

EINKAUFEN

Centro Vasco da Gama. In einem Stadtviertel, das auf dem Reißbrett entstanden ist, darf man keine kleinen, womöglich familiär geführten Geschäfte erwarten. Das Shoppingcenter Vasco da Gama, das man gleich auf mehreren Ebenen betreten kann, sodass man zunächst nicht weiß, wohin, gehört aber zu den angenehmen seiner Art. Die drei Ebenen sind hell und licht, und es gibt auch nette Details wie etwa eine Lichtklangorgel im Untergeschoss, die bei Kindern beliebt ist. Das Shopping- und Kulturangebot reicht von Mode, Schuhen, Accessoires über einen Friseursalon, Schmuck- und Spielwarengeschäfte bis hin zu Gastronomie und mehreren Kinosälen, wo man z.B. Filme aus den USA meist auch ohne Synchronisation sehen kann. Tgl. 10–24 Uhr, Avenida Dom João II, Lote 1.05.02, www.centrovascodagama.pt, Metro: Gare do Oriente

UNTERHALTUNG

Teatro Camões. Bei der Marina des Expo-Areal liegt das moderne Theater, das von der Companhia Nacional de Bailado, dem nationalen Tanzensemble, bespielt wird. Passeio do Neptuno, Tel. 21/892 34 70, www.cnb.pt

Zon Lusomundo. Über sechs Säle verfügt das Kino in der oberen Etage des Einkaufszentrums Vasco da Gama. Häufig werden Filme in der Originalversion gezeigt. C. C. Vasco da Gama, D. João II, Parque das Nações, www.zonlusomundo.pt, Metro: Gare do Oriente

Telekabine und Turm mit dem *Hotel Myriad*

Was schwimmt denn da? Das Meeresaquarium ist ein beliebtes Ausflugsziel für Familien.

34 Oceanário

Zu Besuch im Meer

Der Besuchermagnet auf dem ehemaligen Gelände der Expo ist das Oceanário. Im riesigen Meeresaquarium tummeln sich Rochen, Haie, Mantas und vieles mehr, was in den Weltmeeren zu Hause ist. In den Rundbauten an den Ecken des futuristischen Gebäudes sind unterschiedliche Klimazonen und Küstengebiete nachgestellt. Im Edifício do Mar werden Wechselausstellungen zu Meeresthemen gezeigt.

Das Objekt, das auf den ruhigen Wassern des Doca dos Olivais am Tejo zu schwimmen scheint, erinnert an eine Bohrplattform. Das von Peter Chermayeff gezeichnete Meeresaquarium, das 1998 eröffnet wurde, sieht futuristisch und progressiv aus. Damals war es zweifellos eines der Highlights der Weltausstellung. Der Leitgedanke der 20. Expo war: *Die Ozeane, ein Erbe für die Zukunft.* Mit rund einer Million Besuchern pro Jahr ist das Aquarium nach wie vor gefragt und hat mit dazu beigetragen, dass das Expogelände auch nach der Weltausstellung belebt und zu einem gern besuchten Teil der Stadt wurde.

Über einen Steg gelangt man vom Festland in die Welt der Ozeane. In dieser Arche der Meere leben rund 500 unterschiedliche Arten. 7,5 Millionen Liter Salzwasser füllen die 30 Aquarien. Herzstück ist *The Global Ocean* mit einer Grundfläche von ca. 1000 qm. Durch die großen Fenster sieht man rund einhundert Arten aus unterschiedlichen Meeresgewässern. Da sind Barrakudas und Mantas, Mondfische, Haie und Krustentiere, Seeanemonen, Korallen und Quallen – nicht jedem dieser Meeresbewohner möchte man beim Baden begegnen. Hier ist es

Funktionale und futuristische Architektur – das Oceanário

eine Freude, sie aus der Nähe, aber sicher durch die großen Glaswände zu beobachten. Um den unterschiedlichen Habitaten der Meere gerecht zu werden, hat der Haupttank vier Erweiterungen. Dort sind die Unterseelandschaften des Nordatlantiks, der Antarktis, des Pazifiks und des Indischen Ozeans nachgebildet. In den antarktischen Gewässern, die in der oberen Etage das Niveau der Meeresoberfläche nachstellen, tummeln sich Pinguine und Pyjama-Haie. Seeigel und Seeotter bevorzugen die pazifischen, gemäßigten Gewässer, in denen auch Fische dieser Klimazonen unterwegs sind. In den Tropen wird die Wasserwelt bunt. Selbst ein Stechrochen hat hier hübsche blaue Punkte (Blaupunktrochen), was ihn harmloser aussehen lässt, als er ist. An seiner Schwanzspitze trägt er zwei Giftstachel. Kühles Meereswasser liegt dem Eisseestern, der im Bereich Nordatlantik eine neue Heimat gefunden hat. Dort lebt er mit Plattfischen, Krebsen, Doraden und andern Arten. Im Wasser räubern der Tordalk und der Papageitaucher, die nach erfolgreicher Jagd schnell auf ihren sicheren Felsen verschwinden. Das Angebot des Meeresaquariums wurde 2011 durch ein zusätzliches Gebäude erweitert. Das Edifício do Mar wurde vom portugiesischen Architekten Pedro Campos Costa entworfen, der dem Hauptgebäude eine Art Schuppenhaut verpasst hat. Im »Haus des Meeres« finden Sonderausstellungen statt, es gibt einen Shop und ein Auditorium, Ticketservice und anderes mehr.

Infos und Adressen

SEHENSWÜRDIGKEITEN

Oceanário. Tgl. 10–20 Uhr, im Winter bis 19 Uhr, Esplanada D. Carlos I, Parque das Nações, Tel. 21/891 70 02, 03 oder 06 www.oceanario.pt, Metro: Gare do Oriente

ESSEN UND TRINKEN

Água e Sal. Im schönen und lichten Restaurant beim Oceanário gibt es nicht nur leckere Steaks vom Grill, sondern auch typisch Portugiesisches wie Bacalhau oder internationale Küche. Tgl. 12–16 und 20–24 Uhr, Esplanada D. Carlos I, Tel. 21/893 61 89, Metro: Gare do Oriente

Real Indiana. Wenn man schon im Park der Nationen ist, kann man auch mal probieren, was denn so in anderen Nationen gegessen wird. Ein leckeres Hühnchen-Tandoori oder andere indische Spezialitäten gibt es hier. Tgl. 12–15 und 19–23 Uhr, Alameda dos Oceanos, Lote 2.11.01, Tel. 21/896 03 03, www.realindiana.pt, Metro: Gare do Oriente

ÜBERNACHTEN

Tivoli Oriente. Das 4-Sterne-Haus liegt zentral am Parque das Nações und dem Gare do Oriente. Die meisten Gäste sind Geschäftsreisende oder Konferenzteilnehmer. Die Nähe zum Flughafen (nur 4 km) kann auch für den einen oder anderen Gast entscheidend sein, ebenso wie die Ausstattung mit Innenpool, Sauna und anderen Annehmlichkeiten.
Av. D. João II – Lote 1.14.03, Parque das Nações, Tel. 21/891 51 00, www.tivolihotels.com

ALCÂNTARA, AJUDA UND BELÉM

35 Unterwegs in Alcântara
Unter der großen Brücke 198

36 Palácio Nacional da Ajuda
Der Unvollendete 202

37 Jardim Botânico d'Ajuda
Die Quadratur des Grüns 208

38 Spaziergang durch Belém
Reise ins Goldene Zeitalter 210

39 Museu Nacional dos Coches
Königlicher Fuhrpark 216

40 Mosteiro dos Jerónimos
Höhepunkt der manuelinischen Baukunst 220

41 Museu da Marinha
Schiff ahoi 226

42 Centro Cultural de Belém
Kulturbunker 228

43 Torre de Belém
Turm und Tor 232

Rua Antão Gonçalves
Avenida da Ilha da Madeira
Rua das Açucenas
Bairro do Alto da Ajuda
Calçada do Mirante
Cemitério da Ajuda
Calçada da Ajuda
36
Palácio Nacional da Ajuda
Estufa Real
37
Jardim Botânico
Viveiros das Naus
Rua do Jardim Botânico
Museu de Etnologia
Rua Rui Pereira
Rua Gonçalves Zarc
Calçada do Galvão
Calçada da Memória
Largo do Galvão
Largo da Memoria
Travessa de Paulo Martins
Igreja da Memória
Espaço Açores
Rua das Pedreiras
Pr. Dr. Alfredo da Cunha
Rua General João de Almeida
Ermida de São Jerónimo
Jardim Ducla Sorres
Avenida do Restelo
Rua de Alcolena
Avenida da Torre de Belém
Jardim Botânico Tropical
Jardim do Ultramar
Jerónimos 8
Rua dos Jerónimos
Praça de Malaca
Praça de Dio
Planetário Calouste Gulbenkian
Mosteiro dos Jerónimos
40
Museu de Marinha
41
Museu Nacional de Arqueologia
Pão Pão Queijo Queijo
Pastelaria de Belém
Palácio Nacional de Belém
39
Museu Nacional dos Coches
Residencial Setubalense
Praça Afonso de Albuquerque
Belém
38
Pastéis de Cerveja de Belém
Praça do Império
Cafeteria Museu Marinha
CCB Centro Cultural de Belém
42
CCB Design Shop
Este Oeste
Coisas do Arco do Vinho
Palace Lisboa
Rua Bartolomeu Dias
Santa Maria de Belém
Avenida India
Avenida Brasília
Padrão dos Descobrimentos
Doca de Belém
Restaurante ANL
Museu de Arte Popular
Feitoria
Á Margem
Doca do Bom Sucesso
Altis Belém Hotel & Spa
43
Torre de Belém
Estação de Belém
R

Bairro do Casalinho da Ajuda
Rua do Cruzeiro
Tv. José Fernandes
Eduardo Bairrada
Tv. da Ferrugenta
Travessa do Pardal
R. Zacarias de Aça
R. Giovanni Antinori
R. Cristóvão Rodrigues Acenheiro
Rua José Magro
Tv. dos Fornos
do Cruzeiro
Rua Padre Manuel Alves Correia
Calçada da Tapada
Rua do Guarda-Jóias
Guarda Jóias
Rua Dom João de Castro
Rua do Mirador
Operária
L. da Boa Hora
L. do Rio Seco
Rua Aliança
Travessa das Dores
Calçada da Boa Hora
Quartéis
Rua Diogo Cão
Travessa do Giestal
Rua Alfredo da Silva
Rua da Quinta do Almargem
Rua Artur Lamas
Rua Pinto Ferreira
Universidade Lusíada
Calçada da Boa Hora
Tv. dos Moinhos
Rua João de Barros
Rua Jau
Rua Pedro Calmon
Rua Filinto Elísio
Rua Luís de Camões
Rua da Indústria
Rua dos Lusíadas
Rua Gil Vicente
Rua dos Lusíadas
Rua Sá de Miranda
Calçada de Santo Amaro
Rua Santo Amaro
Calçada de Santo Amaro
Rua Primeiro de Maio
Rua do Gie
Santo Amaro
Valle Flor
Pestana Palace
Casa da Morna
Alcântara
35
Rua Rodrigues Faria
LX Factory
Museu da Carris
Museu do Centro Científico e Cultural de Macau
Campinas
Vila Galé Opera Hotel
Rua da Junqueira
Tv. da Guarda
Praça das Indústrias
Centro de Congressos de Lisboa
Avenida da Índia
Avenida de Brasília
Cordoaria Nacional
Tv. das Galeotas
Avenida da Ponte
Ponte 25 de Abril
Piazza Di Mare
BBC
Museu da Electricidade EDP
Cristo Rei
Tejo
Sehenswürdigkeit, Denkmal
Aktivität, Ausgehen, Theater
Museum, Galerie
Shopping
Restaurant, Bar, Café
Übernachtungsmöglichkeit
Kirche, Moschee
0
100 m
N

Seite 194/195: Der Torre de Belem beim Sonnenuntergang
Oben: Kühne Konstruktion – die Ponte 25 de Abril überragt die Alcântara.
Unten: 3,2 km ist die Brücke lang, und hoch genug, dass auch die MS Deutschland Lissabon in Richtung Atlantik verlassen kann.

35 Unterwegs in Alcântara

Unter der großen Brücke

Wo einst die Flüchtlinge aus Europa auf eine Passage in eine sichere und freie Zukunft jenseits des Atlantiks hofften, wird heute gefeiert. Die Hafenanlagen von Alcântara sind eine beliebte Ausgehzone mit tollem Blick über den Tejo. Immer schiebt sich auch die große Hängebrücke mit ins Bild oder wirft ihren Schatten. Am Tag lohnt der Besuch von zwei sehenswerten Museen.

Der Stadtteil Alcântara, auf halber Strecke zwischen Innenstadt und Belém, wäre ein ideales Übungsfeld für künftige Stadtplaner. In Lissabon finden sich viele Beispiele, wo sich Straßenverkehr und Wohngebiete in die Quere kommen. Alcântara ist in mehrfacher Hinsicht geplagt. Straßenbahn, Regionalbahn, die Brücke Ponte 25 de Abril, die Zufahrt zu den Hafenanlagen Doca de Alcântara und Santo Amaro und natürlich der ganz normale Straßenverkehr – all das muss auf engem Raum Platz finden. Die Vorstadtlandschaft wird man entsprechend unattraktiv oder eben wegen der Kontraste spannend finden.

Für Lissabon-Besucher lohnt der Stopp etwa auf dem Weg nach Belém, um sich eines der interessanten Museen anzusehen oder um am Abend eines der zahlreichen Lokale an den Docas aufzusuchen. Das Hafenareal ist eines der Zentren des Lissabonner Nachtlebens.

Ponte 25 de Abril

Die buchstäblich große Attraktion von Alcântara ist die Hängebrücke Ponte 25 de Abril, die an die

Golden Gate Bridge von San Francisco erinnert. 2,3 Kilometer ist der in der Luft hängende Teil lang, auf dem oben die Autos und Lkws über den Tejo rauschen und in der Ebene darunter die Züge. Einschließlich der Betonvorbrücke auf der Stadtseite bringt sie es auf insgesamt 3,2 Kilometer. Der Bedarf für eine Brücke über den Fluss war schon in früheren Zeiten groß. Allerdings zogen sich die Planungen über Jahrzehnte lang hin, ehe 1962 mit dem Bau begonnen wurde. Bereits vier Jahre später konnte die Eisenkonstruktion als »Salazar-Brücke« eingeweiht werden. Ihren heutigen Namen erhielt sie nach der »Nelkenrevolution«, deren entscheidender Tag der 25. April 1974 war. Obwohl die Bahngleise von Beginn an mit eingeplant waren, wurden sie erst später eingebaut und die Strecke 1999 freigegeben. Seit 1998 gibt es eine zweite Brück über den Tejo, die 17 Kilometer lange Vasco-da-Gama-Brücke. Planungen für den Bau einer dritten Tejo-Querung gibt es bereits.

Museu da Carris

Die mächtigen Betonpfeiler der Vorbrücke prägen das Stadtbild von Alcântara. Auch auf dem alten Betriebshof der Lissabonner Trambahnen steht einer dieser gigantischen Betonfüße. Die Anlage mit altem Wasserturm, großen Betriebshallen und allerlei Gleisen ist zugleich ein Museum. Nicht nur Eisenbahnliebhaber werden ihre Freude am Museu da Carris haben. Nach einem Rundgang durch einen Ausstellungsraum, wo man zum Beispiel erfährt, dass die Companhia Carris de Ferro de Lisboa 1872 im fernen Rio de Janeiro gegründet und das Lissabonner Streckennetz ab 1901 elektrifiziert wurde, werden die Besucher von einem Prachtmodell von Tram abgeholt.

In diesem Luxusmodell mit gepolsterten Bänken aus dem Jahr 1902 wird man ein Stück über das

AUTORENTIPP!

RIO LÄSST GRÜSSEN

Am südlichen Ende der Brücke breitet eine riesige Christusfigur ihre Arme aus, die keinem unbekannt sein dürfte – das Original steht auf Brasiliens berühmtem Zuckerhut in Rio de Janeiro. Dort hatte sie auch 1934 der damalige Erzbischof von Lissabon, Dom Manuel Gonçalves Cerejeira, gesehen und sich gedacht, dass die Hauptstadt Portugal auch so ein Monument der Größe gebrauchen könnte. So schnell wie erhofft ließ sich der Plan jedoch nicht umsetzen, schließlich tobte in Europa gerade der Zweite Weltkrieg, weshalb erst 1949 mit dem Monument begonnen wurde. Zehn Jahre später wurde es eingeweiht – in Anwesenheit des Erzbischofs von Rio de Janeiro. Allein der Sockel ist 75 Meter hoch. Obenauf steht eine 28 Meter große Christusfigur. Von der Aussichtsplattform in 75 Metern Höhe ist der Blick über den Tejo spektakulär.

Cristo Rei. Mo–Fr 9.30–18, Sa, So bis 19 Uhr, im Winter nur am Wochenende geöffnet, www.cristorei.pt, Anfahrt: Mit der Fähre vom Cais do Sodré nach Cacilhas, dort den Bus 101 nehmen bis zum Monument.

Oben: Das Museu Macao zeigt nicht nur kostbare Gebrauchskunst aus der ehemaligen portugiesischen Kolonie, es ist auch ein Forschungszentrum.
Mitte: Restaurant an der Hafenfront
Unten: Die Docas locken mit Bars und Restaurants.

Gelände kutschiert bis zu den Hallen, in denen eine Sammlung historischer Bahnen und Waggons zu sehen ist. 1944 wurde der erste Bus in Betrieb genommen, dieser sowie einige der nachfolgenden Modelle sind ebenfalls ausgestellt. Zum Teil darf man die ausrangierten Gefährte auch betreten.

Museu Macau

Spaziert man wieder aus dem Werkstor heraus und die Rua da Junqueira in Richtung Belém entlang, wandelt sich das Bild. Herrschaftliche Paläste säumen die Straße. In einem von ihnen ist das Museu do Centro Científico e Cultural de Macau untergebracht. Das Museum und Forschungszentrum ist für alle interessant, die der kulturellen Spur Portugals in den Fernen Osten weiter folgen wollen. Die kostbaren Schätze des an sich kleinen Museums teilen sich in zwei Bereiche auf. Einmal werden seltene Stücke chinesischer Kunst aus mehreren Jahrtausenden gezeigt und zum anderen das historisch-kulturelle Umfeld und die Geschichte von Macau, das bis 1999 eine portugiesische Kolonie war.

Am Hafen

Von der Stadt aus gesehen, vor der Hängebrücke, gelangt man auf das Hafenareal und die Estação Marítima de Alcântara. Während des Zweiten Weltkriegs waren der Hafen und besonders die Schiffe, die in den Westen aufbrachen, für viele Auswanderer und Flüchtlinge das Ziel einer gefährlichen Reise durch Europa. Im Europa von heute spielen diese dunklen Zeiten keine Rolle mehr. In den ehemaligen Hafenspeichern reiht sich Lokal an Lokal, in Clubs wird bis zum Morgen gefeiert, und den Schiffen, die hier anlegen, entströmen Kreuzfahrer, die die schönen Seiten Lissabons im Zeitraffer erleben wollen.

Infos und Adressen

SEHENSWÜRDIGKEITEN

Museu da Carris. Mo–Fr 10–17 Uhr, Rua 1° de Maio 103, Tel. 21/361 30 87, www.carris.pt, Tram 15

Museu do Centro Científico e Cultural de Macau. Di–So 10–18 Uhr, Rua da Junqueira 30, Tel. 21/361 77 90, www.cccm.pt, Tram 15

ESSEN UND TRINKEN

Campinas. In der Nähe des Macau-Museums darf man sich auf klassische portugiesische Küche freuen. Mo–Sa 12–15 und 19–23 Uhr, Rua da Junqueira 48, Tel. 21/363 98 93, www.turisplan.pt/campinas, Tram: 15

Casa da Morna. Im Szenelokal dreht sich alles um die Musik und den Geschmack der Kapverdischen Inseln. Auch als Galerie wird das farbenfrohe Lokal genutzt. Spezialitäten sind etwa der Fischeintopf *Caldo de peixe* oder *Moamba de galinha*, Hähnchen mit einer Sauce mit Erdnüssen und Okraschoten. Mo–Sa 7.30–2 Uhr, Rua Rodrigues Faria 21, Tel. 21/364 63 99, Tram: 15

ÜBERNACHTEN

Vila Galé Opera Hotel. Das moderne Großhotel liegt unterhalb der Hängebrücke Ponte 25 de Abril.

Unterwegs in der Alcântara

Angenehmes zeitgenössisches Design und gute Ausstattung. Travessa do Conde da Ponte, Tel. 21/360 54 00, www.vilagale.pt, Tram: 15

EINKAUFEN/VERANSTALTUNGEN

LX Factory. Das riesige Areal einer ehemaligen Industrieanlage aus dem 19. Jahrhundert ist ein angesagtes Kreativ- und Kulturzentrum geworden. Design- und Architekturstudios, Werbeagenturen und Modelabels sind eingezogen. Außerdem gibt es ein nettes Café, einen gut sortierten Buchhandel sowie Ausstellungen und Konzerte. Rua Rodrigues de Faria 103, Tel. 21/314 33 99, www.lxfactory.com, Tram 15

Die »Golden-Gate-Bridge« von Lissabon – Ponte 25 de Abril

Oben: Die Decke der Eingangshalle des königlichen Palastes
Unten: Der Schlafraum der Königin

36 Palácio Nacional da Ajuda

Der Unvollendete

Der Königspalast von Ajuda wurde nie fertig. Kaum wurde mit dem neoklassizistischen Bau im ausgehenden 18. Jahrhundert begonnen, floh der Hof vor den Truppen Napoleons nach Brasilien. Erst ab 1861 erhält der Palast seine prunkvolle Innenausstattung. Die Räumlichkeiten strotzen vor kostbaren Teppichen, Möbeln, Kronleuchtern und Porzellanwaren.

Unten, in Belém, ist die Hölle los. Vor dem Mosteiro dos Jerónimos und den Cafeterien in der Rua de Belém oder am Ufer des Tejo, nahe beim Monument Padrão dos Decobrimentos, überall tummeln sich die Besucher. Doch hier oben, auf dem Alto da Ajuda, nur wenige 100 Meter Luftlinie davon entfernt, ist es so ruhig, dass man aufpasst, nicht allzu laut zu sein. Der Boden knarzt bei jedem Schritt, und durch die Räume, deren Zahl man längst aus dem Blick verloren hat, da es so viele sind, weht ein Geist, der so fern ist von Gegenwart und Rummel, wie er nur sein kann. Der Palácio Nacional da Ajuda ist gewiss ein touristisches Highlight, aber keins, das viele Besucher sieht.

Das mag an der etwas beschwerlichen Anfahrt liegen, denn außer in die Tram nach Belém muss man noch in einen Bus steigen – wenn man das denn beschwerlich nennen mag. Aber vielleicht ist es auch etwas anderes, etwas Abweisendes oder zumindest nicht unbedingt Einladendes, was dieser königliche Palast ausstrahlt. Mag sein, dass dies eine Projektion seiner Geschichte ist, die zugleich den Niedergang des portugiesischen Königshauses kennzeichnet.

Im ausgehenden 18. Jh. wurde mit dem Palastbau begonnen.

Vom Zelt zum Rohbau

Erst im ausgehenden 18. Jahrhundert wurde mit dem Bau des Königspalasts im klassizistischen Stil begonnen. König José I. hatte nach dem Erdbeben von 1755, dem der Palácio da Ribeira, der Palast am Terreiro do Paço, zum Opfer fiel, in einer provisorischen Unterkunft gelebt, die auf der Anhöhe von Ajuda stand.

Bereits im frühen 18. Jahrhundert hatte König João V. (1689–1750) Ländereien im Westen der Stadt erworben. Darauf wurden der Palácio von Belém, der Palácio das Necessidades und auf dem Grundstück in Ajuda eine kleine Sommerresidenz erbaut. Da das Erdbeben in Ajuda wenig Schaden angerichtet hatte und dem König José relativ sicher erschien, ließ er dort aus Holz und Stoff eine, wenn auch königliche Baracke errichten, die Real Barraca.

Das 1761 fertiggestellte, provisorische Bauwerk sollte immerhin drei Jahrzehnte Bestand haben und wuchs zu einer regelrechten Zeltstadt an. Sie soll größer gewesen sein als der jetzige Palast mit seinen durchaus enormen Ausmaßen. An Luxus mangelte es den königlichen Zeltbewohnern nicht. Edle Teppiche und Möbel, kostbares Porzel-

AUTORENTIPP!

KUNST IN DER KAPELLE

Gegenüber dem ovalen Empfangsraum über der Toreinfahrt befindet sich die einstige Palastkapelle. Denn heute erfüllt der Palácio da Ajuda als Museum eine neue Funktion. Im regelmäßigen Wechsel werden Künstler eingeladen, die insgesamt drei Räume zu bespielen. Mitunter treten die Ausstellungsobjekte sogar in Dialog mit dem Palast. So etwa hat es die portugiesische Künstlerin Joana Vasconcelos gemacht, die auf dem Teppich des Thronsaals ein riesiges Paar glitzernde High Heels postiert hat. Die Idee des White Cube, des leeren weißen Galerieraums, hat sich auch hier durchgesetzt. Der Palast ist ein spannendes Umfeld für die Gegenwartskunst. Der Pomp von damals wird durch die Brille unserer Lebensstile neu befragt. Wie sehr und ob man sich tatsächlich vom Stände- und Klassensystem des 19. Jahrhunderts gelöst hat, ist plötzlich nicht mehr so sicher.

Museu Palácio Nacional da Ajuda. Mo, Di, Do–So 10–17.30 Uhr, Largo da Ajuda, www.pnajuda.imc-ip.pt, Tram: 18 oder Bus 76

Für die Frauen der Botschafter gab es einen eigenen Empfangssaal.

Mitte: In der Eingangshalle des Palastes
Unten: Der Ajuda-Palast wurde nie fertig gestellt. Teile der Anlage wurden zwischen 1861 und 1910 bewohnt.

lan sowie Silberbestecke und was ein aufgeklärter Monarch sonst noch zum Leben brauchte, waren vorhanden. In dieser Zeit wurde auch der Botanische Garten (s. S. 208 f.) angelegt. José sollte bis zu seinem Tod 1777 in der königlichen Baracke leben.

Abgesang der Monarchie

Nach seinem Tod bestieg Tochter Maria den Thron. Die strenggläubige und im fortgeschrittenen Alter dem Wahn verfallene Maria I. residierte im Palácio de Queluz und erfuhr 1794 vom Feuer, das der Zeltstadt ein Ende setzte. Die Zeit für einen neuen, soliden Palastbau war gekommen.

1794 wurden die Arbeiten begonnen. Zunächst folgte man einem spätbarocken Stil. Viel Zeit blieb den Architekten nicht. In den Wirren der Napoleonischen Kriege kam es zum Stillstand. Die königliche Familie, mittlerweile regierte João VI., floh 1807 nach Brasilien, und als sie 1821 nach Portugal zurückkehrte, fehlte das Geld. Nur ein Flügel des neoklassizistisch weitergeführten Bauwerks war fertig. Die folgenden Regenten nutzten zwischenzeitlich den Palácio das Necessidades – das heutige Außenministerium – als Amtssitz.

Palácio Nacional da Ajuda

Erst mit der Thronbesteigung Luís I. 1861 kam wieder Bewegung in die Bauarbeiten. Luís stammte aus dem Haus Sachsen-Coburg und Gotha und bestieg den Thron, nachdem sein älterer Bruder und seine beiden jüngeren Geschwister an Fieber gestorben waren. 1862 nach der Hochzeit mit Maria Pia von Savoyen ließ der kunstsinnige Monarch den Innenausbau vorantreiben. Dass dabei weder Mühen noch Kosten gescheut wurden, belegen die Säle eindrucksvoll. Nach seinem Tod 1889 verloren die Nachkommen Luís I. das Interesse an dem großen Bauwerk und bevorzugten den Palácio de Belém. 1908 starben bei einem Attentat König Carlos und Thronfolger Luís Felipe. Noch zwei Jahre lebte Maria Pia im Ajuda-Palast, ehe das Zeitalter der Portugiesischen Republik begann. 1938 wurde der Palast als Museum geöffnet.

Rundgang

Die Besichtigung führt durch die Räume des Süd- und Mittelflügels im Erdgeschoss und der ersten Etage. Nachdem man in einem mit Lanzen und Wappen geschmückten Vorraum sein Ticket gelöst hat, betritt man eine Raumflucht, die auf einen langen Wartesaal vorbereitet. Die Wandteppiche wurden in Madrid nach Kartons von Francisco de Goya gewebt. Direkt anschließend, im etwas vorspringenden und turmartigen Gebäudeeck, gewährte der König Audienzen. Gemäß der hierarchischen Abfolge der Räume ist dieser noch prächtiger ausstaffiert. Dort fanden offizielle Treffen statt oder die königliche Familie feierte das Weihnachtsfest. Die Wände schmücken Bildteppiche mit Episoden aus dem Leben Alexanders des Großen und stammen aus dem französischen Aubusson.

Die Räume entlang der Südfassade waren für den privaten Gebrauch bestimmt. Das Musikzimmer

Oben: Der Bankettsaal wird noch heute für feierliche Staatsanlässe genutzt.
Unten: Die Sala Rosa heißt, wie sie aussieht – rosa

Oben: Der mit Alabaster ausgekleidete Salon war ein Geschenk des ägyptischen Vizekönigs.
Mitte: Auf dem Thron sitzt keiner mehr. Die Monarchie musste 1910 in Portugal abdanken.
Unten: Der Sala do Despacho – das ehemalige Amtszimmer des Königs

durfte in keinem Palast der Zeit fehlen. König Luís I. hatte, wie in seiner Zeit üblich, auch einige Instrumente gelernt: Er spielte Flöte, Piano und Cello.

Einer der Lieblingsräume von Luís und Maria Pia war die Sala Azul. Seinen Namen erhielt der Raum wegen seiner mit blauer Seide bespannten Wände. In dieser Form ist er heute allerdings nicht mehr zu sehen. Nach dem holzgetäfelten Raucherzimmer betritt man einen komplett mit Marmor und Alabaster ausgekleideten Saal, der an heißen Tagen eine etwas kühlere Atmosphäre schafft. Die Ausgestaltung war ein Geschenk des Vizekönigs von Ägypten.

Nach weiteren Räumlichkeiten, unter anderen den Privatgemächern der Königin, ihrem Atelier, einem Billardzimmer und Speiseraum, steigt man in den Andar Nobre hinauf. Die erste Etage war den offiziellen Zwecken vorbehalten. Hier wurde das Diplomatische Corps empfangen, wurden festliche Bankette gegeben oder im Thronsaal repräsentiert. Über der Toreinfahrt betritt man über eine doppelläufige Treppe einen ovalen Warte- oder Empfangssaal. Wer im 19. Jahrhundert bis zum Thronsaal vorgelassen wurde, durchschritt zwei lange, rechteckige Vorsäle mit spiegelndem Parkett, kostbaren Kandelabern und Wänden, die mit Malereien oder Tapisserien ausgeschmückt sind. Der Thronsaal war der seinerzeit wichtigste Raum im ganzen Land. Betrat ihn der Monarch, erklang die Hino da Carta, die Hymne des Königreichs.

Den Pomp des großen Bankettsaals mit seinen goldgefassten Spiegeln, dem riesigen Kronleuchter und einer Tafel, an der noch immer die 180, im Jahr 1903 angeschafften Stühle Platz finden, wird nach wie vor gebraucht. Etwa wenn der amtierende Ministerpräsident einen besonderen Empfang gibt.

Infos und Adressen

SEHENSWÜRDIGKEITEN

Biblioteca da Ajuda. Man hätte ja gern ein Forschungsvorhaben, weshalb man unbedingt in der Bibliothek des Ajuda-Palasts Tage und Stunden über kostbaren Manuskripten verbringen müsste. 2500 Kodizes, zum Teil illuminiert, mehrere 1000 Blätter mit Kammer- und Opernmusik aus drei Jahrhunderten und insgesamt 150 000 Manuskripte aus den vergangenen sieben Jahrhunderten lagern in den 3000 Regalmetern des Palácio Nacional da Ajuda. Campo Grande 83, Tel. 21/363 85 92, www.bnportugal.pt, Metro Entrecampos (200 m) oder Cidade Universitária (500 m)

ESSEN UND TRINKEN

Espaço Açores. Die Aussicht ist gut und das Essen auch – für dieses Restaurant macht man gerne einen Umweg. Lissabon ist der geeignete Ort, um auf dem europäischen Festland die Küche der Azoren kennenzulernen. Tgl. 12–24 Uhr, Largo da Boa Hora, Tel. 21/364 08 81, www.espacoacores.com, Tram: 18 E

Valle Flor. Man könnte meinen, den Königspalast gar nicht verlassen zu haben, so prachtvoll ist das Ambiente des Restaurants im Pestana Palace Hotel. Wer sich hier niederlässt, schaut nicht auf den Euro. Das ist auch gut so, es könnte den Genuss der anspruchsvollen Gourmetküche trüben. Rua Jau 54, Tel. 21/361 56 00, www.pestana.com

ÜBERNACHTEN

Pestana Palace. Der Palast aus dem 19. Jahrhundert macht sich ausgezeichnet als Luxushotel. Das 5-Sterne-Haus, das zum exklusiven Kreis der Leading Hotels of the World gehört, ist eine von Lissabons feinsten Adressen. Das können vor allem die solventen Gäste der vier Royal Suites bestätigen. DZ ab 180 €, Rua Jau 54, Tel. 21/361 56 00, www.pestana.com

Das Bibliothekszimmer des Palácio

Oben: Der untere Teil des Gartens bekommt seinen Charakter durch geometrisch angelegte Buchsbaumhecken.
Unten: Von einer Esplanade aus lässt sich der Ajuda-Garten gut betrachten.

37 Jardim Botânico d'Ajuda

Die Quadratur des Grüns

Wo ein Palast ist, darf der Garten nicht fehlen. So ist es auch beim Königspalast Ajuda. Der Botanische Garten von Ajuda war der erste seiner Art in Portugal und wurde nach dem großen Erdbeben ab 1768 gepflanzt. Das geometrisch angelegte Grün sollte der Erziehung der Prinzen dienen. Heute ist es ein gut gepflegter Ort für Pflanzen und Parkliebhaber.

Das Erdbeben von 1755 hatte König José I (1714–1777) derart zugesetzt, dass ihm feste Mauern ein Gräuel waren. Nachdem der Palast beim Terreiro do Paço eingestürzt war, zog der königliche Hofstaat auf die Anhöhe von Ajuda um, wo ihnen eine Art Zeltstadt errichtet wurde. Dort wurde 1765 der Italiener Domingos Vandelli beauftragt, einen botanischen Garten anzulegen – etwas, was es bis dahin im Königreich noch nicht gegeben hatte.

Der seinerzeit angesehene Naturforscher Vandelli war 1764 an die Universität von Coimbra berufen worden, wo er neben seinen Studien ebenfalls einen botanischen Garten anlegte. 1791 übernahm er die Leitung des Ajuda-Gartens. Aus der ganzen Welt ließ er Pflanzen und Samen herbeischaffen. Alten Unterlagen zufolge sollen bis zu 5000 Arten vertreten gewesen sein. Nachdem das Königshaus abgedankt hatte, ging der Garten 1918 an die Universität über, die jedoch ihren langsamen Niedergang ebenso wenig verhindern konnte wie die Zerstörung durch einen heftigen Sturm im Jahr 1941. Erst zwischen 1993 und 1997 wurde die Anlage wieder restauriert.

Vier Kilometer Buchsbaum

Vom erst später erbauten Palácio Nacional da Ajuda ist der Garten ein kurzes Stück entfernt. Man kann ihn von zwei Seiten aus betreten, von der Calçada da Ajuda und von der parallel verlaufenden Calçada do Galvão. Kommt man vom Schloss die Ajuda-Straße hinunter, betritt man die rechteckige Parkanlage über das Torhaus, hinter dem ein kleiner Duftgarten angelegt wurde. Der Eingang liegt auf Höhe der Mittelachse der Anlage. Die besteht zunächst einmal aus zwei geometrischen Quadraten, die auf einer tiefer gelegenen Terrasse angeordnet wurden.

Besonders von der höher gelegenen Balustrade haben die konzentrischen Buchsbaumreihen im Formschnitt eine schöne Wirkung. Insgesamt summieren sich diese auf vier Kilometer Länge. Der Park wurde nach französisch-italienischem Vorbild akkurat angelegt. Zwischen den beiden Quadraten, die von diagonalen Wegen gekreuzt werden, auf denen man wahrscheinlich Pfauen begegnet, erhebt sich eine prachtvolle barocke Brunnenanlage mit Schlangen, Seepferdchen und anderen Tieren.

Von hier aus kann man über eine doppelläufige Freitreppe zur oberen Terrasse emporsteigen. Die kleineren Parzellen, die dort zwischen den Gewächshäusern und der Balustrade angelegt wurden, sind geografisch geordnet. Nach den Vegetationen Afrikas über die Flora des Mittelmeerraums schließt sich in Richtung Belém und Westen die Pflanzenwelt Nord- und Zentralamerikas an, gefolgt von Asien, Zentraleuropa, Makronesien, Australien und Südamerika. Von der oberen Terrasse blickt man nicht nur über die geometrisch angeordnete Natur, sondern auch über die Dächer von Belém hin zum Tejo, was in den Morgen- und Abendstunden besonders reizvoll ist.

Infos und Adressen

SEHENSWÜRDIGKEITEN

Jardim Botânico d'Ajuda. Mai–Sept. tgl. 9–20, April 9–19, Okt–März 9–18 Uhr, der Eingang an der Calçada do Galvão schließt eine Stunde früher, Calçada da Ajuda s/n, www.jardimbotanicodajuda.com, Tram: 15

Igreja da Memória. Ein Stück unterhalb des Parks an der Calçada do Galvão wurde im ausgehenden 18. Jh. eine sehenswerte Kirche im neoklassizistischen Stil erbaut. Sie erinnnert an ein versuchtes Attentat auf König José I. 1759. Die Kirche ist in der Regel geschlossen. Largo da Memória

ESSEN UND TRINKEN

Estufa Real. Bei der romantischen Umgebung verwundert es nicht, dass sich das Restaurant im alten Gewächshaus des Gartens auf Hochzeiten und andere Festivitäten spezialisiert hat. Aber man kann auch die moderne Küche genießen, ohne Teil einer Gesellschaft zu sein. Die Hauptspeisen liegen zwischen 12 und 20 €. Mo–Fr 12.30–15, So 12.30–16 Uhr, Calçada do Galvão, Jardim Botânico d'Ajuda, Tel. 21/361 94 00, www.estufareal.com

EINKAUFEN

Viveiros das Naus. Wer ein Souvenir für den heimischen Garten mitnehmen möchte, muss nicht heimlich und illegal im Park auf Ablegersuche gehen. Im Viveiros das Naus, einer Baumschule auf der dem Fluss zugewandten Seite des Parks, kann man sich mit dem Gewünschten versorgen. Auch Bücher und Gartenaccessoires gibt es hier wie auch im Onlineshop. Im Jardim Botânico d'Ajuda, www.viveirosdasnaus.com

Das Entdeckerdenkmal erinnert an ein steinernes Schiff. Mit ihm wurde in politisch wie wirtschaftlich trüben Zeiten an Heinrich den Seefahrer und an die vergangene Größe des Landes gedacht.

38 Spaziergang durch Belém

Reise ins Goldene Zeitalter

Belém liegt an der Mündung des Tejo. Von hier stachen die Karavellen in See – auf zu neuen Entdeckungsreisen, die aus dem kleinen Land im Südwesten Europas eine Weltmacht werden ließen. Ein Ausflug nach Belém ist eine Zeitreise in das Goldene Zeitalter Portugals, das sich in der prachtvollen manuelinischen Architektur des späten 15. und 16. Jahrhunderts eines Mosteiro dos Jerónimos oder eines Torre de Belém widerspiegelt.

Sieben Kilometer westlich des Zentrums warten einige der kulturellen Höhepunkte, die Lissabon zu bieten hat. Mit der Straßenbahn von der Praça do Comércio aus oder mit der Nahverkehrsbahn vom Bahnhof Cais do Sodré ist der Vorort problemlos erreichbar.

Die Geschichte Beléms, auf Deutsch Bethlehem, geht auf das frühe 15. Jahrhundert zurück. Hier, nahe der Tejo-Mündung, stachen vom ehemaligen Hafen von Restelo die portugiesischen Entdecker in See, die zunächst entlang der Küsten Afrikas auf Beutezüge gingen. Die prägende Figur jener Zeit war Heinrich der Seefahrer (1394–1460). Nach jahrelangen Vorbereitungen lichtete er 1415 mit einer Flotte die Anker. Ihr erstes Ziel war das nordafrikanische Ceuta, das erobert wurde. Von Ceuta aus trieben Piraten unter dem Schutz von Heinrich ihr Unwesen und bereicherten die Staatskasse. Die Seefahrer erreichten 1434 das »Kap ohne Wiederkehr« (Kap Bojador) und wagten sich ins Mar Tenebroso vor, ein Ende der Welt, von dem man annahm, dass von dort aus keiner le-

Bodenmosaik beim Padrão dos Descobrimentos

bendig wieder zurückkehren würde. Die Azoren und Kapverdischen Inseln wurden erobert und immer weiter nach Süden drangen die Karavellen des Hofes vor. Das einträglichste Geschäft bei diesen Unternehmungen war neben dem Goldhandel der Menschenraub.

Hafen der Entdecker

Heinrich, der als Dom Henrique o Navegador, als Heinrich der Seefahrer, in die Geschichte einging, ließ am Hafen von Restelo eine Marienkapelle errichten, in der die Seefahrer für ihre Reise ins Ungewisse göttlichen Beistand erbaten. Belém wurde dieser Ort genannt. Auch Vasco da Gama suchte die Kapelle auf, ehe er 1497 aufbrach, um als erster Europäer einen Seeweg nach Indien zu finden. Was ihm dann, anders als Kolumbus, der bekanntlich nach einer Westroute suchte, gelang.

Nach seiner triumphalen Heimkehr 1499 und der Entdeckung Brasiliens ein Jahr später durch Pedro Álvares Cabral ließ König Manuel I. das Hieronymuskloster bauen. 1502 wurde mit dem Prachtbau begonnen, dessen enorme Längsfassade und neuartige Ornamentik Zeugnis des neuen Selbstbewusstseins Portugals sind.

AUTORENTIPP!

KOLONIALES BLÄTTER-RAUSCHEN

Vor dem Hieronymuskloster oder der Törtchen-Fabrik, dem Café, in dem die unwiderstehlichen *Pastéis de Belém* gebacken werden, stehen die Schlangen und warten, bis sie endlich sehen oder genießen können. Vor allem am Sonntag ist der Rummel groß. Doch nur wenige Schritte davon entfernt, auf der Rückseite der Häuserzeile, wo es nach frischen *Pastéis de Belém* duftet, ist außer dem Blätterrauschen nichts zu hören. Nur das Vogelgezwitscher untermalt die himmlische Ruhe im Jardim Botânico Tropical. Wie der Name andeutet, sind die Bäume und Sträucher exotischer, besser gesagt tropischer Natur. 1912 wurde die Anlage weiter bepflanzt. Im oberen Teil des Gartens stehen zwei verwaiste Pavillons. Sie geben dem Besucher erst recht das Gefühl, an einem Ort zu sein, der nicht ganz von dieser Welt ist. Beides ist in diesem Fall eine angenehme Erfahrung, schließlich handelt es sich um eine ebenso entrückte wie ungefährliche Oase der Stille.

Jardim Botânico Tropical. Mai–Okt. tgl. 9–19, Nov.–April tgl. 9–17 Uhr, Largo dos Jerónimos, Tel. 21/360 96 60, www.iict.pt

Oben: Wachturm zum Meer – der Torre de Belém
Mitte: Gardist am Palácio de Belém, dem Amtssitz des Staatspräsidenten
Unten: Segeljachten im Doca de Bom Sucesso mit dem Altis-Hotel im Hintergrund

Spuren der Zeit

Wie ein Wahrzeichen dieses Goldenen Zeitalters, das nicht nur eine Geschichte des Reichtums und der Entdeckungen ist, sondern auch eine der grausamen Verbrechen, ragt der Festungsturm Torre de Belém ins nun schon fast offene Meer. Der 1514 erbaute Turm markiert den westlichen Punkt einer Tour durch Belém. Auf dem Rückweg, entlang des Flussufers, lässt sich sozusagen ablesen, wie jede Zeit versucht hat, sich der Vergangenheit zu bemächtigen. Die nachfolgenden Königsgeschlechter nutzten sie ebenso selbstverständlich wie das Salazar-Regime und auch die Regierungen des demokratischen Portugal.

So kommt man nach dem Sporthafen und dem hochmodernen Altis-Hotel an einem Gebäudekomplex vorbei, der aussieht, als wäre er aus der Salazar-Zeit vergessen worden, oder bewusst übersehen. Er wurde für die Exposição do Mundo Português, einer Weltausstellung im Jahr 1940, erbaut und beherbergt das Museu de Arte Popular. Das Museum ist derzeit geschlossen, allerdings kann man sich das Entree mit einem sehenswerten Fries anschauen. Ebenfalls für die Weltausstellung wurde die rechteckige Praça do Império zwischen Tejo und Hieronymuskloster angelegt. Durch eine Unterführung gelangt man von der Praça zum Padrão dos Descobrimentos, dem »Denkmal der Entdeckungen«.

Seit dem ausgehenden 20. Jahrhundert hat auch die zeitgenössische Kunst und Kultur einen Platz in Belém. Das Centro Cultural de Belém (CCB) mit dem Museum der Coleção Berardo ist ein echtes Kulturhighlight, das durch angenehme Lokale und einige Geschäfte ergänzt wird.

Spaziert man vom Hieronymuskloster aus – in dem sich auch das Landesmuseum für Archäologie

Rundgang durch Belém

A Mosteiro dos Jéronimos – Nachdem Vasco da Gama den Seeweg nach Indien und Pedro Álvare Cabral Brasilien entdeckt hatten, ließ König Manuel I. das Hieronymuskloster ab 1502 errichten.

B Museu Nacional de Arqueologia – Schätze des Archäologischen Museums im ehemaligen Kloster.

C Museu de Marinha – Die Geschichte des Schiffsbaus, die Entdeckungen, eine königliche Galeere und das erste Wasserflugzeug des Landes.

D Planetário Calouste Gulbenkian – Planetarium aus den 60er-Jahren. Führung auf Engl., Franz., Span.

E Jardim Botânico Tropical – Ein stiller Park voll tropischer Pflanzen.

F Palácio de Belém – Der Palast aus dem 18. Jh. wurde von den Königen als Residenz genutzt. Heute befindet sich hier der Sitz des Staatspräsidenten.

G Museu Nacional dos Coches – Die Sammlung königlicher Kutschen und Gefährte gilt als eine der besten ihrer Art.

H Museu da Electricidade EDP – Bis 1951 wurde hier aus Kohle Strom gewonnen. Heute ist die Anlage (19. Jh.) ein spannendes Industriemuseum.

I CCB Centro Cultural de Belém und Museu Coleção Berardo – Im riesigen Kultur- und Ausstellungszentrum begeistert die umfassende Sammlung Berardo mit Kunst des 20. Jh.

J Padrão dos Descobrimentos – Das »Denkmal der Entdeckungen« wurde anlässlich des 500. Todestags von Heinrich dem Seefahrer 1960 eingeweiht.

K Museu de Arte Popular – Das Volkskundliche Museum wurde in der Salazar-Zeit im Rahmen der Weltausstellung Exposição do Mundo Português 1940 erbaut.

L Torre de Belém – Das Wahrzeichen von Lissabon wurde 1514 erbaut. Hier wurde der Zugang zum Tejo kontrolliert.

M Ermida de São Jerónimo – Die Kapelle im manuelinischen Stil wurde 1514 erbaut.

AUTORENTIPP!

MACHT UND WEHMUT

Am Ufer des Tejo, etwa auf der Höhe des Hieronymusklosters, erhebt sich ein 50 Meter hoher steinerner Koloss. Padrão dos Descobrimentos wurde er getauft, das »Denkmal der Entdeckungen«. Wie der Bug eines Schiffes schiebt es sich in imaginierte Weiten. Das von Cottinelli Telmo entworfene Monument wurde anlässlich des 500. Todestags von Heinrich dem Seefahrer eingeweiht. Der war im Jahr 1960, also in der dunklen Zeit der Salazar-Diktatur. Hier wird ein nationales Pathos beschworen, eine Größe der Vergangenheit, die besonders dann gebraucht wird, wenn die Gegenwart arm ist an Erfolgen. Heinrich ist übrigens die zentrale Figur am stilisierten Bug. Im Innern gibt es kleine Ausstellungsräume und Treppen, die bis nach oben zu einer Aussichtsplattform führen. Wie es sich das Regime gern wieder gewünscht hätte, liegt einem von dort oben die Welt zu Füßen, nämlich als 50 Meter große Windrose mit Weltkarte, die in den Boden eingearbeitet wurde.

Padrão dos Descobrimentos. Sommer tgl. 10–19 Uhr, Winter Di–So 10–18 Uhr, Av. Brasília, www.padraodosdescobrimentos.egeac.pt, Tram 15

Belém liegt im Westen der Stadt.

und ein Marinemuseum befinden – nach Osten, also in Richtung Stadtzentrum Lissabon, zweigt auf der linken Seite ein Weg ab, der in den verwunschenen Jardim Botânico Tropical führt. Ehe der Park 1912 mit tropischen Pflanzen bestückt wurde, gehörte er zum Palácio de Belém. Der Palast an der Nordseite des geometrisch angelegten Praça Afonso de Albuquerque wurde im 16. Jahrhundert erbaut, allerdings bis ins 19. Jahrhundert mehrfach grundlegend umgebaut und erweitert. 1726 hatte König João V. den Palast erworben. Seit dieser Zeit wurde er immer wieder auch als königliche Residenz genutzt. So auch während des schrecklichen Erdbebens von 1755, als der Palast am Terreiro do Paço einstürzte, während der König unversehrt in Belém weilte, wo das Beben weniger stark war. Heute ist das Gebäude der Amtssitz des Staatspräsidenten und kann an Wochenenden besichtigt werden.

Ebenfalls zum Palast gehörte die prächtige Reithalle, in der das Museu Nacional dos Coches untergebracht ist. Das Kutschenmuseum ist eines der am meisten besuchten Häuser der Stadt. Schräg gegenüber steht der futuristische Neubau, in den die Sammlung in Kürze umziehen soll.

Infos und Adressen

SEHENSWÜRDIGKEITEN

Palácio Nacional de Belém. Museum: Di–So 10–18 Uhr, Palast nur Sa 11–16, So 14–16 Uhr, Praça de Albuquerque, Tel. 21/361 46 60, www.museu.presidencia.pt

Torre de Belém. Mai–Sept, Di–So 10–18.30 Uhr, Okt–April, Di–So 10–17.30 Uhr, Av. Brasília, Tel. 21/362 00 34, www.torrebelem.pt, Tram: 15

ESSEN UND TRINKEN

Pastéis de Cerveja de Belém. Die Geburtsstunde der leckeren Biertörtchen geht auf das Jahr 1943 zurück. Den Kultstatus sieht man der einfachen Cafeteria nicht an. Tgl. 7–20 Uhr, Rua de Belém 15, Tel. 21/363 43 38, Tram: 15

SIGHTSEEING

Yellow Bus. Die gelben Doppeldeckerbusse verkehren bei dieser Tour zwischen der Praça da Figueira im Zentrum und dem Torre de Belém. Man kann aus- und zusteigen, wie man möchte. Der Vorteil dieses Verkehrsmittels ist, dass man sich die mitunter langen Fußwege spart, etwa zum Museu do Oriente oder dem Torre de Belém. Das 24-Stunden-Ticket kostet 15 €. Kinder bis 10 Jahre, 7,50 €. Tickets gibt es im Bus. www.yellowbustours.com

Die Nachfrage nach den echten Pastéis ist groß.

AUSGEHEN

BBC. Wer es cool und eine Spur elitär mag, dem wird das »Belém Bar Café« gefallen. Neben Bar und Restaurantbetrieb kann auch getanzt werden, aber erst nach Mitternacht. Tolle Lage direkt am Tejo. Restaurant Di–Sa 20–24 Uhr, Bar/Club So–Fr 20–2, Sa bis 5 Uhr, Av. Brasília – Pavilhão Poente, Tel. 21/362 42 32, www.belembarcafe

Hier sollen die Pastéis de Nata erfunden worden sein.

Oben: Aus der königlichen Reithalle wurde noch zu Zeiten der Monarchie ein Kutschenmuseum. **Unten:** Ein rollendes Möbelstück – Detail einer Kutsche aus dem 18. Jh.

39 Museu Nacional dos Coches

Königlicher Fuhrpark

Die Sammlung der historischen Kutschen gilt als die schönste ihrer Art in Europa. Die prachtvollen Staatskarossen aus insgesamt drei Jahrhunderten sind in einer ehemaligen Reithalle aus dem 18. Jahrhundert untergebracht, die zum Palácio de Belém gehört. 1905 ließ Königin Amélia das Museum gründen. In naher Zukunft wird die Sammlung in einen Neubau auf der gegenüberliegenden Straßenseite umziehen.

Die Mobilität hat vielleicht mehr als alles andere in den vergangenen 150 Jahren die Umwelt und die Lebensweise in Europa, aber auch in anderen Teilen der Welt, verändert. Städte – wie auch Lissabon – wurden dem Strom des ständig fließenden Verkehrs angepasst, umgebaut und erweitert. Ganze Landschaften haben durch Autobahnen und Bahnstrecken ihr Gesicht verändert. Aber das ist längst nicht alles. Auch die Lebensweisen haben sich verändert. Das Reihen- oder Einfamilien-

MAL EHRLICH

NÜCHTERNE PERSPEKTIVEN

Paulo Mendes da Rocha hat ein beeindruckendes Museum entworfen. Daran gibt es keinen Zweifel. Und wenn es so weit ist – vielleicht im Jahr 2014 –, wird das Museu dos Coches dahin umziehen. Aber war der Bau notwendig? Auch wenn das alte Kutschenmuseum aus allen Nähten platzt. Die barocke Reithalle hat Charme und Geschichte, und gibt sie den reich verzierten Karossen nicht den passenden Rahmen?

haus mit Garten in der Vorstadt, das konnte es erst geben, als zum ausgebauten Straßennetz auch bezahlbare Fahrzeuge am Markt waren. Leben und Arbeiten mussten von nun an nicht mehr in unmittelbarer Nähe stattfinden. Oder die Idee des Urlaubs? Sommer im Süden – ohne das Automobil wäre dies als Massenphänomen nie möglich geworden.

Vor dem Automobil

Solche oder ähnliche Gedanken kommen einem vielleicht, wenn man die ehemalige Reithalle im Ostflügel des Palácio de Belém betritt. Zwischen all den prachtvollen Vehikeln des Museu Nacional dos Coches, des Nationalen Kutschenmuseums, wird eines deutlich: Wie man sich fortbewegt, mit welchem Gefährt, ist ein Thema, seit der erste Karren oder Streitwagen gebaut wurde. Das Fahrzeug – ganz egal, ob es selbstbewegt, also ein Automobil ist, oder von Pferden gezogen wird – soll nicht nur ein praktisches Beförderungsmittel sein. Es soll was hermachen. Mit dem Fahrzeug transportiert man auch die Idee, wer man ist oder sein will, welchen sozialen Rang man einnimmt. Das war im Zeitalter der Kutschen nicht anders als im autoverliebten 20. und frühen 21. Jahrhundert. Und es ist auch keineswegs so, dass sich nur Männer für dieses Thema begeistern können. Die Idee zur Gründung des Kutschenmuseums stammt von einer Frau. Amélia von Orléans und Bragança, die Gattin von König Carlos I., ließ 1905 das Museum im Stadtteil Belém eröffnen.

Königliche Reithalle

Bis dahin hatte die große Halle anderen Zwecken gedient. 1768 ließ Prinz João die königliche Reithalle abreißen und eine neue errichten. Der künftige König João V. hatte eine Schwäche für schöne Pfer-

AUTORENTIPP!

STROM AM STROM

Eine Stadt braucht Strom, und zwar sehr viel. Als im ausgehenden 19. und frühen 20. Jahrhundert der praktische Nutzen der Elektrizität immer mehr zum Tragen kam, wuchs der Bedarf rapide. In Lissabon begegnet einem die Frühphase der damals noch jungen Energieform zum Beispiel mit der Elektrifizierung des Trambahnnetzes im Jahr 1901. Damit die Bahnen und überhaupt die Lissabonner Strom bekamen, wurde direkt am Tejo ab 1914 ein großes Kohlekraftwerk gebaut. Die Lage war günstig, denn so konnten die Kohleschiffe direkt vor dem großen Backsteinbau anlegen und abladen. Bis 1951 war die Anlage in Betrieb, die heute ein sehenswertes Museum ist, zumindest wenn man sich an alten Industrieanlagen erfreuen kann. Die antik wirkende Technik aus Kesseln, Generatoren und Kontrollpulten, wo ein Schalter noch ein Schalter war und das Zeitalter der Bildschirme und Computer noch in sicherer Ferne lag, erzählt vom rasanten Fortschritt.

Museu da Electricidade EDP. Di–So 10–18 Uhr, Eintritt frei, Av. Brasília, Central Tejo, Tel. 21/002 81 30, www.fundacao.edp.pt, Tram: 15

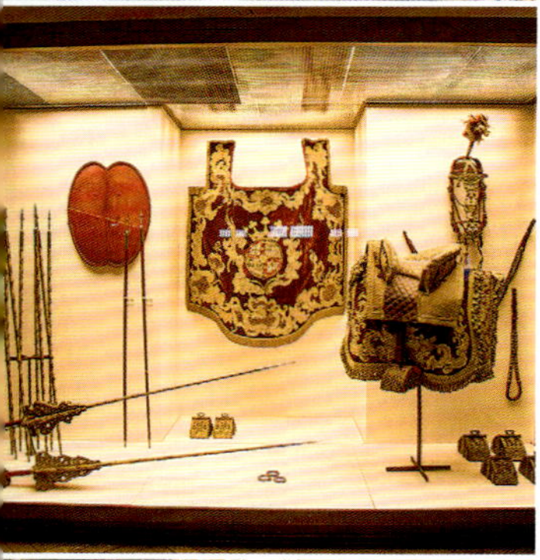

Oben: Mehr geht nicht – das Gefährt des päpstlichen Gesandten aus dem 18. Jh.
Mitte: Handgefertigtes Zubehör
Unten: Dieser Prototyp gibt auch einer Sänfte eine zeitgemäße Aerodynamik.

de. Von der Galerie aus konnten er und der Hofstaat die typisch portugiesische Rasse der Lusitanos begutachten. Höchstwahrscheinlich wurde auch eine Art dressiert, die *Alter Real* genannt wird, eine Züchtung, die João vorangetrieben hatte. Das prächtige Dekor und die detailreiche Ausgestaltung der Reithalle mit umlaufender Balustrade und der ausgemalten Gewölbedecke lohnen allein den Besuch. Künftig wird man auf diese Schönheiten aber verzichten müssen, da das Museum in einen futuristischen Neubau umzieht.

Die Sammlung

Die Sammlung selbst zeigt Kutschen, Sänften, offene Cabriolets einschließlich deren Zubehör wie Lampen, Koffer, Zaumzeug usw. Hinzu kommen Prunksattel und Uniformen, Reitkleidung wie etwa das Reitkostüm von Königin Amélia. In der Haupthalle stehen die prachtvollsten Karossen aus dem königlichen Fuhrpark. Elegant bis auf den heutigen Tag wirkt der königliche Zeremonialwagen, der im 18. Jahrhundert in Frankreich gefertigt wurde. Die Kirche zeigt sich mal wieder von ihrer unchristlich unbescheidenen Seite. Der Prachtwagen des päpstlichen Gesandten aus dem Jahr 1716 stellt an Pomp alle anderen in den Schatten. Fast wundert man sich, dass dieses vor Blattgold und Figurenschmuck strotzende Gefährt überhaupt fahrtüchtig war. Es wiegt mehrere Tonnen. Weitaus schlichter, aber sehr kostbar ist das seltene Exemplar, mit dem der spanische König Philipp II. befördert wurde. Es ist in seiner Lieblingsfarbe lackiert, in Schwarz. Räder und Leder sind in Rot gehalten. Im Raum nebenan geht es weiter mit Landauern und Sänften, Droschken und einem Hochrad aus dem ausgehenden 19. Jahrhundert. Vereinzelt tauchen in der Sammlung auch Prototypen auf, die einen Ausblick in die Zukunft der Mobilität geben.

Infos und Adressen

SEHENSWÜRDIGKEITEN

Museu Nacional dos Coches. Di–So 10–18 Uhr, Praça Afonso de Albuquerque, Tel. 21/361 08 50, www.museudoscoches.pt, Tram: 15

Cordoaria Nacional. 1771 wurde die königliche Seilmanufaktur gegründet. Im lang gestreckten Gebäude wurden Taue, Seile und Segel für die Seefahrt hergestellt. Heute finden hier unregelmäßig Ausstellungen, Flohmärkte und andere Veranstaltungen statt. Keine regelmäßigen Öffnungszeiten. Rua da Junqueira 342, Tram 15

ESSEN UND TRINKEN

Piazza Di Mare. Für ein Essen mit Aussicht lohnt der Weg zum Flussufer in Richtung Museu da Electricidade. Das Restaurant mit typisch italienischen Gerichten wie Pizza, Pasta, Risotto etc. hat eine schöne Freiterrasse. Auch drinnen kann man es gut aushalten. Tgl. 11–2 Uhr, Av. Brasília – Pavilhão Poente, Tel. 21/362 42 39, www.piazzadimare.com

ÜBERNACHTEN

Residencial Setubalense. Die einfache Pension liegt nur wenige Minuten vom Hieronymuskloster und den anderen Sehenswürdigkeiten Beléms entfernt. Die Zimmer haben eigene Bäder, Klimaanlage und kostenfreies Internet, DZ: 50 €, Rua de Belém 28, Tel. 21/363 66 39, www.setubalense.pt, Tram: 15

SIGHTSEEING

Go Car. Mit den lustigen Dreirädern von Go Car Tours kann man Lissabon auf vier GPS-gestützten Routen erkunden. Eine davon führt nach Belém, wo man dessen Sehenswürdigkeiten aus dem offenen Zweisitzer bestaunen kann. Selbstverständlich kann man auch aussteigen, etwa für eine Café-und-Pastéis-Pause. Die anderen Routen erkunden das Expogelände, das Bairro Alto und die Alfama. Ab 25 € pro Person.
Rua dos Douradores 16, Tel. 21/096 50 30, www.gocartours.pt

Die historische Reithalle mit schönem Deckendekor

Mehr als ein Kloster – das Mosteiro dos Jerónimos, erbaut ab 1502, ist ein Symbol der aufstrebenden Weltmacht und zugleich Höhepunkt der manuelinischen Baukunst.

40 Mosteiro dos Jerónimos

Höhepunkt der manuelinischen Baukunst

Bis heute ist das Hieronymuskloster das wichtigste Bauwerk der Manuelinik. König Manuel I. prägte diesen Architekturstil, der nur im Portugal des beginnenden 16. Jahrhunderts auftauchte und einen Mix aus Gotik und Renaissance darstellt. Auch die Sarkophage einiger historisch bedeutender Portugiesen und das Archäologische Museum machen das Kloster zu einem der Hotspots in Belém.

Es ist eher unwahrscheinlich, dass die Baumänner, die im Januar 1501 den ersten Spatenstich für das von König Manuel I. (1469–1521) in Auftrag gegebene Gebäude taten, etwas von der späteren Bedeutung ihrer Arbeit ahnten. Das Mosteiro dos Jéronimos ist heute das Symbol der goldenen Zeit portugiesischer Entdeckungen. Manuel I. ließ es errichten, nachdem Vasco da Gama (1469–1524) 1498 den Seeweg nach Indien entdeckt hatte. Er wollte ihm und den anderen Seefahrern, die Portugal zur ersten echten Weltmacht heranwachsen

MAL EHRLICH

SCHAUEN UND SPAREN

Hier ein Ticket, da ein Ticket. Wenn man sich die Museen und Monumente von Belém anschauen möchte, kommt einiges an Eintrittsgeldern zusammen. Günstiger, als jedes Mal einzeln zu bezahlen, ist das »Bilhete conjunto Belém« für 12 €. Damit kommt man in das Museu Nacional dos Coches, Museu Nacional de Arqueologia, Museu Nacional de Etnologia und den Palácio Nacional da Ajuda.

Das Kloster und die Praça do Império

ließen, ein christliches und monumentales Gebäude schenken. Als Bewohner des Klosters wählte der König die Hieronymusmönche, deren Aufgabe es war, für die spirituelle Unterstützung der Entdecker zu beten.

Rund 70 Jahre lang wurde an dem Kloster gebaut. Insgesamt fünf Architekten formten den Bau, ohne dass dadurch der Gesamteindruck durch unterschiedliche Stile beeinträchtigt würde. Der federführende Architekt der ersten Jahre war der Portugiese Diego de Boitaca. Ursprünglich war die Anlage sogar noch weitaus größer geplant. Aber auch so ist das Kloster mit Kirche, Kreuzgang, Refektorium, Kapitelsaal und einem fast 200 Meter langen Gebäudeflügel sehr groß. Es ist gerade diese breite, gleichförmige und imposante Hauptfassade, die der Anlage etwas Grandioses und etwas ungetrübt Hoffnungsvolles verleiht. Der Prachtbau ist das Manifest eines noch jungen Königreichs, das vor Selbstbewusstsein strotzt.

Exotische Details

Geld für den Bau war reichlich vorhanden. Größtenteils wurde er durch Steuereinnahmen aus dem

AUTORENTIPP!

MIT ZIMT UND PUDERZUCKER

Puddingtörtchen sind in Lissabon allgegenwärtig, aber nur in Belém gibt es die echten. *Pastéis de Nata* wird die köstliche Süßspeise in ganz Portugal genannt. In Belém heißen sie *Pastéis de Belém.* Die Fábrica dos Pastéis de Belém ist der Pilgerort aller Puddingverehrer. Im altehrwürdigen Haus aus dem Jahr 1837 sollen die Törtchen erfunden worden sein. 10 000 bis 12 000 Stück werden jeden Tag von Hand nach geheimer Rezeptur hergestellt und nur hier verkauft. Um dem Rang des Ortes gerecht zu werden, sollte man sich gleich zwei zum *Cafezinho* bestellen, denn die Warteschlange ist immer lang. Wie es sich für so ein ofenwarmes Gebäck aus Blätterteig und einer Füllung aus Eigelb, Zucker und Sahne gehört, wird es vom Kellner noch mit Zimt und Puderzucker bestreut, ehe es mit freudiger Erwartung in Empfang genommen wird. Sie schmecken einfach göttlich!

Pastelaria de Belém. Juni–Okt. tgl. 8–24 Uhr, Nov.–Mai tgl. 8–23 Uhr, Rua de Belém 84–92, Tel. 21/363 74 23, www.pasteisdebelem.pt, Tram: 15

AUTORENTIPP!

GOLD UND STEINE

Im Westflügel des Mosteiro dos Jerónimos, in dem sich die Zellen der Mönche befanden, zog bereits im ausgehenden 19. Jahrhundert das Museu Nacional de Arqueológia ein. Es beginnt mit Funden aus römischer Zeit. Sensibel und spannungsvoll beleuchtet, tauchen Grabstelen aus dem Dunkel auf, ebenso wie Büsten und die schöne Figur eines Merkurs aus dem 4. nachchristlichen Jahrhundert. Bodenmosaike sind zu sehen, eins mit einer sehenswerten Bacchanal-Szene aus Portalegre, sowie antike Gläser, Schalen und Keramiken.

Von unseren Ahnen aus der Steinzeit, der Eisen- und Bronzezeit finden sich ebenso Belege ihrer Kunstfertigkeit wie aus dem Mittelalter oder der vorangegangenen westgotischen und islamischen Epoche Portugals. Die Hauptattraktion des Museums ist eine Schatzkammer mit Goldschmuck aus der mittleren Bronzezeit. Ringe, Armreifen, Ketten, ein Diadem aus getriebenem Gold glitzern hinter Panzerglas.

Museu Nacional de Arqueologia. Di–So 10–18 Uhr, Praça do Império, Tel. 21/362 00 00, www.mnarqueologia-ipmuseus.pt, Tram: 15

Überseehandel finanziert. Und so war es ein logischer Schritt, das Exotisch-Fremde auch in der Optik des Klosters zu verewigen. Die Architekten und Baumeister ließen sich bei ihrer Planung von den Geschichten inspirieren, die die Seeleute mit nach Hause gebracht hatten. So kam es, dass sie reichliche Verzierungen und Ornamente aus dem Orient mit maritimen Elementen kombinierten, die immer wieder in der Struktur auftauchen. Doch das sind Details, die erst beim genauen Hinschauen auffallen – dann nämlich, wenn sich die Augen an das riesige Gebäude mit einer Fassadenlänge von 300 Metern gewöhnt haben.

Die Portale

Der erste große Hingucker ist das Südportal, das nicht – wie die üppigen Verzierungen im Kalkstein vermuten lassen – der Haupteingang ist, sondern lediglich eine Seitentür mit prominenter Ausrichtung zum Tejo-Ufer darstellt. Auf einer Fläche von 32 mal 12 Metern kreierte João de Castilho (1470–1552), einer der bedeutendsten iberischen Architekten seiner Zeit, unzählige Figuren, Kreuze und Plastiken, die eine auf einem Sockel thronende Statue der Heiligen Maria mit ihrem Kind einrahmen. Zwischen den beiden Türen wurde Heinrich der Seefahrer in Ritterrüstung postiert.

Der kleinere, jedoch wichtigere Eingang ist das Hauptportal von Skulpteur Nicolau Chanterene (1485–1551), das einmal mehr die Verknüpfung der manuelinischen Baukunst von Gotik und Renaissance verdeutlicht. Über der schweren Holztür zur Kirche befinden sich drei Plastiken, die die Ereignisse um die Geburt von Jesus Christus zeigen. Drumherum scharen sich weitere Figuren, unter anderem passiert man die Statue von König Manuel I., bevor man in das gewaltige Innere der kreuzförmigen Kirche gelangt.

Die Klosterkirche

Der Besucher betritt das Gotteshaus frontal zum Altar. Sechs ornamentierte Pfeiler, die jeweils 25 Meter in die Höhe ragen, stützen das Deckengewölbe, dessen Quadrat- und Sternformationen durch den Lichteinfall einiger Buntglasfenster an manchen Tagen goldfarben erscheinen. Unter der Empore, von der aus sich der beste Blick über den Kirchensaal bietet, stehen Sarkophage. Der Steinsarg Vasco da Gamas ist mit Segelschiffen und einer Weltkugel geschmückt, der Kenotaph des Nationaldichters Luís de Camões (1524–1580) mit Schreibfeder und Leier. In den Bogennischen am Hochaltar tragen Marmorelefanten die Sarkophage portugiesischer Königspaare, darunter auch die von Manuel I. und seiner Frau Maria Aragón (1482–1517).

Hinter dem Hochaltar schließt der Chor an, der von Diego de Torrallva im Stil der Hochrenaissance ausgeführt wurde. Dieser ist weniger exotisch und weniger überladen als der der Manuelinik und wird für spätere portugiesische Bauten wegweisend sein.

Kreuzgang

Hinter der Kirche befindet sich ein monumentaler Kreuzgang, der einst ein Ort der Ruhe zum Beten und Meditieren war und dessen Konstruktion zur Zeit seiner Entstehung neuartig war. Die umgebenden Klostermauern sind zweistöckig und mit großen Balkonbögen und zahlreichen Deckengewölben gespickt. Die Verzierungen zeigen religiöse und königliche Symbole sowie Symbole der Natur. In diesem einzigartigen Beispiel der portugiesischen Baukunst lassen sich typische Merkmale der Manuelinik erkennen, die nicht nur Auskunft über ästhetische Vorlieben geben, sondern auch eine

Oben: Der Kreuzgang des Klosters zeigt die zum Teil exotisch anmutenden Stilelemente der Manuelinik.
Unten: Buntglasfenster mit einem typischen Motiv der Zeit, einem gewundenen Tau

Oben: Der Hauptaltar gerät bei diesem Bauwerk fast zum Nebenschauplatz.
Unten: Der Nationaldichter Luis de Camões hat im Kloster seine letzte Ruhe gefunden.

Ahnung darüber, welches Weltverständnis in den gebildeten Kreisen jener Zeit vorherrschte. Das Dekor des doppelstöckigen Kreuzgangs zeigt Formen gotisch-christlicher Elemente.

Darüber hinaus werden wie etwa im spanischen Mudéjar auch arabische Einflüsse sichtbar. Bis dahin ungesehen sind exotische, aus dem Fernen Osten beeinflusste Stilelemente. Immer wieder sieht man versteckte oder offensichtliche maritime Ornamente, etwa in Verknotungen und stilisierten Schiffstauen, die natürlich als Hinweis auf die Entdeckungsreisen und das Selbstverständnis einer – heute würde man sagen – globalen Macht verweisen. Typisch ist in diesem Zusammenhang auch das Motiv der Armillarsphäre, die auch Teil des königlichen Wappens war. Welche Rolle im nationalen Gedächtnis der Schriftsteller Fernando Pessoa (1888–1935) genießt, wird im Nordflügel des Kreuzgangs deutlich. 1985 wurden die Gebeine des Dichters, der zu Lebzeiten fast nichts veröffentlicht hat, verlegt.

Vom Kreuzgang aus kann man auch die sehenswerten Säle besichtigen: das Refektorium, den Speisesaal der Mönche oder die Sakristei und den Kapitelsaal, in dem regelmäßige Versammlungen der Mönche und später auch politische Treffen stattfanden.

Zugegeben: Man hat das Kloster, das wichtigste Gebäude der manuelinischen Baukunst, nur selten für sich allein. In der Regel geht es aufgrund von Reisegruppen und anderen Touristen eher hektisch zu. Doch wer frühmorgens oder kurz vor der Schließung des Klosters vorbeikommt, kann einen Hauch von der Ruhe erahnen, die hier zu Zeiten der Hieronymusmönche herrschte und dieses riesige Bauwerk zu einem stillen, heiligen Ort machte.

Infos und Adressen

SEHENSWÜRDIGKEITEN

Mosteiro dos Jéronimos. Mai–Sept., Di–So 10–18.30 Uhr, Okt.–April, Di–So 10–17.30 Uhr, Praça do Império, So bis 14 Uhr Eintritt frei, Tel. 21/362 00 34, www.mosteirojeronimos.pt

ESSEN UND TRINKEN

Á Margem. Ganz schön cool, die Architektur und die Einrichtung des Lokals erfreuen den Minimalisten. Groß ist der Blick über den Tejo. Auf der Terrasse kommt man ihm ganz nahe. Dort zu sitzen, bei Weißwein, Sonne und Salat, ist schönste Lissabonner Gegenwart. So–Do 10–1, Fr, Sa 10–2 Uhr, Doca do Bom Sucesso, Tel. 91/822 55 48, www.amargem.com

Pão Pão Queijo Queijo. Im Innern oder auf der Terrasse des kleinen Lokals ist immer viel los. Viele Lisboetas schwören auf das Pão Pão, schließlich soll es hier die besten Baguettes der Stadt geben. Eventuelle Wartezeiten lohnen sich. Auch zum Mitnehmen. Mo–Sa 8–24, So 8–20 Uhr, Rua de Belém 126, Tel. 21/362 63 69, Tram 15

VERANSTALTUNGEN

Travessa da Ermida. In der Kapelle Nostra Senhora da Conceição zwischen dem Hieronymuskloster und dem Palácio de Belém finden sehenswerte Ausstellungen statt. Auch eine Weinhandlung und eine Schmuckboutique sind angeschlossen. Di–Fr 11–17 Uhr, Sa/So 14–18 Uhr, Travessa do Marta Pinto 21, www.travessadaermida.com, Tram: 15

ÜBERNACHTEN

Jerónimos 8. Dank des noch jungen Designhotels seitlich vom Mosteiro dos Jerónimos kann man sich auch im schönen Belém einmieten. Ideal, wenn man sich einige Tage Kunst und Kultur widmen will oder keine Lust auf die laute Innenstadt hat.. DZ: 165 €, Rua dos Jerónimos 8, Tel. 21/360 09 08, www.jeronimos8.com, Tram: 15

Blick vom Padrão dos Decobrimentos

Oben: Königliche Barke in der großen Ausstellungshalle
Unten: Das Modell der S. Gabriel, mit der Vasco da Gama 1499 den Seeweg nach Indien entdeckte.

41 Museu da Marinha

Schiff ahoi

Im ehemaligen Westflügel des Mosteiro dos Jerónimos zeigt seit den 1960er-Jahren das Marinemuseum seine Schätze. Das sind vor allem Schiffsmodelle aus mehreren Jahrhunderten. In einer großen Halle seitlich des Klostertraktes sind zahlreiche Originalboote zu sehen. Das Museum geht auf eine Gründung von König Luís I. aus dem Jahr 1863 zurück.

Nur zwei Jahre nachdem Luís I. den portugiesischen Thron bestiegen hatte, verfügte er 1863 die Gründung eines Marinemuseums. Über Jahrhunderte war die Seefahrt das Fundament der Wirtschafts- und Kolonialmacht Portugal. Der Monarch aus dem Haus Sachsen-Coburg und Gotha hatte aber noch andere Beweggründe, als das Erbe des Landes hochzuhalten. Dom Luís war der bis dahin erste König des Landes, der selbst ein Schiff navigiert und befehligt hatte.

Das Marinemuseum ist im Westflügel des ehemaligen Hieronymusklosters sowie in einem modernen Anbau untergebracht. Erst 1962 zog die Sammlung in die exklusive Adresse in Belém ein, und damit wurde das Museum offiziell eröffnet.

Die Ausstellungsräume bieten einmal mehr die Gelegenheit, sich mit der Geschichte Portugals und seiner ruhmreichen Entdeckungsfahrten zu beschäftigen. Daran erinnert man sich in Lissabon besonders gern, vielleicht, weil die Größe vergangener Tage so sehr im Gegensatz zur bescheidenen wirtschaftlichen Macht und der geografischen Ausdehnung des Landes heute steht. Dem Aufstieg Portugals zu einer führenden Kolonial-

und Handelsmacht im 15. Jahrhundert ist der erste Raum gewidmet. Die Beziehungen und Reisewege in den Fernen Osten, nach Indien und China etwa durch Vasco da Gama, werden dokumentiert. Den größten Ausstellungsbestand im Klosterflügel nehmen Schiffsmodelle ein. Wer sich für so etwas interessiert, wird hier glücklich werden und sehen, wie sich die Schifffahrt als Freizeitgestaltung entwickelt hat und mit welchen Bootstypen. Und welche Handelskompanien im 19. Jahrhundert die Meere erst umsegelten und dann umdampften. Im Saal der Handelsschifffahrt erfährt man auch, dass Portugal trotz seiner verbliebenen Kolonien international nur noch Begleitmusik war. Aber bis dahin hat man sich so sehr an den Schiffsmodellen, die im Lauf der Jahrhunderte gebaut wurden, berauscht, dass man eher glaubt, die Wellen zu hören, die an den Bug eines fiktiven Schiffes schlagen, als die traurige Realität anzuerkennen, der das Land im Südosten Europas heute entgegensegelt.

Nicht nur auf dem Meer waren und sind die Portugiesen unterwegs. Auch auf den Binnengewässern haben sich eigene Traditionen entwickelt, die durchaus spannend sind. Die unterschiedlichen Typen von Holzbooten für flache Gewässer, für den Fischfang oder die Beförderung der Portweinfässer den Rio Douro hinunter – all das erinnert daran, dass der Schiffsverkehr noch vor der Ära der Eisenbahn das wichtigste Transportmittel war. Eine ganze Reihe dieser originalen Boote, etwa für den Fischfang, ist in einer großen Halle untergebracht, die man über einen überdachten Gang erreicht. Auf den ersten Blick beeindruckender sind die königlichen Galeeren. Die mit Blattgold verzierten Ungetüme wurden im 18. Jahrhundert gebaut und auf dem Tejo zu festlichen Anlässen eingesetzt. In der auch architektonisch interessanten Halle aus den 1960er-Jahren befinden sich ebenso die ersten Wasserflugzeuge Portugals.

Infos und Adressen

SEHENSWÜRDIGKEITEN

Museu de Marinha. Mai–Sept. Di–So 10–18 Uhr, Okt.–April Di–So 10–17 Uhr, Praça do Império, Tel. 21/362 00 19, www.museu.marinha.pt, Tram: 15

ESSEN UND TRINKEN

Cafeteria Museu Marinha. Nicht, dass die Museums-Cafeteria besonders schön wäre. Einen gewissen nostalgischen Reiz kann man dem Café im Museumsanbau aus den 1960er-Jahren aber nicht absprechen. Adresse und Uhrzeiten wie beim Museum.

Restaurante ANL. Freizeitkapitäne, die nach dem Besuch des Marinemuseums gern unter sich bleiben möchten, sollten einen Blick ins Clubrestaurant der Associação Naval de Lisboa werfen. Den renommierten Club gibt es bereits seit 1856. König Pedro V. förderte seinerzeit die Gründung. Bar und Cafeteria 10–18 Uhr, Restaurant 12.30–15 und 19.30 bis 23 Uhr, So-abend und Montag geschl., Av. Brasília, Doca de Belém, direkt am Sporthafen, Tel. 21/361 94 80, www.anl.pt, Tram: 15

AKTIVITÄTEN

Planetário Calouste Gulbenkian. Zwischen dem Neubau des Marinemuseums und dem Kloster dos Jerónimos steht seit den 1960er-Jahren ein Planetarium. Einige Vorführungen finden auch auf Englisch, Französisch oder Spanisch statt. Do 16, Sa 15 und 16, So 11.30, 15 und 16 Uhr, Praça do Império, Tel. 21/362 00 02, http://planetario.marinha.pt, Tram: 15

Oben: Das CCB ist ein Kunst-, Kultur- sowie ein Kongresszentrum. **Unten:** Der gewaltige Gebäudekomplex beeinträchtigt die Wirkung des Mosteiro dos Jerónimos und der Praça do Império.

42 Centro Cultural de Belém

Kulturbunker

Eine der Hauptattraktionen in Belém ist neben dem Hieronymuskloster das Kulturzentrum CCB. Im Marmor verkleideten Gebäudekomplex finden Veranstaltungen, Konzerte, Theater- und Kinoaufführungen statt. Die umfangreichste Sammlung an moderner Kunst in Portugal beherbergt das Museu Coleção Berardo. Zu sehen sind die wichtigsten Kunstströmungen des 20. Jahrhunderts vom Surrealismus über die Minimal-Art, die Pop-Art bis in die Gegenwart.

Seitlich der Grünfläche vor dem Hieronymuskloster erhebt sich ein Gebäude, das auf den ersten Blick schwer zu fassen ist. Der mit einem warmen und rauen Marmorstein verkleidete Komplex scheint aus dem Boden gewachsen zu sein. Er wirkt in sich geschlossen und offenbart seine enormen Dimensionen erst nach und nach. Als das Centro Cultural de Belém 1992 eröffnet wurde, war die Diskussion groß, ob die Arbeit des italienisch-portugiesischen Architektenduos Vittorio

MAL EHRLICH

ALLES WIE ERWARTET

Sicher kann man das auch ganz anders sehen oder gerade gut finden. Nämlich dass der Aufbau, die Abfolge der Räume und Werke so folgerichtig und meist chronologisch verläuft. Man könnte aber auch sagen, dass die Sammlung Coleção Berardo langweilig und uninspiriert präsentiert wird. Man sieht ein Highlight nach dem anderen und hat doch nur den Eindruck, durch ein Kunstlexikon zu blättern. Ein bisschen mehr Mut täte ihm gut!.

Gregotti und Manuel Salgado gelungen sei oder nicht. Heute stellt sich diese Frage nicht mehr, was auch daran liegt, dass das Zentrum die Kulturlandschaft der Hauptstadt enorm bereichert hat. Dies gilt vor allem, seit 2007 das Museu Coleção Berardo in den hinteren Gebäudeteil eingezogen ist. Im Zentrum, das von einer privaten Stiftung geführt wird, finden fast täglich Konzerte, Theateraufführungen oder andere kulturelle Veranstaltungen statt. In der offenen Mittelachse, die sich durch das Gebäude zieht, sind zudem einige Shops für Feinkost und Weine, Mode und Designaccessoires und eine Kunstbuchhandlung.

Museu Coleção Berardo

Es ist schon eine erstaunliche Sammlung, die der aus Madeira stammende Geschäftsmann José Berardo zusammengetragen hat. Noch mindestens bis 2016 wird dieses Kompendium der internationalen Kunst des 20. Jahrhunderts im CCB zu sehen sein. Etwa 900 Werke umfasst die Sammlung, die durch Zukäufe ständig erweitert wird. Sie ist in zwei Bereiche unterteilt, die sich jeweils auf unterschiedlichen Gebäudeebenen befinden.

Am besten beginnt man in der 2. Etage. Dort wird der Zeitraum vom frühen 20. Jahrhundert bis in die 1960er-Jahren behandelt. Das Museum ist didaktisch nach den bekannten Strömungen und Ismen aufgebaut, mit denen die Kunstkritik und die Künstler das 20. Jahrhundert bis in die 1970er- und 1980er-Jahre hinein in ein brauchbares Schema gepresst werden. Zaghaft mit nur einigen wenigen Arbeiten aus der frühen Avantgarde, dem Dadaismus und Kubismus, beginnt man den Rundgang. Ein Flaschentrockner (1914/1964) von Marcel Duchamp steht da, sozusagen als ideologisches Gerüst, was vom Werkbegriff im 20. Jahrhundert noch zu erwarten sein wird. Interessant ist ein Ge-

AUTORENTIPP!

SELBST GEMACHT ODER GEBRAUCHT

Am ersten Sonntag eines Monats lohnt sich der Ausflug nach Belém allemal. Nicht nur, weil man umsonst in die Museen kommt. Die Chancen stehen gut, das eine oder andere schöne Objekt zu ergattern, das eine Geschichte hat. Im Park gegenüber dem Hieronymuskloster bauen die Händler ihre Stände auf und bieten allerlei Trödel an. Die Muttergottes aus Gips oder ein Andenken aus Fatima finden sich garantiert unter den dargebotenen Waren, ebenso wie alte Tassen und Teller, Postkarten, oder andere Dinge, die ein neues Zuhause suchen. Diese Art von Souvenirs werden ihrem Namen mehr als gerecht – denn sie erinnern an echte Erlebnisse. In den Innenhöfen des Kulturzentrums wird der Mercado do CCB abgehalten. Viele Stände bieten selbst gemachtes Kunsthandwerk an, zum Beispiel schöne Keramiken, die man in keinem Geschäft kaufen kann. Mode und Designstücke werden gezeigt, auch Blumenhändler rücken an mit Pflanzen und Sämlingen im Gepäck.

Mercado do CCB. Jeden ersten Sonntag im Monat, 10–19 Uhr

Oben: Installation des Künstlers Teko Mbarate im Museu Colecção Berardo
Mitte: Am besten selber machen: Kinder spielen Schlagzeug im CCB.
Unten: Treppenaufgang mit Mobile von Alexander Calder

mälde von Amadeo de Souza-Cardoso. Es zeigt eine Brücke und gehört zu den wenigen kubistischen Arbeiten Portugals. Im folgenden Jahrzehnt und in den darauffolgenden Räumen wird es formal und surreal; die Gleichzeitigkeit der Gegensätze. Hans Arp, Max Ernst, Giorgio de Chirico sind vertreten, ebenso wie El Lissitzky, Piet Mondrian mit einem seiner typischen Rasterbilder und ein früher René Magritte (»Le Gouffre Argenté«, 1926). Mit Julio González und Óscar Domínguez geht es weiter in der Zeit, bis mit den filigranen Mobiles von Alexander Calder und Lucio Fontanas perforierter Leinwand »Concetto Spaziale« (1958) neue Türen aufgestoßen werden. Spannende Werke der 1950er-Jahre kommen auch von der Gruppe Zero etwa mit einer »Dynamischen Struktur« von Heinz Mack, von Cy Twombly und seinen Abstraktionen zwischen Schrift und Malerei.

Pop-, Minimal-, Concept-Art

Viel Raum nimmt die Pop-Art ein, die parallel zu sakrosankten Werken der amerikanischen Farbfeldmalerei boomt. Ein abstraktes Bild in schwarzen Farbtönen (1962) von Ad Reinhardt, eine Hommage ans Quadrat (1964) von Josef Albers oder Morris Louis mit »Beta Tau« (1961) sind Meisterwerke dieser Phase. Mittlerweile ist man im ersten Untergeschoss angelangt, wo man den Verästelungen der 1960er-Jahre weiter nachgehen kann, den Reduktionen der Concept-Art und der Minimal-Art. In den 80ern feierte die Kunstwelt die Rückkehr der Figur, wo Francis Bacon in »Oedipus and the Sphinx« seine seltsam deformierte Personnage vorstellt. Basquiat und Baselitz wüten auf der Leinwand und tun, was nach Joseph Beuys der Concept-Art fast verboten schien – sie malen. Aus dieser Zeit hat Berardo auch spannende Fotografien und Skulpturen gesammelt. So etwa von Thomas Ruff, Bernd und Hilla Becher, Cindy Sherman und Andreas Gursky.

Infos und Adressen

SEHENSWÜRDIGKEITEN

CCB Centro Cultural de Belém. Mo–Fr, So 10–19 Uhr, Sa 10–22 Uhr, Praça do Império, Tel. 21/361 24 00, www.ccb.pt, Tram: 15

Museu Coleção Berardo. Mo–Fr, So 10–19 Uhr, Sa 10–22 Uhr, Eintritt ständige Sammlung: frei, Praça do Império, Tel. 21/361 28 78, www.museuberardo.pt, Tram: 15

ESSEN UND TRINKEN

Este Oeste. Übersetzt heißt der kulinarische Dialog aus Osten und Westen: Pizza und Sushi. Beides zusammen passt nicht, aber jedes für sich sehr gut. Schönes Lokal mit Terrasse, von der man hinüber zum Tejo schaut. So 10–20, Mi, Do bis 23, Fr, Sa bis 24 Uhr, Tel. 21/590 43 58, im CCB

Lichtkubus im Museumshof

Ein bestückter Flaschentrockner frei nach Marcel Duchamp

ÜBERNACHTEN

Altis Belém Hotel & Spa. Das frische Design des 5-Sterne-Hauses spielt mit dem Licht und der Aussicht auf den Tejo. Das moderne Haus liegt direkt am Jachthafen Doca do Bom Sucesso zwischen Torre de Belém und CCB.
Doca do Bom Sucesso, Tel. 21/040 02 00, www.altishotels.com, Tram: 15

EINKAUFEN

CCB Design Shop. Schöne Designobjekte für die Wohnung, Accessoires und Schmuck werden hier angeboten. Meist wurden sie von portugiesischen Künstlern und Kreativen entworfen. Mo–Fr, So 10–19 Uhr, Sa 10–22 Uhr, Loja CCB, Centro Cultural de Belém, Praça do Império, www.ccb.pt, Tram: 15

Coisas do Arco do Vinho. Die Weinhandlung gehört zu den ersten Mietern in der Ladengasse des CCB. Neben der guten Auswahl an portugiesischen und internationalen Weinen fühlt man sich auch kompetent beraten. Loja 7/8, Centro Cultural de Belém, www.coisasdoarcodovinho.pt/

Oben: Turmaufgang zur oberen Aussichtsplattform
Unten: Ohne den Beistand Marias mochten auch die Wächter des Belémturms nicht gerne sein.

43 Torre de Belém
Turm und Tor

Einst war er Teil des Verteidigungssystems der Stadt, heute symbolisiert der Torre de Belém vor allem Portugals Blütezeit als Seehandels- und Kolonialmacht. Von hier aus brachen die berühmten Entdecker wie Vasco da Gama oder Pedro Álvares Cabral zu ihren Expeditionen auf, von denen sie Wissen, Macht und manchmal sogar lebendige Güter mit nach Hause brachten. Die Geschichten dazu erzählt die Fassade eines der bekanntesten Wahrzeichen Lissabons.

Der Gedanke an vergangene Zeiten hat schon etwas Romantisches: Wenn die portugiesischen Entdecker und Handelsseefahrer nach Monaten oder gar Jahren der Weltumrundung wieder in ihrem Heimathafen Lissabon ankamen und sich die heimischen Landmassen am Ufer der Tejo-Bucht vor ihren Augen auftürmten, war der Turm von Belém das erste Wahrzeichen, das die Männer zu sehen bekamen. An ihm konnten sie erkennen, dass sie es nach Hause geschafft hatten, ganz egal, welche Strapazen und Erlebnisse hinter ihnen lagen. Das manuelinische Bauwerk war das Tor in ihren sicheren Hafen, ein erster Willkommensgruß. Und wenn sich auch die Art der Anreise nach Lissabon inzwischen vorrangig vom Wasser in die Luft verlagert hat, ist dies bis heute so geblieben. Wer mit dem Flugzeug aus dem nördlichen Europa anreist, fliegt zunächst über der Stadt hinweg, dreht über der Atlantikküste eine Schleife und passiert schließlich vor dem Landeanflug den Torre de Belém. So ist er oft noch immer die erste Sehenswürdigkeit, die Neuankömmlinge in Lissabon zu Gesicht bekommen.

Torre de Belém von einem Schiff auf dem Tagusfluss gesehen

Eine Bastion im Meer

Der Grund für den Bau des Turms ist freilich weniger romantisch. 1515 hatte der damalige König Manuel I. (1469–1521) den Auftrag erteilt, zwei gegenüberliegende Türme in der Tejo-Bucht zu errichten, um Lissabon besser vor angreifenden Schiffen schützen zu können. Fertiggestellt wurden die Bauten sechs Jahre später im Todesjahr Manuels. Der zweite Turm ist allerdings beim schweren Erdbeben 1755 zerstört worden, sodass heute nur noch der Torre de Belém existiert. Neben dem benachbarten Kloster Mosteiro dos Jéronimos ist der Turm eines der wenigen manuelinischen Bauwerke, die das Beben weitgehend unbeschadet überstanden haben. Seit 1983 gehört der Turm, der unter anderem auch als Gefängnis und Waffenlager diente, dem Weltkulturerbe der UNESCO an. Gebaut wurde der Torre de Belém aus hellem Lioz, einem seltenen Kalkstein, der in der Gegend um Lissabon beheimatet ist. Seine Fassade ist mit üppigen Reliefverzierungen und Zinnen geschmückt. Neben den maurischen Ausgucktürmen fällt besonders die Statue »Nossa Senhora da Boa Viagem« (»Unserer lieben Frau der sicheren Heimkehr«) ins Auge, eine Frauenplastik, die in Richtung Meer schaut und die romantische Vorstellung der Rückkehr vom weiten Ozean erneut

AUTORENTIPP!

KLEINE GROSSE KAPELLE

Eine Kirche muss nicht groß sein, um zu beeindrucken. Sie muss auch nicht in den Himmel wachsen, damit dieser dem Menschen nah ist. Auf einem Hügel oberhalb des Hieronymusklosters thront in stiller Größe die kleine Ermida de São Jerónimo. 1514 wurde die Kapelle wahrscheinlich von demselben Baumeister entworfen, der sich auch mit dem Mosteiro dos Jerónimos verewigt hat, Diego de Boitaca. Das Kleinod im manuelinischen Stil besteht aus zwei einfachen kubischen Baukörpern. Außer den spitz zulaufenden Türmchen an den Ecken des Gebäudes gibt es von außen praktisch kein Dekor. Im Innern – leider ist die Kapelle meist verschlossen – wölbt sich über dem quadratischen Hauptraum eine Kuppel mit einer ähnlichen Gewölbetechnik wie im Hauptschiff der Klosterkirche Santa Maria. Im kleineren Anbau befindet sich der Hauptaltar, der durch einen Triumphbogen abgetrennt wird.

Ermida de São Jerónimo. Rua Pero de Covilhã. Vom Belém-Turm oder dem Mosteiro dos Jerónimos aus ist die Kapelle etwa 1,5 km entfernt. Man erreicht sie über die Avenida Torre de Belém oder die Rua Dom Lourenço de Almeida.

aufleben lässt. Zum anderen gehören die Abbilder verschiedener Tiere zum äußeren Erscheinungsbild, darunter die Skulptur eines Nashorns, das der Seefahrer Afonso de Albuquerque (1453–1515) von seinem letzten Indientörn mitgebracht hatte. Es handelt sich hierbei angeblich um das erste Nashorn, das je nach Europa gebracht wurde.

Besichtigung

Ursprünglich war der Torre de Belém auf einer kleinen Insel im Tejo errichtet worden. Nach einigen Landaufschüttungen im 19. Jahrhundert ist er heute nur noch wenige Meter vom Ufer entfernt und lässt sich problemlos über einen Steg begehen. Auf vier Stockwerken verteilen sich dunkle Kasemattengewölbe und Bogengänge, deren Außenwände mit insgesamt 17 Kanonennischen gespickt sind. In den niedrigen Kellerräumen und dem Gewölbe unterhalb der großen Freiterrasse wurde Munition gelagert. Später fand man eine andere Nutzung für die kaltfeuchten Gemäuer. Bis ins 19. Jahrhundert hinein wurden Gefangene hier eingesperrt.

Ebenfalls zum Ensemble gehören die Königs-, Gouverneurs- und Zuschauersäle – unter anderem mit venezianisch anmutenden Balkonen – sowie eine kleine Kapelle. Und auch die Aussichten sind klasse: Schon von der offenen Bastion im unteren Teil hat man einen schönen Blick über Beléms Uferzeile. Noch beeindruckender wird es, wenn man sich die Wendeltreppe nach oben gearbeitet hat, was zumindest an einem Sonntag, wo der Eintritt frei ist, nicht ganz einfach ist. Aber schließlich steht man doch in 30 Metern Höhe auf der Dachterrasse des Turms: Linker Hand ist der Blick bis zur berühmten Brücke Ponte 25 de Abril frei – und rechts lässt sich schon der offene Atlantik erahnen, den die berühmten Seefahrer einst ihr zweites Zuhause nannten.

Oben: Auch ein militärisches Gebäude kann schön sein – der Turm von Belém mit abendlicher Beleuchtung.
Unten: Detail der Balustrade

Infos und Adressen

SEHENSWÜRDIGKEITEN

Torre de Belém. Mai–Sept., Di–So 10–18.30 Uhr, Okt.–April, Di–So 10–17.30 Uhr, Av. Brasília, Tel. 21/362 00 34, www.torrebelem.pt, Tram: 15

ESSEN UND TRINKEN

Feitoria. Wer den Wunsch nach einem wirklich guten Restaurant und entsprechender Küche verspürt, ist hier richtig. Im zeitgenössischen Interieur genießt man anspruchsvolle kreative Küche. Verarbeitet werden weitestgehend heimische Produkte. Das Degustationsmenü kostet 75 €. Umfangreiche Weinkarte. Di–Sa 12.30–15 und 19.30–23 Uhr, im Hotel Altis, Doca do Bom Sucesso, Tel. 21/040 02 00, www.restaurantefeitoria.com, Tram: 15

Die Südseite hat schon fast Palastcharakter.

Kasemattengewölbe mit Kanonen

ÜBERNACHTEN

Palace Lisboa. In die ehemalige Casa do Governador da Torre de Belém ist ein luxuriöses Hotel eingezogen. Den Gästen der 65 Zimmer stehen ein Außenpool, ein Spa und natürlich ein Restaurant zur Wahl. Und weil sie ohnehin im alten, nun erweiterten Gebäude war, eine Kapelle.
Rua Bartolomeu Dias 2, Tel. 28/959 94 27, www.cshotelsandresorts.com, Tram: 15

AKTIVITÄTEN

LVT. Anstatt nach einem schönen Ausflugstag in Belém wieder in die Straßenbahn zu steigen, kann man auch ein Boot nehmen. Das Unternehmen Lisboa Vista do Tejo hat einen Anleger am Turm Torre de Belém mit netter Caféterrasse. Die einfache Fahrt zum Cais do Sodré kostet 12 € (bis 10 Jahre 8 €), Abfahrt ist um 14 und 16.30 Uhr. Tel. 21/391 30 30, www.lvt.pt

UMGEBUNG UND AUSFLÜGE

44 Cascais und Estoril
Lissabons Edelstrand mit Fischerdorfatmosphäre 238

45 Palácio de Queluz
Versailles vor den Toren Lissabons 246

46 Sintra
Romantische Sommerfrische 250

47 Palácio Nacional de Sintra
Bei Elstern und Schwänen 256

48 Palácio da Pena
Erinnerung und Fantasie 262

49 Palácio Nacional de Mafra
Der Koloss von Mafra 266

50 Costa da Caparica
Strand ohne Ende 270

Vorangehende Doppelseite: Nymphenbrunnen vorm Palácio de Queluz
Oben: Im Westen von Lissabon an liegen die Seebäder Estoril und Cascais. Die verlockenden Strände sind schon vom Flugzeug aus zu sehen.
Unten: Estoril wurde im frühen 20. Jh. ein mondänes Seebad.

44 Cascais und Estoril

Lissabons Edelstrand mit Fischerdorfatmosphäre

Ein Besuch in Portugals beliebtem Seebad lässt erahnen, wie mondän es hier zu Königs Zeiten zuging. Üppige Stadtvillen säumen die Uferpromenade und Strandabschnitte, die längst nicht nur ausländische Besucher zu einem ausgiebigen Sonnenbad einladen. Auch die Hauptstädter zieht es an Wochenenden und Feiertagen an den westlichsten Zipfel ihres Landes. Rund 250 Sonnentage pro Jahr sind eben ein gutes Argument.

Von oben sieht einfach alles am schönsten aus, das war schon früher so: Die Wellen des Atlantiks funkeln in der südeuropäischen Sonne, vor dem Strand treiben bunte Fischerboote im Wasser, auf ihnen sitzen rauchende Fischer und flicken die Netze für den nächsten Fang. Und an der Promenade flaniert das gut betuchte Volk auf und ab.

Es verwundert beim Blick von der Cidadela de Cascais und der Fortaleza de Nossa Senhora da Luz nicht, dass sich Portugals Königsfamilie den über dem Ufer thronenden Komplex 1870 zur Sommerresidenz umbauen ließ. Es war der Startschuss für einen ungeahnten Run auf die prominentesten Uferplätze. In der anschließenden Periode folgten die bürgerliche Oberschicht Portugals sowie wohlhabende Ausländer mit dem Bau pompöser Stadthäuser und machten aus dem kleinen Fischerdorf schon bald ein mondänes Seebad. Immer mehr Menschen kamen, immer mehr Platz wurde benötigt, weshalb schließlich auch Estoril adaptiert wurde, als Cascais endgültig keine Kapazitäten mehr für Stadtvillen mit Meerblick hatte.

Heute ist der Nachbarort vor allem wegen Europas größtem Kasino bekannt, hat ansonsten jedoch etwas vom Charme der alten Zeit verloren.

Cascais dagegen konnte sein Flair bewahren: In der kleinen Fußgängerzone, die mit Mosaiksteinen verziert und von teils edlen Boutiquen in pastellfarbenen Häuschen flankiert ist, lässt es sich ganz wunderbar bummeln. Vor allem, wenn die späte Nachmittagssonne ihre letzten Wärmereserven Richtung Uferstreifen schickt, trifft man sich auf den Terrassen der britisch geprägten Pubs am Largo Luís de Camões zum Plaudern und Feiern. Hier bleibt man – besonders an Abenden mit Livemusik – auch gerne mal etwas länger.

Zwei Gebäude fallen im Stadtbild besonders auf – sowohl von außen als auch wegen ihrer inneren Werte. In der orange-roten Casa das Histórias Paula Rego von Portugals Stararchitekt Eduardo Souto de Moura (geb. 1952), die wie eine komplexe Doppelpyramide aussieht, werden zahlreiche Gemälde und Zeichnungen von Paula Rego (geb. 1935) ausgestellt. Sie zählt zu Lissabons wichtigsten zeitgenössischen Künstlerinnen. Im Museu Condes de Castro Guimarães, einem üppigen Schloss mit Prinzessinnenturm in Gotik-Optik nahe des Meerufers, findet man weitere Gemälde sowie indo-portugiesische Möbelstücke und eine Bibliothek mit über 25 000 Büchern, teils aus dem 17. Jahrhundert.

Aktiv am Atlantik

Die Gegend um Portugals westlichsten Punkt ist ein Dorado für Sportfans: Im Jahr 1888 fand in Cascais das erste offizielle Fußballspiel des Landes statt – heute sind es vor allem die zwei berühmtesten Söhne der Stadt, die die Anhänger aus ihrer Heimatstadt stolz machen: Paulo Ferreira (geb.

AUTORENTIPP!

VOM ZUG AUFS RAD

Solche Angebote wünschte man sich mehr. Cascais bietet kostenlose Leihräder an. Dass man es mit dem Service ernst meint, zeigt sich am unkomplizierten Ablauf bei der Radübergabe und am günstigen Standort. Gleich vor dem Bahnhof sieht man auf der anderen Seite des Kreisverkehrs einen Container. Dort sitzt ein Mitarbeiter von *biCas*. Ein Problem gibt es allerdings mit den Rädern. In der Hauptsaison muss man früh dran sein, um noch eins zu bekommen. Wenn man es geschafft hat, lohnt eine Ausfahrt in Richtung Cabo Raso. Dort verläuft die Küstenstraße samt Radweg nahe der Klippen mit toller Aussicht über Landschaft und Meer. Innerhalb der Stadt muss man die Verkehrsregeln befolgen, in der Fußgängerzone und den öffentlichen Parks absteigen. Auch auf der Strandpromenade darf nur zu bestimmten Zeiten geradelt werden. Alle Standorte, an denen die Fahrräder verfügbar sind: CP de Cascais (Largo da Estação), Posto de Informação de Turismo da Natureza (eco-cabana), Casa das Histórias Paula Rego (Av. da República, Cascais), Guia (Av. Nossa Senhora do Cabo, Cascais).

biCas. Sommer tgl. 8–18.30 Uhr, Nebensaison Mo–Fr 9–16 Uhr, Sa, So 9–17 Uhr

AUTORENTIPP!

ÜBER DEN KLIPPEN

Von einem Hotel, das in den 1960er-Jahren eröffnet wurde, erwartet man nicht unbedingt, dass es noch heute eines der besten am Platz ist. Das Albatroz ist eine Ausnahme. 1963 mieteten sich die ersten Gäste ein. Das Haus über den Klippen an der Praia da Conceição ist allerdings schon um einiges älter. Zumindest ein Teil der Hotelanlage wurde rund 100 Jahre zuvor erbaut. Die Lage mitten im Ortszentrum und das historische Ambiente sind nach wie vor gute Gründe, sich für das etablierte 5-Sterne-Hotel zu entscheiden. Fast alle der insgesamt 44 Zimmer und 8 Suiten sind klassisch, oder vielleicht sollte man sagen: historistisch eingerichtet. Jedoch ist jeder Raum anders: mal holzvertäfelt, dann wieder plüschig mit ausladendem Himmelbett, dann orientalisch-kolonial oder eben dezent modern. Der Strand liegt zwar direkt vor der Haustür, die intime Sonnenterrasse mit kleinem Pool wird aber trotzdem gern genutzt.

The Albatroz Seafront Hotel. DZ ab 215 €. Rua Frederico Arouca 100, Cascais, Tel. 21/484 73 80, www.albatrozhotels.com

1979) vom FC Chelsea und Daniel Carriço (geb. 1988) vom ebenfalls englischen Club FC Reading.

Darüber hinaus gibt es noch weitere Sportarten zu entdecken. So finden zum Beispiel auf der bis 1996 von der Formel 1 genutzten Strecke Autódromo do Estoril regelmäßig Rennen statt – im Winter wird sie teilweise noch immer als Teststrecke für die Formel 1 genutzt. Bis zur Eröffnung des Autódromo Internacional in der Algarve im Oktober 2008 galt der Parcours als wichtigste Rennstrecke des Landes. Seither waren hier vor allem die Motorrad-Weltmeisterschaft sowie die FIA-Tourenwagen-Weltmeisterschaft zu Gast.

Jedes Jahr Ende April sind die »Portugal Open« (ehemals »Estoril Open«) in Oeiras Teil der ATP- und WTA-Tennistournee. Hier standen in der Vergangenheit große Namen wie Roger Federer, Thomas Muster und Anke Huber auf dem Court. Die Turniere gelten wegen der Sandplatzbedingungen als ideale Vorbereitung der Spielerinnen und Spieler auf die kurz darauf anstehenden French Open.

Wer bei all diesen Sportattraktionen selbst aktiv werden möchte, kann einen der zahlreichen Golfplätze in der Umgebung wie »Golf do Estoril« besuchen oder mietet sich an der neuen Marina ein Fahrrad, um einen Tagesausflug entlang der Küste nach Westen zu unternehmen. Am Westrand der Stadt trifft man auf den 27 Meter hohen Leuchtturm Farol de Guia, der 1810 an selber Stelle errichtet wurde, an der zuvor einer der ersten Leuchttürme Portugals stand. Dieser war in den 1530er-Jahren – zur Zeit von Portugals großen Seefahrern – gebaut worden.

Weiter die Küste hinauf führt der Fahrradweg vorbei am Boca do Inferno. Der sogenannte »Höllenmund« ist eine beeindruckende Felsformation,

Rundgang durch Cascais und Estoril

A Palácio da Cidadela de Cascais – Vor wenigen Jahren erst wurde die Zitadelle restauriert und für Besucher geöffnet. Sie entstand im Wesentlichen während der spanischen Regentschaft im 16. Jh.

B Casa de Santa María – Mit seinen Schornsteinen erinnert der Palast an den des Königs in Sintra. Die malerische Villa wurde 1902 erbaut und kann besichtigt werden.

C Farol Museu de Santa Marta – Endlich darf man in einen Leuchtturm hinein. Die ehemalige Wohnung des Wächters ist ein nettes Museum.

D Museu Biblioteca Condes de Castro Guimarães – Der Palast sieht älter aus als er ist. Im 19. Jahrhundert wurde er erbaut. Seitdem hat sich wenig verändert. Man betritt das Haus samt Einrichtung sozusagen im Originalzustand.

E Museu do Mar – Rei D. Carlos – Ein kleines Museum für das, was den Menschen aus Cascais am nächsten liegt – das Meer. Modelle, Fangwerkzeuge und interessantes Treibgut werden gezeigt.

Der Hauptstrand von Estoril

F Casa das Histórias Paula Rego – Das neue Highlight von Cascais: Ein bemerkenswerter Museumsbau von Eduardo Souto de Moura bietet den Rahmen für die harten, realistischen Gemälde von Paula Rego (*1935), der vielleicht bekanntesten portugiesischen Künstlerin der Gegenwart.

G Praia do Guincho – Allein die Anfahrt entlang der Steilküste zum Surferstrand Praia do Guincho ist ein Traum. Ein ausgebauter Radweg führt zu den Stränden im Westen. Der Strand ist bei Surfern und Sonnenhungrigen gleichermaßen beliebt.

Das Höllenmaul, Boca do Inferno, westlich von Cascais

Mitte: Burgen bauen macht nicht nur den Kindern Spaß.
Unten: Shop mit Strandmode in Cascais

an deren Stelle das Ozeanwasser die Steilküste unterspült und beim Rückfluss mit lautem Getöse wieder zum Vorschein kommt. Ziel der entspannten Radtour ist der beliebte Surferstrand in Guincho, um entweder selbst aufs Brett zu steigen oder die beanspruchten Füße im goldgelben Sand zu vergraben.

Kleine Strände, neue Marina

Eine gute Alternative bieten die Stadtstrände an der Uferpromenade von Cascais und Estoril. Dank zahlreicher Felsvorsprünge handelt es sich teilweise um ganz kleine Buchten wie die Praia da Rainha, an der eine entspannte Fischerdorfatmosphäre auflebt. Allerdings sei dazu gesagt, dass es in der Hauptsaison gerade an diesen kleinen Stränden sehr eng werden kann. Hier lohnt es sich dann, auf die breiteren Abschnitte wie die Praia da Conceição auszuweichen.

Die moderne Marina mit ihren Restaurants und Cafés, Modeläden sowie dem Fahrradverleih ist neben der Fußgängerzone und dem Largo Luís de Camões inzwischen zu einer weiteren Ausgehmeile geworden. Im Hafenbecken schwappt das Wasser an die weiß glänzenden Jachten, während man mit einem Eis in der Hand über die hölzernen

Schicke Jacht im Hafen von Cascais

Planken flaniert. Zugegeben, es ist hier wie so oft mit Neuland: An manchen Tagen wirkt der Ort noch etwas steril, doch die prominente Lage am Fuß der Zitadelle wird dafür sorgen, dass sich die Marina als ufernahes Zweitzentrum schon bald vollends etabliert haben wird.

Die Anreise nach Cascais von Lissabon aus ist unbeschwerlich. Wer mit dem eigenen Mietwagen unterwegs ist, nimmt die Schnellstraße A5, die nach etwa einer halben Stunde in Cascais endet. Noch schöner ist die Zugverbindung vom Lissabonner Bahnhof Cais do Sodré, die während der ebenfalls 30-minütigen Fahrt direkt am Wasser entlangführt und tolle Ausblicke auf die Tejo-Bucht gewährt. Ausblicke, die schon Portugals Königsfamilie im 19. Jahrhundert zu schätzen wusste. Seit jener Zeit ist Cascais in Bewegung: In den Sommermonaten durch den bunten Mix aus Einheimischen und Urlaubern und in der ruhigen Zeit durch die Planung neuer Projekte, Hotels und Restaurants für die nächste Hauptsaison. Doch die Fischer ließen sich von alledem nie wirklich beeindrucken. Sie gehen an der Promenade noch immer ihrer Arbeit nach, flicken am Strand ihre Netze und verkaufen den frischen Fang direkt vom Boot. Auch bei ihnen scheint alles noch so schön wie früher.

AUTORENTIPP!

WIND UND WELLEN

Da war man am Vormittag noch in Lissabon, und dann, eine Dreiviertelstunde später das: eine weite Dünenlandschaft, eine aufgewühlte See, die sich zu meterhohen Wellen aufwirft und über allem der Wind, die Sonne und ja – ein Gefühl von Freiheit! Man muss kein Wellenreiter sein, um von der Praia do Guincho begeistert zu sein. Aber die Männer und Frauen auf den Surfbrettern haben es hier besonders gut. Der Strand ist eines der besten Surfreviere in Europa. Das von Felsen gerahmte Strandidyll hat es in sich. Der meist starke und böige Wind und ein entsprechender Wellengang fordern einiges von den Surfern. Eine schöne Strandbar wartet am nördlichen Ende. Vom Wind etwas geschützt durch die Klippen kann man dort die Sonne genießen. Zum Baden ist der Guincho-Strand weniger geeignet, erstens wegen der Surfer, zweitens wegen der Strömung.

Praia do Guincho. Mit dem Fahrrad ab Cascais erreicht man den Strand auf der Küstenstraße EN 247 nach 8 km. Bus: 405, 415
Anfahrt: Vom Bahnhof Cais do Sodré/Lissabon fahren bis zum Abend Züge nach Estoril und Cascais. Während der Hauptverkehrszeiten etwa alle 15 Min., sonst alle 30 Min. Die Fahrzeit bis Cascais beträgt 35 Min.

Infos und Adressen

INFORMATION

Tourismusbüro Cascais. Tgl. 10–13.30, 14.30–18 Uhr, Rua Visconde da Luz 14, Tel. 21/482 23 27

Tourismusbüro Estoril. Tgl. 10–13.30, 14.30–18 Uhr, Arcadas do Parque, Tel. 21/468 76 30, www.estoril-portugal.com

Das moderne Casino von Estoril

SEHENSWÜRDIGKEITEN

Casa das Histórias Paula Rego. Tgl. 10–18 Uhr, Eintritt frei, Av. da República 300, www.casadashistoriaspaularego.com

Casa de Santa María. Di–Fr 10–17 Uhr, Sa, So 10–13 und 14–17 Uhr, Eintritt frei, Praceta Farol, Tel. 21/481 53 82, www.cm-cascais.pt

Farol Museu de Santa Marta. Di–Fr 10–17 Uhr, Sa, So 10–13 und 14–17 Uhr, Eintritt frei, Rua do Farol de Santa Marta, siehe Casa

Museu Biblioteca Condes de Castro Guimarães. Di–Fr 10–17 Uhr, Sa, So 10–13 und 14–17 Uhr, Eintritt frei, Av. Rei Humberto II de Itália, Tel. 21/481 53 04, www.cm-cascais.pt

Museu do Mar – Rei D. Carlos. Di–Fr 10–17 Uhr, Sa, So 10–13 und 14–17 Uhr, Eintritt frei, Rua Júlio Pereira de Mello, www.cm-cascais.pt/museumar/

Palácio da Cidadela de Cascais. Mi–Fr 11–17 Uhr, Sa, So 10–18 Uhr, Passeio D. Maria Pia, www.cm-cascais.pt

ESSEN UND TRINKEN

Bar do Guincho. Entspannte Strandbar an der gleichnamigen Praia, etwa 10 km nördlich von Cascais. So–Do 12–2 Uhr, Fr, Sa 12–4 Uhr, Praia do Guincho, Estrada do Abano, Tel. 21/487 16 83, www.bardoguincho.pt

Dom Diniz. In der winzigen Bar bereitet der Besitzer leckere Tapas zu. Dazu gibt es gute Weine. Rua Alexandre Herculano 77, Cascais, Tel. 918 81 41 04

Fortaleza do Guincho. Das einzige mit einem Michelin-Stern ausgezeichnete Restaurant liegt in traumhafter Lage auf einem Felsvorsprung an der Praia do Guincho. Meister dieser eleganten Gourmetküche ist der Franzose Antoine Westermann. Die Festung do Guincho ist auch ein feines Hotel. Estrada do Guincho, Cascais, Tel. 21/487 04 91, www.fortalezadoguincho.pt

Gelataria Santini. Wo gibt es das beste Eis der Stadt? Keine Frage, bei Santinis. Davon ist man in der 1949 eröffneten Eisbar überzeugt. Es schmeckt aber auch wirklich gut. So–Do 11–22 Uhr, Fr, Sa 11–24 Uhr, Av. Valbom 28, Tel. 21/483 37 09, www.santini.pt

Visconde da Luz. Klein und gemütlich wirkt das Restaurant im Stadtpark Visconde da Luz. Seine Küche ist groß. Die klassischen portugiesischen Gerichte sind nicht ganz billig, aber überzeugend gut. Im Aquarium krabbelt, was später eventuell auf dem Teller landet. Jardim Visconde da Luz, Cascais, Tel. 21/484 74 10, www.viscondedaluz.pt

ÜBERNACHTEN

Casa da Pérgola. Das verspielte Herrenhaus im Zentrum von Cascais wurde im 19. Jahrhundert

Im Sommer begehrt: kühles portugiesisches Bier

erbaut. Die zehn romantischen Zimmer dieses hübschen Bed and Breakfast sind allerdings nichts für Puristen. DZ ab 80 €. Av. Valbom 13, Tel. 21/484 00 40, www.pergolahouse.com

Pousada de Cascais. Eigentlich sind Pousadas Luxushotels in historischen Gebäuden. In diesem Fall ist das aber nur die halbe Wahrheit. In die alte Zitadelle Nossa Senhora da Luz wurde eine hochmoderne Hotelanlage gebaut. Spa, Innenpool, Restaurant. DZ ab 170 €. Avenida Dom Carlos I., Cascais, Tel. 21/481 43 00, www.pousadas.pt

AUSGEHEN

Cascais Jazz Club. Nicht nur während der Festivalzeit, sondern das ganze Jahr über treten im Club Musiker auf. Largo Cidade Vitória 36, Tel. 933 34 51 67

Tamariz. Die bekannteste Bar in Estoril liegt direkt am Strand. Zum Meer hin sitzt oder steht man auf der offenen Terrasse. Im hauseigenen Club wird getanzt. Fr 23–5 Uhr, Sa 23–6 Uhr, Praia do Tamariz, Estoril, www.tamarizestoril.com

AKTIVITÄTEN

Casino de Estoril. Das Casino ist eines der größten in Europa. Rund 1000 Slotmachines stehen bereit für den Münzeinwurf sowie Roulette, Black Jack, Baccara. Mehrere Tausend Spieler können hier gleichzeitig ihr Glück versuchen. Manche verlassen mit gut gefüllten Taschen das Haus, der größte Gewinner bleibt aber das Casino selbst. Tgl. 15–3 Uhr

Festival Estoril-Jazz. In Estoril und Cascais findet jedes Jahr im Juli ein hochkarätig besetztes Jazzfestival statt. www.projazz.pt

Praça Costa Pinto in Cascais

45 Palácio de Queluz

Versailles vor den Toren Lissabons

Das Schloss und die Gärten von Queluz gelten als schönste Rokokoanlage Portugals. Rund zehn Kilometer nördlich von Lissabon ließ sich das Königshaus einen verspielten Sommerpalast hinstellen, der sich am Vorbild des Schlosses Versailles orientierte. Eine traumhafte Gartenanlage, die wie einst den Adel zum Lustwandeln einlädt, umgibt die Residenz mit ihren lichten und verwunschen wirkenden Sälen.

Am nördlichen Rand von Lissabon und seiner Vororte, die sich immer weiter ins Umland schieben, ohne dass eine klare Grenze zwischen bebauter und unbebauter Fläche erkennbar wäre, steht ein kleines Paradies. Selbst die umgebende Bebauung von Autobahn, Wohnblocks und etwas Industrie stört den Zauber nicht. Hat man sein Ticket gelöst und die ersten Flügeltüren hinter sich, ist alles vergessen, was draußen war, so märchenhaft verspielt und prachtvoll dekoriert sind die Räume, die einen nun erwarten.

Der Thronsaal ist sicherlich der prunkvollste Saal des königlichen Schlosses. Nach dem Brand der Zeltstadt in Ajuda wurde der Palast vorübergehend zur königlichen Residenz.

Ein Haus für die Infanten

Die ältesten Teile der Schlossanlage wurden 1654 errichtet. König João IV. wünschte für die Infanten eine standesgemäße Unterkunft. Die Besitzer des Landguts, das an der Stelle stand, hatten während der Restaurationskriege, als sich die Portugiesen von Kastilien freikämpften, mit den Kastiliern gemeinsame Sache gemacht. Zur Strafe wurden ihre Ländereien konfisziert. 1747 begann man mit der Aufwertung des Landguts zum Palast. Mit der Planung wurde der Architekt Mateus Vicente de Oliveira beauftragt, der ein Schüler von Johann Friedrich Ludwig war, der den Klosterpalast von Mafra erbaut hat. In dieser ersten Bauphase entstand die Kapelle mit sehenswerten Rokokoschnitzereien sowie das zweigeschossige Haupthaus mit Innenhof und die Gebäude an den Stirnseiten der geometrischen Gartenanlagen, des Pênsil- und des Maltagartens.

Festtaugliche Erweiterungen

Kaum waren die Arbeiten fertiggestellt, war eine Erweiterung nötig. Prinz Pedro (1717–1786) sollte seine Nichte, die künftige Königin Maria I. (1734–1816), heiraten, was man sich seinerzeit ohne die entsprechenden Räumlichkeiten, also die eines Musik- und Thronsaales und was noch so gebraucht würde, nicht vorstellen mochte. 1760 bis 1786 entstanden die Erweiterungen einschließlich der bereits erwähnten barocken Gartenanlagen. Federführend war der französische Architekt Jean-Baptiste Robillon. Die beiden Gebäudeflügel, die seitdem das Schloss flankieren, beherbergen die aufwendigsten und schönsten Räume von Queluz.

Bei der Besichtigung betritt man sie als Erstes. Da ist zunächst der Thronsaal, der von venezianischen Leuchtern beleuchtet wird. Die hellen Wände sind mit vergoldetem Stuckdekor abgesetzt, während die Decke mit typischen Rundungen und Malereien des Rokoko überwölbt wird. Bei besonderen Staatsanlässen wird dieser Saal noch immer genutzt. Auch das sich anschließende Musikzimmer – es ist eher ein Saal – bietet noch heute den Rahmen für festliche Konzerte. Nach dem Musikzimmer betritt man die 1760 fertiggestellten Bereiche. Zunächst die Gemächer der künftigen Königin, den Speisesaal und einen wunderbaren mit

AUTORENTIPP!

EINE KARTE FÜR ALLE FÄLLE

Wer vorhat, innerhalb von einem, zwei oder drei Tagen viele Museen und Monumente zu besichtigen und entsprechend häufig auch die öffentlichen Verkehrsmittel nutzen wird, fährt mit der Lisboa Card besser. Sie lohnt sich vielleicht nicht für jeden, für Kunst- und Kulturbeflissene jedoch allemal. Metro, Busse und Trams kann man frei benutzen, ebenso die Standseilbahnen, die Elevadors oder den Santa-Justa-Aufzug. Der Eintritt in Monumente wie das Mosteiro dos Jerónimos, den Nationalpalast von Sintra oder den Palácio Queluz mit seinen weitläufigen Parkanlagen ist frei – allerdings nicht zu allen Zeiten. In viele Museen spaziert man ohne Extraticket und erhält Rabatt bei organisierten Sightseeingtouren.

Nähere Auskünfte unter www.askmelisboa.com. Preise: 24 Stunden: 18,50 € (4–15 Jahre: 11,50 €); 48 Stunden: 31,50 € (4–15 Jahre: 15,50 €), 72 Stunden: 39 € (4–15 Jahre: 20,50 €)

Eines der Schlafgemächer des Palácio

Azulejos geschmückten Flur. Das nächste Highlight erwartet den Besucher im Westflügel. Der Saal der Gesandten ist, wie es sich für die repräsentative Funktion eines solchen Raumes empfiehlt, mit besonders kostbaren Stücken wie chinesischen Vasen ausgestattet.

Über die Löwentreppe in den Garten

Die Meisterschaft Robillons zeigt sich nicht nur in den Räumlichkeiten, sondern auch in der Treppenanlage, die den Westflügel mit dem unteren Teil der Gartenanlage verbindet, wo sich die Ländereien des ursprünglichen Guts befanden. Die sogenannte Löwentreppe ist eine funktionale Skulptur aus drei Abgängen samt Figurenschmuck. Ein gern fotografiertes Motiv des unteren Gartens ist ein mit farbigen Azulejos gefasster Kanal von über einhundert Metern Länge. Brücken, ebenfalls in buntem Majolikaschmuck mit Laternen, schaffen ein verwunschenes Idyll des Südens. Hier wird deutlich, welchen Zweck die Palastanlage vor allem erfüllen sollte. Queluz war von Beginn an als Sommerresidenz geplant. Nachdem die Zeltstadt, die königliche Baracke auf der Anhöhe von Anjuda, abgebrannt war, wurde Queluz vorübergehend zur ständigen Bleibe.

Die unbeschwerten Tage von Queluz fanden ein abruptes Ende, als die Truppen Napoleons einfielen und der Hofstaat nach Brasilien flüchtete. Seit 1957 wird ein Gebäudeflügel, der im ausgehenden 18. Jahrhundert angebaut wurde, als Residenz für hochrangige Staatsbesucher genutzt. Im Gebäude mit dem markanten Uhrenturm auf der gegenüberliegenden Straßenseite des Palasts war das Personal untergebracht. Heute können hier auch Normalsterbliche in royalen Träumen schwelgen. Die Anlage ist ein stimmungsvolles Pousada-Hotel.

Oben: Ein mit Azulejos gefasster Kanal von rund 100 Metern quert den Garten.
Mitte: Buchsbaum im Formschnitt gehört zu einer Gartenanlage des Rokoko ...
Unten: ... ebenso wie ein reicher Figurenschmuck.

Infos und Adressen

SEHENSWÜRDIGKEITEN

Palácio Nacional de Queluz. April–Okt. tgl. 9–19 Uhr, Largo do Palácio, 2745-191 Queluz, www.pnqueluz.imc-ip.pt,

ESSEN UND TRINKEN

Cozinha Velha. Hier speist man wahrlich königlich. Zumindest was das Ambiente betrifft, war das Restaurant doch die ehemalige Küche der Sommerresidenz Queluz. Spezialitäten sind etwa Hummermedaillon oder Lamm mit Pflaumenkruste. Hauptspeisen zwischen 20 und 30 €. Tgl. 13–15 und 19.30–22.30 Uhr, Largo do Palácio Nacional, 2745-191 Queluz, Tel. 21/435 61 58, www.pousadas.pt

Figurengruppe am Azulejo-Kanal

Malteser Garten

AKTIVITÄTEN

Dressur-Show im Palácio de Queluz. Mittwochs während der Hauptsaison von Ende März bis Ende Okt. wird um 11 Uhr im Schlosspark eine Pferde-Dressurshow von etwa 20 Min. gezeigt.

Führungen im Palácio de Queluz. Tgl. um 10.30 und 14.30 Uhr werden Führungen durch die Palastanalage auf Portugiesisch und Englisch angeboten, Dauer ca. 1,5 Stunden.

ÜBERNACHTEN

Pousada de Queluz. Pousadas, portugiesisch für Herbergen, nennt sich eine staatliche Hotelkette, deren Häuser sich meist in historisch interessanten Anwesen befinden. Die Pousada de Queluz nutzt die Schlossgebäude, in denen einst die Bediensteten untergebracht waren. Zimmer und Gemeinschaftsräume sind elegant und komfortabel, und wie es sich für diesen Ort gehört, schön altmodisch und stilvoll. DZ 145, Angebotspreise ab 75 €. Largo do Palácio Nacional, 2745-191 Queluz, Tel. 21/435 61 58, www.pousadas.pt

Hängender Garten mit Blick auf die Hauptfassade

Oben: Romantisches Idyll am Hang – das historische Zentrum von Sintra
Unten: Das Stadtwappen von Sintra

46 Sintra
Romantische Sommerfrische

Knapp 30 Kilometer nordwestlich der Hauptstadt wird die Landschaft bergig und grün. Der wildromantische Gebirgszug ist nur wenige Kilometer von der Steilküste entfernt. Die Magie verwunschener Wälder hat Adlige, die portugiesischen Könige und englische Romantiker angelockt. Zahlreiche Paläste, eine malerische Altstadt und eine von der UNESCO geschützte Kulturlandschaft machen Sintra zu einem lohnenden Ausflugsziel.

Es war die Lage, die besondere Schönheit und sommerliche Frische an den Nordhängen der Serra de Sintra, die schon die Mauren im 8. Jahrhundert in den Nordwesten Lissabons gelockt haben. Sie errichteten auf der felsigen Erhebung eine Festung, das Castelo dos Mouros, von der aus sie das hügelige Land im Osten und das Meer beobachten konnten. Aus dieser Zeit stammen auch die ersten Erwähnungen einer Stadt Sintra. 1147 wurde die Maurenburg von Afonso Henriques erobert. Seitdem blieb das Städtchen am Fuß des Gebirges ein vom Königshof gern und häufig besuchter Ort. Sintra wurde zur Sommerfrische der Könige.

Sichtbarstes Zeichen dieser Vorliebe ist der Palácio Nacional de Sintra. Ende des 18. Jahrhunderts entdeckten reiche Aristokraten aus dem Ausland, vornehmlich aus England, die romantische Schönheit des Ortes. Sie ließen sich prachtvolle und exotische Paläste bauen oder logierten im Lawrence, einem Hotel, das es bis heute gibt. Da wollte auch die Lissabonner Aristokratie nicht nachstehen und legte sich ebenfalls einen Sommersitz zu. Der deutschstämmige Ferdinand von Sachsen-

Gotha war so angetan vom grünen Idyll, dass er sich auf dem Gipfel der Serra eine Art Neuschwanstein bauen ließ, ein Märchenschloss der portugiesischen Romantik. Heute ist Sintra eine weiträumige und verwirrend zersiedelte Stadt mit rund 35 000 Einwohnern. Der sehenswerteste Teil ist das historische Zentrum, das sich um den Königspalast gruppiert, und die Kulturlandschaft des Gebirges mit ihren Schlössern, Parks und Sehenswürdigkeiten, die zum Welterbe der UNESCO gehört.

Rund um den Königspalast

Wer nicht mit dem Mietwagen von Lissabon aus ankommt, wird wahrscheinlich die Bahn genommen haben, die vom Rossio-Bahnhof aus Sintra anfährt. Auf dem Weg vom Bahnhof in Sintra hinauf ins historische Zentrum kommt man an einigen sehenswerten Gebäuden wie dem Rathaus im neomanuelinischen Stil vorbei. Es wurde im frühen 20. Jahrhundert erbaut. Der kürzeste Weg in die Altstadt ist über die Rua Guilherme Gomes Fernandes und dann die Gasse Rio Porto hinauf. Man kann aber auch einfach im weiten Bogen der Volta Duche folgen, die den Vorteil bietet, dass man sich in der Hausnummer 12 bei »Queijadas da Sapa«, erst einmal bei Kaffee und Queijada, einer lokalen Spezialität, stärken kann. Beide Wege führen am Museu Anjos Teixeira vorbei. Teixeira (1908–1997) war Bildhauer. Er lebte ab 1980 in Sintra. Weiter auf der Volta Duche zweigt linker Hand der Parque da Liberdade mit einem kleinen japanischen Garten ab, ehe man am maurischen Brunnen vorbei das obere Altstadtzentrum erreicht.

Die Hauptattraktion des Bergstädtchens ist zweifellos der Königspalast. Da er im Lauf der Jahrhunderte immer wieder erweitert wurde, lassen

AUTORENTIPP!

WILDES KAP

Allein die Anfahrt ist ein Erlebnis. Das kurvige Sträßchen, die EN 375, führt durch das Welterbegebiet der Serra de Sintra nach Westen. Falls man diese Straße verfehlt, die EN 247 über Colares tut es auch. Auf Letztere kommt man automatisch und zweigt dann bei Azóia zum Cabo da Roca ab. Das Kap markiert den westlichsten Punkt des europäischen Festlandes. Die raue atlantische Kaplandschaft aus Gräsern und flach wachsenden Sträuchern ist zu jeder Jahreszeit faszinierend. Auf einem 144 Meter über dem Meer liegenden Felsplateau steht der Leuchtturm und mit Sicherheit auch Besucher, die sich den oft kräftigen Wind um die Ohren blasen lassen. Wer möchte, lässt sich gegen Bezahlung eine Urkunde in der Touristeninformation ausstellen, die bestätigt, dass man war, »wo die Erde endet und das Meer beginnt«, wie Luís de Camões das Kap besang.

Cabo da Roca. Mit dem Bus 403 erreicht man das Kap sowohl von Sintra aus als auch von Cascais. Manche Busse halten nur in Azóia, bis zum Kap sind es dann noch einmal 7 km. Fahrzeit jeweils ca. 40 Min.

Sintra und der Palácio Nacional

Mitte: Zahlreiche Villen finden sich im oberen Teil der Stadt.
Unten: Weinhandlung der Bar *Do Binho*

sich Baustile und Phasen des Kunsthandwerks, etwa die der Azulejos, gut nachverfolgen.

Die Gassen des alten Stadtkerns um den Palácio sind vom Tourismus geprägt. Viele Restaurants und Lokale, Weinhandlungen und Souvenirläden warten auf Kundschaft. Es lohnt sich, die malerischen Gassen zu erkunden und vielleicht einen Blick in das Museu do Brinquedo, das Spielzeugmuseum in der Rua Visconde de Monserrate, zu werfen oder der Kirche São Martinho mit kleinem Museum einen Besuch abzustatten. Gleich nebenan, in der städtischen Galerie, wo sich auch die Touristeninformation befindet, werden Kunstausstellungen gezeigt.

Viele Paläste und ein Chalet

Die Schönheit und der Reiz von Sintra zeigen sich in den zahlreichen Palästen. Die meisten von ihnen wurden im ausgehenden 18. und im 19. Jahrhundert erbaut. Einige von ihnen kann man besuchen. An der ersten Biegung am oberen Ortsausgang in Richtung Cabo da Roca liegt die etwas unheimliche Quinta da Regaleira. Der im frühen 20. Jahrhundert erbaute Palast ist voller esote-

Rundgang durch Sintra: ein königliches Vergnügen

Ⓐ **Palácio Nacional de Sintra** – An den konischen Schornsteinen aus dem 14. Jahrhundert erkennt man ihn. Der Königspalast wurde ab dem 12. Jahrhundert als Sommerresidenz genutzt und immer wieder erweitert.
Die markanten Schornsteine gehören zum originalgetreu erhaltenen Küchentrakt des eklektisch gestalteten Märchenschlosses, das im hispanisch-maurischen Stil erbaut wurde.

Ⓑ **Castelo dos Mouros** – Die Mauren beobachteten im 10. Jahrhundert von hier aus das Meer und das Hinterland. Lohnenswert ist der Aufstieg allemal wegen des guten Ausblicks auf Sintra und weiter bis zum Meer. Nicht für Kinderwagen und Rollstuhlfahrer geeignet.

Ⓒ **Parque e Palácio da Pena** – In Portugals Neuschwanstein treffen Mittelalter und Orient aufeinander. Integriert in das Märchenschloss aus dem 19. Jahrhundert sind die Reste eines manuelinischen Klosters.

Ⓓ **Chalet da Condessa d'Edla** – Frisch restauriert zeigt sich das romantische Chalet samt Gärten aus dem 19. Jahrhundert. Hier lässt es sich gut entspannen.

Das bunte Haus Casa das Campainhas

Ⓔ **Convento dos Capuchos** – Man wundert sich wie die Kapuzinermönche in den winzigen Räumlichkeiten leben konnten. Von 1560 bis 1834 war das Kloster bewohnt.

Ⓕ **Quinta da Regaleira** – Die Freimaurer und andere Geheimbünde spielten im 19. Jahrhundert eine bedeutende Rolle. Der verwunschene Palast ist voller esoterischer Hinweise und einem Ritualraum unter der Erde, der den Freimaurern für geheime Zusammenkünfte diente.

Ⓖ **Parque e Palácio de Monserrate** – Der Sommerpalast eines reichen Engländers spielt mit exotischen, fernöstlichen Elementen. Er ist von einem traumhaften Park umgeben.

AUTORENTIPP!

WOHNEN IM PALAST
Nach all den Palastbesichtigungen würde man ja selbst gern mal in solch historischem Prunk wohnen, zumindest für ein paar Tage. Gäste mit gut gefülltem Portemonnaie haben diese Option. Der Palácio de Seteais ist ein romantisches Schloss aus dem 18. Jahrhundert. Es liegt zwei Kilometer außerhalb der Altstadt an einem Hang, von wo man die schöne Umgebung, die Maurenburg und den Palácio da Pena sehen kann. Bei der Restaurierung vor wenigen Jahren wurde versucht, den alten Glanz wiederherzustellen. Wände mit Fresken, teilweise kostbares altes Mobiliar, Gemälde und Wandteppiche sorgen für stilvolle Eleganz. Die bleibt auch im Restaurant gewahrt, das einen schönen Blick über die Umgebung zulässt. Noch besser ist dieser aber von der Terrasse aus. Dank des hauseigenen Reit-Zentrums lassen sich unkompliziert Reitstunden oder Ausritte organisieren.

Tivoli Palácio de Seteais. DZ ab 160 €. Rua Barbosa do Bocage 8, 2710-517 Sintra, Tel. 21/923 32 00, www.tivolihotels.com

Straßenkünstler und sein jüngster Fan

Auch das gehört zu Sintra, die unvermeidliche Bimmelbahn.

risch-geheimwissenschaftlicher Bezüge. Noch eine Biegung weiter auf der Waldstraße und man ist am Palácio de Seteais angelangt. Die große, aus dem 18. Jahrhundert stammende Anlage ist heute ein luxuriöses Hotel.

Wunderbar ist der Blick von der Terrasse des exotisch anmutenden Palasts von Monserrate, den sich ein reicher Engländer erbauen ließ. Etwa zur gleichen Zeit, nämlich in der Mitte des 19. Jahrhunderts, begann auch der Prinzgemahl Ferdinand von Sachsen-Gotha (1816–1885) und spätere König Fernando II. sein Lebenswerk: die Umgestaltung der Bergwelt in eine romantische Landschaft. Das Herzstück oder sozusagen die Krone des Projektes ist der Palácio da Pena auf der Spitze der Serra de Sintra. Wäre sie nicht schon da gewesen, hätte Ferdinand sie sicher bauen lassen, die Ruine einer maurischen Burg. So begnügte er sich damit, das Castelo dos Mouros seinen ästhetischen Vorstellungen anzupassen.

Sehenswert sind außerdem das Convento dos Capuchos, ein winziges Kloster, das unter Philipp II. erbaut wurde, und das Chalet der Condessa d'Edla mit neu angelegtem Park.

Infos und Adressen

INFORMATION

Anfahrt. Sintra erreicht man vom Bahnhof Rossio aus mit der Regionalbahn. Ca. 45 Min. Fahrzeit. Die Bahnen fahren alle 15 bzw. 30 Min. In Sintra fährt der Stadtbus 434 zu den Sehenswürdigkeiten und Palästen des Naturparks sowie in die historische Altstadt.

Tourismusamt. Tgl. 9.30–18 Uhr, Praça da República 23, Tel. 21/923 69 20

Yellow Bus. 5-stündige Ausflüge nach Sintra und seinen Hauptattraktionen, www.yellowbustours.com

SEHENSWÜRDIGKEITEN

Museu do Brinquedo. Di–So 10–18 Uhr, Rua Visconde Monserrate 26, www.museu-do-brinquedo.pt

Palácio Nacional de Sintra. Largo Rainha Dona Amélia, Hochsaison tgl. 9.30–19 Uhr, letzter Einlass 18 Uhr, Nebensaison tgl. 10–18 Uhr, letzter Einlass 17 Uhr, www.parquesdesintra.pt, Bus 434

Parques de Sintra. Castelo dos Mouros, Chalet da Condessa d'Edla, Parque e Palácio de Monserrate, Parque e Palácio da Pena. www.parquesdesintra.pt, Bus 434

Quinta da Regaleira. Nov.–Jan. 10–17.30 Uhr, Feb., März und Okt. 10–18.30 Uhr, April–Sept. 10–20 Uhr, mit einem Audioguide kann man den Palast jederzeit besuchen. Geführte Besichtigungen starten alle 30 bzw. 60 Min. www.regaleira.pt

ESSEN UND TRINKEN

Restaurante Regional de Sintra. Ein Restaurant wie aus längst vergangenen Tagen. Gleich neben dem Rathaus wird im klassischen Speisesaal typische portugiesische Küche serviert. Hauptspeisen beginnen bei 10 €. Travessa do Município 2, Tel. 21/923 44 44, www.restaurante-regional-sintra.pt

ÜBERNACHTEN

Quinta das Murtas. In der hübschen Villa aus dem 19. Jahrhundert im Altstadtbereich lässt es sich gut aushalten. Romantische Zimmer und Appartements und ein Garten mit Pool sprechen für sich. DZ ab 65 €. Rua Eduardo van Zeller 4, 2710-593 Sintra, Tel. 21/924 01 46, www.quintadasmurtas.com

Im Sommer staut sich der Verkehr bis in die Altstadt hinein.

47 Palácio Nacional de Sintra

Bei Elstern und Schwänen

Schon aus der Ferne ragen zwei eigentümliche Schornsteine über der Altstadt auf. Sie gehören zum original erhaltenen Küchentrakt des Königspalasts, der mitten im Ortszentrum steht. Sintra war bei den portugiesischen Herrschern beliebt, weshalb der Palácio Nacional de Sintra, auch Paço Real, im Lauf der Jahrhunderte immer wieder erweitert wurde. Wundervolle Patios und ein Palastgarten, Säle mit Kachelbildern und kunstvollen Holzarbeiten muten maurisch an.

Die waldreiche Umgebung von Sintra und sein im Sommer angenehmes Klima haben schon die Mauren zu schätzen gewusst. Bereits im 8. Jahrhundert bauten sie am Hang der Serra de Sintra einen Palast. Nach der Eroberung durch die Christen 1147 macht sich Afonso Henriques daran, auf den Trümmern der zerstörten Residenz eine neue aufzubauen. Wer heute den Paço Real besucht und nach den Elementen dieser ersten Bauphase sucht, wird kaum etwas finden. 1385 stand João I. der Sinn nach einem kompletten Umbau der königlichen Residenz. Der Begründer der Avis-Dynastie wünschte sich einen Sommerpalast in der kühlen Bergfrische. Zu dieser Zeit war die erste und zumindest von seinem Symbolgehalt wichtigste Bautätigkeit die, eine Kapelle zu errichten.

Es ist ein großes Glück, dass die Schlosskapelle in ihrer ursprünglichen Schönheit erhalten geblieben ist. Man könnte annehmen, dass der Stil der Kapelle sich durch ihre Lage erklärt. Sie steht an der Stelle, wo zuvor die Moschee des Alcázars, der

Oben: Klein, aber fein – die Gartenanlage des Palácio Nacional de Sintra
Unten: Kenntnisreich und sympathisch – die Guides des Königspalastes

Die konischen Kamine der Schlossküche: Wahrzeichen der Stadt

maurischen Festung, stand. Wahrscheinlicher ist, dass die Ausgestaltung im Mudéjar-Stil dem Geist der Zeit entsprach. Wie im Nachbarland Spanien finden sich auch in Portugal einige Beispiele der stilistischen Symbiose aus christlichen und maurischen Elementen. Großartig ist die Artesonado-Decke mit ihren geometrischen Mustern aus Walnuss- und Eichenholz.

Geschichten und Legenden

Eine gern zitierte Anekdote, die bei keiner Museumsführung ausgelassen wird, hat ihre Wurzeln ebenfalls in der Zeit von João. In der Sala das Pegas bevölkern insgesamt 136 gemalte Elstern die Dreiecke der Kassettendecke aus dem 14. Jahrhundert. »Foi por bem« steht da in dünner Schrift. »Dies zum Guten«, »es war in Ehren« oder »nichts für ungut«?

Zweifelsfrei bleibt die Bedeutung nicht. Im Schloss ist man sich sicher, dass damit auf eine Episode angespielt wird, die sich am Hof zugetragen hat. Als der Monarch von seiner Gattin, der Königin Filipa, überrascht wurde, wie er eine Hofdame küsste, soll er zur Entschuldigung jene Wor-

AUTORENTIPP!

DER GEHEIMNISVOLLE PALAST

Der Hang zur Exotik spiegelt sich in den Palästen von Sintra in ihren Bau- und Einrichtungsstilen. Der Palácio da Regaleira bringt noch einen Hauch Esoterik mit ins Spiel. Am Ortsausgang von Sintra in Richtung Colares steht ein zwischen 1904 und 1910 erbautes Fantasieschloss, das sich in die Vergangenheit der Gotik, der Romantik und Manuelinik hineinträumt. Sein Eigentümer, Carvalho Monteiro, Spross einer Familie, die im Kaffeehandel reich geworden war, sammelte Kunst und studierte fremde Kulturen. Besonders die Tempelritter, die Rosenkreuzer und die Freimaurer faszinierten ihn. In Symbolen tauchen sie in Architektur und Garten auf. Tief unter der Erde ließ Monteiro einen Initiationsraum bauen, der über eine Wendeltreppe zu erreichen ist. Ob dort jemals ein Freimaurerritual abgehalten wurde, bleibt ein Geheimnis.

Quinta da Regaleira. Nov.–Jan. 10–17.30 Uhr, Feb., März und Okt. 10–18.30 Uhr, April–Sept. 10–20 Uhr, Audioguide jederzeit erhältlich. Geführte Besichtigungen alle 30 bzw. 60 Min., www.regaleira.pt

AUTORENTIPP!

EINE ENGLISCHE LAUNE

An der kurvigen Bergstraße EN 375, die an der Nordflanke der Serra de Sintra in Richtung Colares führt, wartet nach einigen Kilometern ein weiterer sehenswerter Palast, der besichtigt werden kann. Der Palácio de Montserrate ist Teil der Kulturlandschaft von Sintra, die zum Welterbe der UNESCO gehört. Der schwerreiche Textilunternehmer Francis Cook ließ sich im 19. Jahrhundert eine Palastanlage in die romantische Landschaft setzen, deren Stil – ähnlich wie beim Palácio da Pena – Unterschiedlichstes miteinander verbindet. Gotisch, manuelinisch, arabisch, indisch – diese und andere zum Teil exotische Elemente mehr lassen sich ausmachen. Der 1858 fertiggestellte Palast wird von einem sehenswerten Park gerahmt. Darin gedeihen Pflanzen aus aller Welt, wie etwa eine 50 Meter hohe Norfolktanne oder ein sogenannter Eisenbaum (Metrosidero) aus Neuseeland.

Parque e Palácio de Monserrate. Hochsaison tgl. 9.30–20 Uhr (Palast bis 19 Uhr), letzter Einlass 19 Uhr, Nebensaison tgl. 10–18 Uhr (Palast bis 17 Uhr), letzter Einlass 17 Uhr, www.parquesdesintra.pt, Bus 434

Die überschaubare Altstadt

te geantwortet haben. Die Hofdamen tuschelten weiter, was sie gehört hatten, und so machte dieses »Foi por bem« die Runde. Verärgert über die Geschwätzigkeit, soll er angeordnet haben, ebenso viele Elstern wie Hofdamen an die Decke zu malen.

So wenig gesichert diese Erklärung ist, desto sicherer kann man sein, dass Klatsch- und Tratsch vor 600 Jahren genauso beliebt waren wie heute. Gern erzählt wird auch – und das ist keine Legende –, dass der Maler Jan van Eyck im Palast zu Gast war. Er kam im Auftrag des Fürsten von Burgund, der gern wissen wollte, ob die Tochter von João, Prinzessin Isabel, nicht nur in politischer Hinsicht eine gute Partie wäre. Van Eyck malte das Brautbild, und wie die Geschichte weiß, gefiel es. Jedenfalls wurden sich sowohl der Vater als auch der Werber einig.

Über die Jahrhunderte gewachsen

Der Palast von Sintra wuchs im Lauf der Jahrhunderte im Wesentlichen von Norden nach Süden. König Dinis (1261–1325) ließ seine Gemächer und die königliche Kapelle im höchsten und nördlichsten Teil anlegen. João I. (1357–1433) – der mit den Elstern – prägte den Bereich um den mittleren Innenhof. Auch der Bau der Küchen geht auf ihn zurück. Manuel I. (1469–1521) ließ das Schloss durch einen Ostflügel erweitern. Typisch für den nach ihm benannten Stil sind die Rahmungen und das Fassadendekor dieses Teils, der auch manuelinischer Flügel genannt wird. Auf die manuelinische Zeit geht ebenso der Wappensaal, oder auch »Saal der Hirsche«, zurück sowie die meisten der noch existierenden Wandfliesen. Die jahrhundertealten Wandfliesen des Schlosses sind ein Grund mehr für den Besuch. An ihnen lässt sich die Entwicklung, die der Technik sowie die der Motive und Farbgebung entlang der gewachsenen Gebäudeteile nachvollziehen. Darüber hinaus sind die Räume und Säle mit Möbeln, Malerei und Textilien aus dem 16. bis 19. Jahrhundert ausgestattet, die aus den Besitzungen der portugiesischen Königsschlösser zusammengetragen wurden.

Rundgang

Die Besichtigung beginnt bei den gotischen Torbögen, mit denen sich das Gebäude zum Schlossvorplatz hin öffnet. Früher war der Schlosshof geschlossen, und hier wurde Gericht gehalten oder es fanden Turniere statt. Über einen Treppenaufgang gelangt man in den großen Saal, der sich über den genannten Bögen befindet. Es ist die Sala dos Cisnes, die ihren Namen von den gemalten Schwänen bekommen hat, die die achteckigen Felder der Holzkassettendecke schmücken. Die weißen Schwäne sollen eine Huldigung Joãos an seine Frau sein. Im Saal wurden Feste gefeiert, Konzerte gegeben oder es wurde auch schon mal ein Theaterstück aufgeführt.

Der mittlere Innenhof erinnert an einen andalusischen Patio. Die Wasseranlage des Hofs schafft im

Oben: Die hierarchische Kuppel im Saal der Wappen
Mitte: Die Schwäne der *Sala dos Cisnes* sollen ein diskretes Kompliment sein.
Unten: Barocke Deckengestaltung in der Grotto

Oben: Blick vom Palastgarten zur Serra de Sintra
Mitte: Im Raum der Elstern
Unten: Die Palastkapelle wurde im arabisch-inspirierten Mudéjar-Stil ausgestaltet.

Sommer ein erträgliches Mikroklima. Von hier aus schließen sich Privatgemächer des alten Schlosses von João I. an. Da ist der bereits erwähnte Saal der Elstern, dann folgt das Schlafzimmer des Sebastião, das so heißt, weil besagter König hier im ausgehenden 16. Jahrhundert geschlafen haben soll. Im sogenannten Arabischen Saal schlief João I., wenn er in Sintra weilte. Auch hier lohnt ein Blick auf die Azulejos.

Im ebenfalls mit Wandfliesen ausgestalteten »Innenhof der Masken« zeigen die Azulejos das Emblem König Manuels I., die Armillarsphäre.

Wunderschön ist der Blick in den kleinen, geometrisch angelegten Lindaraja-Garten, hinter dessen Mauern sowohl der Berghang der Sierra mit seinen verstreuten Palästen und Villen zu sehen ist als auch in der Ferne der Ozean. Das nächste Highlight der Besichtigung ist der bereits erwähnte Waffen- oder Wappensaal im oberen Teil des Schlosses. Man betritt ihn durch ein manuelinisches Portal. Ganz oben, im Zentrum der achteckigen Kuppel prangt das Wappen Manuels I. Die acht Wappen seiner Söhne und Töchter und die Wappen von 72 portugiesischen Adelsfamilien füllen die Felder darunter. Die Wände sind mit einem Bilderzyklus auf weiß-blauen Kacheln verziert. Sie stammen aus dem 18. Jahrhundert.

Der Rundgang führt nun am Zimmer von Afonso VI. vorbei. Der König wurde neun Jahre lang, bis zu seinem Tod 1683, von seinem Bruder Pedro II. hier gefangen gehalten. Die Kapelle mit ihrer außergewöhnlich schönen Ausgestaltung wurde bereits genannt. Nachdem man sie gesehen hat, betritt man die große Hofküche mit ihren riesigen Kaminen. Dass gerade sie einmal zum Wahrzeichen von Sintra werden würden, hätten wohl weder die Könige noch das Küchenpersonal geahnt.

Infos und Adressen

SEHENSWÜRDIGKEITEN

Palácio Nacional de Sintra. Largo Rainha Dona Amélia, Hochsaison tgl. 9.30–19 Uhr, letzter Einlass 18 Uhr, Nebensaison tgl. 10–18 Uhr, letzter Einlass 17 Uhr, Tel. 21/910 68 40, www.parquesdesintra.pt, Bus 434

AKTIVITÄTEN

Park E Bike. Sintra und seine Kulturlandschaft der Parks und Schlösser lässt sich auch gut mit dem Fahrrad erkunden. Da es in der Serra naturgemäß viel bergauf geht, werden Elektrobikes verliehen. Vier Stunden kosten 24 € einschließlich Helm, Karte und Schloss. Torre do Relógio, Praça da Republica 28, Sintra, Tel. 922/29 32 39, www.parkebike.com

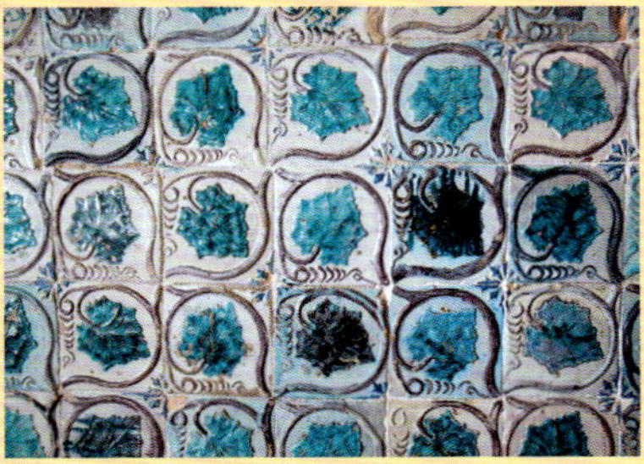

Reliefartige Wandfliesen

ESSEN UND TRINKEN

Piriquita. Gleich gegenüber dem Palast an der schmalen Hauptgasse, die in die obere Altstadt führt, ist die Konditorei ein beliebter Treffpunkt für Einwohner und Touristen. Leckere Queijadas – die für Sintra typischen Käsetörtchen –, Kuchen und salzige Gebäckteile kann man im Café genießen. Rua Padarias 1/7, Tel. 21/923 06 26

ÜBERNACHTEN

Tivoli Sintra. Von der Atmosphäre des Palasts ist das Hotel, das nur wenige Schritte von ihm entfernt liegt, nichts zu spüren. Dennoch fühlt man sich in dem 4-Sterne-Haus gut aufgehoben. In den

Die Kamine der Palastküche

mit Teppichböden und klassischen Möbeln ausgestatteten Zimmern kann man der Nostalgie der 1980er-Jahre frönen. Von den Zimmern auf der Hangseite hat man einen schönen Blick in die Ebene und auf den Osthang der Serra. DZ ab 80 €. Praça da República, 2710-616 Sintra, Tel. 21/923 72 00, www.tivolihotels.com

La Piriquita: Gebäck und mehr

Oben: Der Penapalast nimmt die höchste Erhebung der Serra de Sintra ein. Gut zu sehen sind die Küste und das Meer.
Unten: Das milde und feuchte Klima hat die Bergwelt in ein verzaubertes Grün getaucht.

48 Palácio da Pena

Erinnerung und Fantasie

Eine Mischung aus Ritterburg und manuelinischem Dekor, ein bisschen Morgenland und Renaissance – der Palácio da Pena vereint Gegensätze. Der im 19. Jahrhundert erbaute Sommerpalast ist ein Märchenschloss, umgeben von wildromantischer Natur in traumhafter Lage. Ferdinand von Sachsen-Gotha beauftragte den aus Deutschland stammenden Baron von Eschwege mit dem Bau. Bis heute ist der Palast ein umstrittenes Monument seiner Zeit.

Der Palast thront hoch oben auf einem Hügel, als sei er ein unwirtliches Gebirge. Man könnte meinen, ein Bild zu sehen, ein romantisches Landschaftsgemälde, wo die Bäume immer noch ein bisschen knorriger und die Felsen spitzer und schroffer sind als in Wirklichkeit. In der Ferne ragt eine Burg auf, ein Sehnsuchtsort, der durch die wilde Umgebung erst seine Wirkung entfalten kann. Die Bergwelt bei Sintra ist tatsächlich wild und bizarr. Obwohl der höchste Punkt sich nicht mehr als 529 Meter über Meeresniveau erhebt, lassen dessen Nähe und die Winde und Wetter, die vom Atlantik herüberwehen, die Serra höher wirken. Die Natur und der eigentümliche Palácio da Pena bilden eine Einheit. Das haben selbst die Kritiker, die in der königlichen Sommerresidenz nicht mehr erkennen wollen als geschmacklosen Kitsch, immer wieder anerkannt. Doch wie kam es zu der romantischen Laune?

Kühle Bergwelt

Ferdinand von Sachsen-Gotha (1816–1885), Portugals König Fernando II., fühlte sich in der kühleren und waldreichen Landschaft von Sintra hei-

Bunt und romantisch – der Palast ist ein Märchenschloss.

misch. Auf der Bergkuppe der höchsten Erhebung beauftragte er Wilhelm Ludwig von Eschwege, ihm ein Schloss zu bauen. Ferdinand gab konkrete Vorgaben, wie er sich den Palast vorstellte. Von Eschwege war eigentlich kein Architekt. Der aus Hessen stammende Baron war ein Fachmann für Bergbau und Hüttenwesen. In jungen Jahren war er nach Portugal gekommen. Später lebte und arbeitete er in Brasilien.

Von Eschwege fing bei seiner Planung nicht bei Null an. Auf dem Gipfel der Serra de Sintra stand bereits ein Gebäude. Es war ein Hieronymitenkloster, das in der Regentschaft Manuels I. in dem nach ihm benannten manuelinischen Stil erbaut wurde. Nach dem Beben von 1755 dämmerte es jedoch nur noch als Ruine vor sich hin. Der doppelstöckige Kreuzgang der Klosteranlage aus dem 16. Jahrhundert wurde in den Palácio integriert, ebenso wie die Kapelle, in der ein meisterhaft gestalteter Altar aus Marmor und Alabaster steht. Er wurde 1532 von Nicolas de Chantarène geschaffen. Der Rest der Anlage ist neu, besser gesagt historistisch. Unterschiedliche Stile aus vergangenen Epochen werden aufgegriffen und unvermittelt gegeneinandergesetzt. Dennoch ist dabei et-

AUTORENTIPP!

AUSBLICK ZWISCHEN ZINNEN UND FELSEN

José Saramago, der große portugiesische Autor des 20. Jahrhundert, war der Meinung, dass man Burgen im Allgemeinen und das Castelo dos Mouros, das Maurenkastell, im Besonderen aus der Ferne betrachten, nicht aber besichtigen soll. Möglicherweise hatte er auch einfach keine Lust mehr, nach der Besichtigung des Pena-Palasts noch die Burg zu erklimmen, die man von besagtem Palast ganz gut sieht. Steigt man nichtsdestotrotz oberhalb des Pena-Parks zur alten Feste hinauf, kann man sich einmal mehr von den Ruinen in eine andere Zeit versetzen lassen. Vermutlich im 9. Jahrhundert während der islamischen Herrschaft erbaut, wurde die Burg ab dem Mittelalter von den portugiesischen Königen weiterhin als strategischer Wachpunkt über die Küste genutzt. Schade für Saramago! Den schönen Blick von der Alcazaba, der Festung, auf Sintra und die Küste hat er wahrscheinlich nie zu sehen bekommen.

Castelo dos Mouros. Hochsaison tgl. 9.30–20 Uhr, letzter Einlass 19 Uhr, Nebensaison tgl. 10–18 Uhr, letzter Einlass 17 Uhr, Tel. 21/923 73 00, www.parquesdesintra.pt, Bus 434

Oben: Die Zeit der Ritter ist schon längst vorbei, dennoch erinnert die Auffahrt an eine Burgrampe.
Mitte: Wie das Schloss, so das Geschirr – aufwendig und verspielt
Unten: Der Speiseraum mit Burgatmosphäre

was herausgekommen, was in sich stimmig beziehungsweise harmonisch ist.

Romantische Capricho

Über einen steilen Aufstieg in Serpentinen nähert man sich diesem Neuschwanstein Portugals. Mächtige Burgmauern ragen in die Höhe. Sie werden von einem Zinnenkranz bekrönt. Kleine runde Beobachtungstürmchen überragen die Mauer. Sie haben keine Funktion, sind für die Ritterromantik ein nicht unwesentliches Detail. Da zur Ritterzeit auch die Kreuzzüge gehören und mithin die Exotik des Morgenlandes und vielleicht auch noch die spanische Reconquista, ist es folgerichtig, dass man durch ein mächtiges Tor den Pena-Palast betritt, das so auch auf der Alhambra in Granada zu finden sein könnte. Vorbei am ersten Café und Souvenirshop durchschreitet man ein zweites Burgtor. Das zitiert den Torre de Belém und die Casa dos Bicos von Lissabon. Dann erst steht man auf dem oberen Schlosshof, wo der Stilmix auch noch durch die in unterschiedlichen Farben gestrichenen Gebäudeteile betont wird. Hier kann man nun entscheiden, ob man erst einmal auf einem schmalen Wehrgang die Burg umrunden möchte oder sich diese romantische Fantasie von innen ansehen möchte. Beides macht Spaß. Neben der bereits genannten Kapelle und dem Kreuzgang überrascht die Sala Árabe mit reinstem morgenländischem Dekor, die Sala Nobre mit festlichem Ambiente und die königlichen Schlafgemächer mit ihrem leuchtenden Rot. Kostbare und verspielte Porzellanwaren, feine Dekors und Wandgestaltungen füllen die teilweise gemütlich kleinen Burgkammern und größeren Säle. Nach dem Rausch der Farben und Stile des Palasts verzichtet man gern auf die Bimmelbahn, die abfahrbereit steht, und geht lieber zu Fuß durch den traumhaften Parque da Pena in Richtung Ausgang.

Infos und Adressen

SEHENSWÜRDIGKEITEN

Parque e Palácio da Pena. Hochsaison April–Okt. tgl. 9.30–20 Uhr, letzter Einlass 19 Uhr, Nebensaison tgl. 10–18 Uhr, letzter Einlass 17 Uhr, Führungen durch den Park, Tel. 21/923 73 36, www.parquesdesintra.pt, Bus 434

ESSEN UND TRINKEN

Im **Palácio da Pena** gibt es zwei Cafeterien. Eine davon mit schöner Außenterrasse und weitem Blick über das Land. Öffnungszeiten wie Palácio da Pena.

ÜBERNACHTEN

Lawrence's Hotel. Schon Lord Byron logierte 1809 im Lawrence, das sich das älteste Hotel der Iberischen Halbinsel nennt. 1764 wurde es eröffnet. Die Gäste des intimen Luxushotels treten sozusagen eine britisch angehauchte Zeitreise in die Vergangenheit an. Selbstverständlich wird um 17 Uhr der Tee gereicht. Auch Nichthotelgäste sind zu High-Tea willkommen. DZ ab 120 €.
Rua Consiglieri Pedroso 38–40, Tel. 21/910 55 00, www.lawrenceshotel.com

Klavier im Atelier König Carlos I.

Stil ist, was gefällt.

AKTIVITÄTEN

Führungen im Palácio da Pena. Es werden geführte Besichtigungen zu unterschiedlichen Themen angeboten, etwa nur zum Palast, durch den romantischen Park etc. Sie kosten zwischen 10 und 16 € pro Person. Ein Audioguide kann für 3 € ausgeliehen werden.

Wanderung zum Palácio dos Mouros und zum Castelo dos Mouros. Von der Altstadt von Sintra kann man Burg und Palast auch zu Fuß erreichen. Die etwa einstündige Wanderung beginnt am Sabuga-Brunnen in der Rua Marechal Saldanha. Dort nimmt man die Rua dos Clérigos und folgt einem steilen Anstieg (Rampa do Castelo) durch den Wald zur Maurenburg. Von dort aus ist der Weg zum Palácio ausgeschildert.

49 Palácio Nacional de Mafra

Der Koloss von Mafra

Das kleine Städtchen Mafra, etwa 30 Kilometer nördlich von Lissabon, wird von einem riesigen Klosterpalast überragt. 1717 wurde mit dem Bau begonnen, an dem zeitweilig bis zu 50 000 Arbeiter beteiligt waren. Über 900 Säle verfügt die gewaltige Anlage, die durch die Goldminen Brasiliens finanziert wurde. Das Glanzstück des Palácio ist die Bibliothek im Rokokostil. Sie ist eine der schönsten in ganz Europa.

Mafra ist ein Rätsel, auch heute noch, rund 300 Jahre, nachdem der Grundstein für den größten Klosterpalast des Landes gelegt wurde. Mafra ist eine Kleinstadt mit 18 000 Einwohnern. Zu sehen gibt es nicht viel. Die Stadt hat nur eine echte Sehenswürdigkeit, aber die hat Größe. Auf einer Fläche von 40 000 Quadratmetern erhebt sich ein Gebäudekomplex von pharaonischen Ausmaßen. Die Hauptfassade misst 220 Meter, rund 4700 Türen und Fenster zählt das Innere. Der Klosterpalast ist ein einziger Superlativ.

Oben: Groß, größer, Mafra – gebraucht wurde der riesige Klosterpalast nicht. Und genutzt wurde er ebenso wenig.
Unten: Endlos erscheinende Saalfluchten – der Jagdsalon

MAL EHRLICH

SCHULD UND SCHÖNHEIT

… oder Glanz und Elend. Ganz egal wie man es betiteln möchte: Die Entstehung herausragender Monumente, von erhebenden Kirchen oder kunstvollen Palästen ist fast immer auch eine des Leids, der Ausbeutung und der Ungerechtigkeit. Dass die Präsenz der Kirche kein Garant für die Einhaltung wenigstens der christlichen Gebote ist, gehört zu den Gemeinplätzen der abendländischen Geschichte und wird in Mafra mal wieder bestätigt.

Erfüllung eines Versprechens

Das Königspaar João V. und Maria Ana de Áustria wollte ein Zeichen setzen. 1711 hatte es ein Gelübde abgelegt. Sollte ihnen ein Thronfolger geboren und damit der Fortbestand der Dynastie gewährleistet werden, versprach man dem Franziskanerorden den Bau eines Klosters. Der wiederum legte sich ins Zeug, ließ Messen lesen, erbat den Beistand von höchster Stelle, damit ein gesunder Nachkomme das Licht der Welt erblicken würde. So geschah es dann auch. 1714 wurde José I. geboren, und es wurde Zeit, das Gelübde zu erfüllen. Beauftragt wurde der aus Regensburg stammende Architekt Johann Friedrich Ludwig.

300 Mönche sollten für das Wohl des Landes und seiner Repräsentanten hier beten können. Und Mafra sollte dem Klosterpalast von El Escorial bei Madrid ebenbürtig sein –, besser noch, ihn übertreffen. Über 50 000 Arbeiter schufteten am Bau. Unter welchen Bedingungen, das interessierte niemanden. José Saramago hat sich in seinem Roman *Das Memorial* der Schattenseiten des Projektes angenommen: der Arbeiter, die beim Bau umkamen, und die von Soldaten schikaniert wurden.

Kunsthandwerk aus ganz Europa

Am Geburtstag des mittlerweile 41-jährigen Monarchen, am 22. Oktober 1730, wurde die fertige Basilika geweiht. Sie nimmt den mittleren Teil der streng gegliederten Hauptfassade ein. Zwei Glockentürme mit insgesamt 92 Glocken überragen das Hauptportal, das in die Gebäudefront integriert ist. In der Vorhalle wachen 14 Heiligenfiguren aus Carrara-Marmor. Der Kirchenraum selbst ist einschiffig und wird von elf Kapellen flankiert. Auch hier stehen in Italien gefertigte Marmorfiguren. Nur das Beste und Teuerste sollte den Palast ausstatten. Aus den Manufakturen und von den Kunst-

AUTORENTIPP!

STRÄNDE UND KLIPPEN

Nach dem Besuch der endlosen Flure und Folge von Sälen des Klosterpalasts von Mafra tut etwas frische Luft gut. Am besten eine frische Meeresbrise und vielleicht auch ein Bad in den Wellen. Nur zehn Kilometer vom Palast entfernt, im Badeort Ericeira, locken steile Klippen und weite Sandstrände. Man ist an der Costa de Prata, der Silberküste, zwar weit im Süden, doch der Atlantik ist stets frisch, um nicht zu sagen kühl. Ericeira ist ein bei Portugiesen beliebter Bade- und Fischerort. Über die Geschichte der Fischerei informiert das Museu da Ericeira am Largo da Misericórdia. Ansonsten genießt man einfach die angenehme Atmosphäre in den Gassen des 5000-Einwohner-Städtchens. Vom Hafen aus floh 1910 der letzte Monarch Portugals Manuel II. ins Exil. Seine letzte Nacht hatte er übrigens im Palast von Mafra verbracht.

Junta de Turismo de Ericeira. Rua Doutor Eduardo Burnay 46, Tel. 26/186 41 36, www.ericeira.net

Oben: Bei der Ausstattung wurden keine Mühen und Kosten gescheut. **Unten:** Der feinste Marmor war für den Bauherren gerade gut genug.

handwerkern in ganz Europa wurden kostbare Möbel, Kristallleuchter und Materialien für die Wände, die Decken und die Böden bestellt. Steinmetze, Mosaikkünstler und Holzschnitzer sollten ihr Können in der Ausgestaltung der rund 900 Säle unter Beweis stellen.

Größe um ihrer selbst willen

Bei der Besichtigung wird man weniger von der kunstvollen Ausgestaltung gefesselt als von der schieren Größe. Die Raumproportionen wirken überdimensioniert, nicht geschaffen für das menschliche Maß. In der ersten Etage sieht man die alte Apotheke und das Klosterhospital. Letzteres erinnert an einen Kirchenraum, wo anstelle einer Bestuhlung die Krankenlager in einzelnen Separees angeordnet sind. Die darüberliegende Hauptetage ist der eigentliche Palast. Die Wohngemächer von König und Königin sind in den massiv wirkenden Ecktürmen untergebracht. Sie verbindet eine Raumflucht von über 200 Metern. João V. und Maria Ana konnten sich also bequem aus dem Weg gehen. Man durchquert Raum um Raum den Musiksaal, das Spielzimmer, den Leseraum und fragt sich, wie viele Kilometer die einstigen Bewohner oder Bediensteten hier täglich ablaufen mussten. Durch einen Jagdraum voller Trophäen und einem Tisch, der von Geweihen getragen wird, nähert man sich langsam dem Ostflügel der Anlage, der mit einer großartigen Bibliothek wieder versöhnlich stimmt. Die 88 Meter lange Raumflucht mit ihren rund 40 000 Folianten ist ein begeisternder Anblick. Unter den hier versammelten Schätzen finden sich einige Inkunabeln – Buchdrucke, die vor 1500 entstanden, eine Erstausgabe des Nationaldichters Luís de Camões (1524–1580) und andere bibliophile Kostbarkeiten. Auf der Rückseite der Anlage schließt sich die Tapada de Mafra an, ein ehemaliges königliches Jagdgebiet.

Infos und Adressen

SEHENSWÜRDIGKEITEN

Palácio Nacional de Mafra. Terreiro D. João V, 2640 Mafra, Mi–Mo 10–17.30, letzter Einlass 16.45 Uhr, Basilika tgl. 10–13 und 14–17 Uhr, Bibliothek 10–12.30 und 14–17 Uhr, So bis 14 Uhr Eintritt frei, www.palaciomafra.pt

Wer plant, mehrere Königspaläste zu besuchen, sollte sich für die Kombikarte **»Circuito Palácios Reais«** entscheiden. Sie kostet 17 Euro und erlaubt den Eintritt in den Palácio Nacional da Ajuda, Palácio Nacional de Mafra, Palácio Nacional de Queluz und Palácio Nacional de Sintra.

ESSEN UND TRINKEN

O Brasão. Nur wenige Meter vom Palast entfernt, die Hauptachse an der Praça República hinunter, dann rechts hinter dem ersten Block, gibt es einfache und gute portugiesische Küche. Die Hauptspeisen kosten ab 8 €. Travessa Manuel Esteves 7, Tel. 26/181 56 87

Polo Norte. Köstliche Gebäckteilchen lagern unter dem Glastresen, alles aus der eigenen Konditorei. Die Pastéis de Nata sind außergewöhnlich gut. Sie und andere Kleinigkeiten kann man im Café zu sich nehmen. Praça da República 15, Tel. 26/181 10 70

ÜBERNACHTEN

Vila Galé Ericeira. Im nahe gelegenen Küstenort Ericeira liegt dieses schöne und historische Großhotel auf einer Klippe direkt am Meer. Die Zimmer im klassischen Stil haben zum Teil Meeresblick. DZ ab 100 €, Largo dos Navegantes 1, 2655-320 Ericeira, Tel. 26/186 99 00, www.vilagale.pt

Beeindruckend – die Bibliothek von Mafra

Oben: Cascais und Estoril mögen die schöneren Orte sein, doch der Strand von Caparica auf der Südseite des Tejo bietet kilometerweiten Sand.
Unten: Nicht so gut wie an der Praia do Guincho, aber auch an der Costa Caparica kann man wellenreiten.

50 Costa da Caparica

Strand ohne Ende

Lissabon liegt fast am Meer. Aber eben nur fast. Wenn es die Hauptstädter zum Strand zieht, dann fahren sie entweder in die Seebäder Estoril und Cascais oder in den Süden. Auf der anderen Seite des Tejo warten kilometerlange Strände. Die Costa da Caparica mit ihren Sandstränden ist die populärste Küste der Lisboetas. Caparica hat sich zu einem beliebten, wenn auch nicht unbedingt schönen Urlaubszentrum entwickelt.

Die Halbinsel zwischen der Mündung des Tejo und der des Sado-Flusses ist für viele Portugalreisende ein unbekanntes Gebiet. Die Hauptstädter dagegen strömen an Wochenenden in Massen auf die Südseite des Tejo, zumindest im Sommer. Den obligatorischen Stau über die Ponte 25 de Abril nehmen sie gern in Kauf, schließlich wartet kaum zehn Kilometer entfernt ein Sandstrand, der so lang ist, dass darauf die Einwohner einer Millionenstadt Platz haben, um hier ihr Handtuch auszubreiten.

20 Kilometer Sand

Die Praia do Sol – der Sonnenstrand – beginnt bei Caparica und zieht sich vom Urlaubszentrum aus 20 Kilometer nach Süden. Hinter dem Traumstrand wellt sich ein Dünengürtel und dahinter ragen die Steinklippen auf, die von geologischem Interesse sind. *Arriba Fóssil*, fossile Wand, werden die Sedimentfelsen genannt, die vor rund 10 Millionen Jahren entstanden. Einst reichte das Meer bis zum Fuß der Wand. Durch die Erdbewegungen und das Beben im Jahr 1755 bekam der Küstenabschnitt seine Gestalt. Um den Abbruch und das weitere

Fortschreiten der Dünen zu verhindern, ließ König João im 18. Jahrhundert einen Wald anpflanzen, den »Mata dos Medos«, den es noch heute gibt. In der durch Erosion markant geformten Steilwand haben Bussarde und Schleiereulen ihren Schutzraum.

Caparica, ganz im Norden der Strandküste, war bis in die 1960er-Jahre ein kleiner Fischerort. Als 1966 die Brücke Ponte de 25 Abril eröffnete, änderte sich rasch das Bild. Die kleinen und großen Wohnblocks, die seitdem gebaut wurden, haben aus Caparica eine gesichtslose Urbanisation gemacht, die man kaum aufsuchen würde und die auch nie entstanden wäre, gäbe es nicht diesen wunderbaren Strand vor der Haustür. Dank der noch neuen Strandpromenade kann man auch, wenn kein Badewetter ist, an den Praias da Vila, den Stränden der Stadt, entlangspazieren. Die meisten Lissabonner zieht es aber an einen der weiter südlich gelegenen Strandabschnitte, die »Terras da Costa«, »Acácias« und »Medos« genannt werden. Die wiederum sind in kleine Strände mit jeweils eigenem Namen unterteilt, haben eine eigene Zufahrt von der parallel zur Küste verlaufenden Straße. Im Sommer tuckert der *Transpraia*, eine offene Bimmelbahn, zwischen Costa da Caparica und Fonte da Telha. Jeder Strandabschnitt hat seinen eigenen Charakter. Familien etwa findet man vor allem an den Stränden Rainha, Castelo und Rei, Nacktbadende gehen an die Praia da Bela. Morena und Sereia sind wegen ihrer Terrassenlokale beliebt. 2013 wurde die Küste mit der Blauen Flagge ausgezeichnet.

Auf dem Rückweg nach Lissabon kommt man oberhalb von Caparica am Convento dos Capuchos vorbei. Das Kloster geht auf das 16. Jahrhundert zurück, wurde aber nach dem Erdbeben von 1755 weitgehend neu erbaut. Vom Kloster aus hat man auch eine schöne Aussicht über die *Arriba Fossil*.

Infos und Adressen

INFORMATION

Anfahrt. Von der Praça de Espanha fahren die Buslinien 153 und 161 nach Caparica ab. Die Fahrzeit liegt bei etwa 40 Min.

Tourismusbüro Caparica. Stadtstrand Caparica, Mo–Fr 9.30–13 und 14–17.30 Uhr, Sa 9.30–13 Uhr, Tel. 21/290 00 71, www.m-almada.pt

ESSEN UND TRINKEN

Mar Puro. In einem der am südlichen Ende der Strandpromenade errichteten modernen Pavillons befindet sich das schicke Restaurant, das zugleich auch ein Beachclub ist. Rua da Muralha da Praia, Apoio 25, Nova Praia, Costa de Caparica, Tel. 21/291 26 99, www.marpuroclubepraia.com

ÜBERNACHTEN

Costa Caparica. Das moderne Großhotel liegt in der ersten Häuserzeile am Meer. Zum guten 4-Sterne-Standard kommen noch ein Spa, Pool, eine Surfschule und andere Angebote. DZ 140 €, außer Saison z.T. weniger als die Hälfte. Avenida General Humberto Delgado 47, 2829-506 Costa da Caparica, Tel. 21/291 89 00, www.hotelcostacaparica.pt

AKTIVITÄTEN

Die Strände bieten ausreichend Platz zum Fußball und Volleyball und laden zu ausgedehnten Spaziergängen ein. Bei starker Brandung gehen Surfer und Bodyboarder ins Wasser.

Surf- und Bodyboardschule Duckdive. An der Praia do Castelo. Tel. 965 75 99 49, www.duckdive.pt

REISEINFOS

Lissabon von A–Z
Anreise, Auskunft, Einkaufen, Einreisebestimmungen, Feste und Feiertage, Geld/Währung, Gesundheit, Klima/Reisezeit, Mietwagen, Mietfahrräder, Notrufnummern, Öffentlicher Nahverkehr, Post, Rauchen, Sicherheit und Polizei, Sprache, Stadtführungen, Trinkgeld, Umgangsformen, Zeit **274**

Lissabon für Kinder und Jugendliche **282**

Kleiner Sprachführer **284**

Vorangehende Doppelseite: Blick auf City und Ponte 25 de Abril-Brücke vom Miradouro da Senhora do Monte
Oben: Der Flughafen liegt so nah am Zentrum, dass die Flieger schon über der Stadt zum Landeanflug ansetzen.
Unten: Portugals erste Airline, die TAP Portugal

Lissabon von A–Z

Anreise

Mit dem Flugzeug

Der Flughafen Lissabon-Portela (LIS) wird direkt von zahlreichen Fluggesellschaften angeflogen. Tickets sind ab ca. 220 € für den Hin- und Rückflug zu bekommen. Die wichtigsten Airlines sind: TAP Portugal. Tel. 01803 000 341 (gebührenpflichtig), (Deutschland), www.flytap.com; Lufthansa. Tel. 069/86 79 97 99 (Deutschland), www.lufthansa.com; Air Berlin. Tel. 030/34 34 34 34 (Deutschland), www.airberlin.de; Swiss Air. Tel. +41/848 70 07 00 (Schweiz), www.swiss.com; Austrian Airlines. Tel. +43/05/17 66 10 61 (Österreich), www.austrian.com; Flughafen Lissabon: Tel. 800 201 201, www.lisbon-airport.com

Mit dem Zug

Bahnreisende müssen sich Zeit nehmen. In der Regel muss ab Deutschland mindestens zweimal umgestiegen werden. Einmal in Paris und dann noch einmal an der französisch-baskischen Grenze in Hendaye. Nach Paris fahren die Hochgeschwindigkeitszüge Thalys (ab Köln), TGV und ICE und ab München sowie ein TGV ab Zürich und Bern. In Paris muss man vom Ankunftsbahnhof, dem Gare de l´Est bzw. dem Gare du Nord, die Stadt queren und am Gare Montparnasse in den TGV-Atlantique steigen. Insgesamt dauert die Fahrzeit 24–30 Stunden. Die Kosten liegen zwischen 250–400 €. Wichtige Bahnanbieter sind:
Deutschland: www.bahn.de; www.thalys.de; Schweiz: www.ssb.ch; Österreich: www.oebb.at; Frankreich: www.sncf.fr; Spanien: www.renfe.de. Internationale Bahnreisen kann man auch praktisch unter www.vertraeglich-reisen.de buchen. Ein auf Portugal spezialisierter Reiseveranstalter ist Olimar, Tel. 0221/205 90 590, www.olimar.de.

Mit dem Auto
Bei dieser Form des Reisens wird einem bewusst, wie groß Europa ist. An Mautgebühren in Frankreich, in Teilen Spaniens und in Portugal fallen ca. 125 € plus 33 Euro für die Vignette in der Schweiz an. In der Stadt selbst ist das eigene Fahrzeug eher ein Hindernis. Parkplätze sind rar, und das Abstellen im Parkhaus kostet gut und gerne 30 € pro Tag.

Mit dem Bus
Die Busse von Touring bzw. Eurolines Germany fahren von zahlreichen deutschen Städten aus. Ab München dauert die Fahrt knapp 40 Stunden und kostet hin und zurück ca. 260 €. Die Busse kommen am Bahnhof Gare do Oriente oder am Busbahnhof Sete Rios nahe der Metrostation Jardim Zoológico an. Deutsche Touring: Tel. 069/790 35 01, www.touring.de; www.eurolines.de

Auskunft

Vor der Reise
AICEP, Fremdenverkehrsamt Portugal. Zimmerstr. 56, 10117 Berlin, Tel. 030/590 06 35 00, www.visitportugal

In Lissabon
Lisboa Welcome Center. Praça do Comércio. Tgl. 9–20 Uhr, Tel. 21/031 28 10; Palácio Foz. Praça dos Restauradores. Tgl. 9–20 Uhr, Tel. 21/346 33 14; Airport, Ankunftshalle. Tgl. 7–24 Uhr, Tel. 21/78 45 06 60; Bahnhof Santa Apolónia. Di–Sa 8–13 Uhr, Tel. 21/882 16 06

Lissabon im Internet
www.visitlisboa.com: Offizielle Webseite des Fremdenverkehrsbüros von Lissabon (auch auf Deutsch)
www.timeout.pt: Online-Magazin mit Restaurant- und Club-Empfehlungen. (Portug.)
www.agendalx.pt: Veranstaltungskalender (Portug.)

Oben: Unterwegs im GoCar
Mitte: Eine weitere Möglichkeit: die Anreise im Wohnmobil
Unten: Lissabon ist ein beliebtes Ziel für Kreuzfahrtreisen.

Oben: Brasilien ist nah, nicht nur wegen der Sprache
Mitte: *Guitarra Portuguesa*
Unten: Es geht auch laut; hier eine Trommlergruppe in der Alfama.

Diplomatische Vertretungen
Deutsche Botschaft: Campo dos Mártires da Pátria 38, Mo–Fr 9–12 Uhr, Tel. 21/881 02 10, Notfallnummer: 965 80 80 92 (Mobiltelefon), www.lissabon.diplo.de, Metro: Restauradores
Österreichische Botschaft: Avenida Infante Santo 43, Mo–Fr 9.30–13 Uhr, Tel. 21/394 39 00, www.bmeia.gv.at, Bus 720
Schweizerische Botschaft: Travessa do Jardim 17, Mo–Fr 9–12 Uhr, Tel. 21/394 40 90, www.eda.admin.ch/lisbon, Tram 25, 28

Einkaufen

Geschäfte haben werktags meist von 9–13 und 15–19 Uhr geöffnet. Samstags schließen sie um 13 Uhr. Größere Häuser internationaler Ketten haben in der Regel durchgehend geöffnet.

Einreisebestimmungen

Innerhalb der EU dürfen Waren frei ein- und ausgeführt werden, sofern sie dem persönlichen Gebrauch dienen. Während EU-Bürger maximal 90 Liter Wein, 10 Liter Spirituosen und 800 Zigaretten ausführen dürfen, reduzieren sich die Mengen für Schweizer Touristen auf 2 Liter Wein, 1 Liter Spirituosen und 200 Zigaretten.

Feste und Feiertage

Feiertage
1. Januar, Neujahr (Ano Novo); Faschingsdienstag (Carnaval); Karfreitag (Sexta-feira Santa); Ostersonntag (Páscoa); 25. April, Gedenktag der »Nelkenrevolution« (Dia da Liberdade); 1. Mai, Tag der Arbeit (Dia do Trabalhador); Pfingsten (Pentecostes); Fronleichnam (Corpo de Deus); 10. Juni, Portugaltag (Dia de Portugal); 15. August; Mariä Himmelfahrt (Assunção); 5. Oktober, Dia da Répu-

blica; 1. November, Allerheiligen (Todos-os-Santos); 1. Dezezmber, Gedenktag zur Unabhängigkeit von Spanien (Dia da Restauração); 8. Dezember, Mariä Empfängnis (Imaculada Conceição); 25. Dezember, Weihnachten (Natal)

Feste und Veranstaltungen
März: Moda Lisboa – Portugiesische Designer zeigen ihre aktuellen Kreationen. www.modalisboa.pt
April: Peixe em Lisboa – Hier dreht sich alles um den Fisch: www.visitlisboa.com;
Motorrad GP – www.motogp.com
April/Mai: IndieLisboa – Internationales Filmfestival der unabhängigen Szene. www.indielisboa.com
Mai: Procissão de Nossa Senhora de Saúde – Prozession in der Mouraria am Sonntag nach dem 4. Mai; Rock in Rio – Das Rockfestival findet alle zwei Jahre statt. http://rockinriolisboa.sapo.pt
Mai/Juni: Alcântara-Festival – Tanz- und Theaterfestival. www.alkantara.pt; Arraias – Straßen- und Stadtteilfeste während des gesamten Monats. www.festasdelisboa.com
Juni/Juli: Sintra Festival. Klassische Musik in den Schlössern von Sintra und in Queluz. www.cm-sintra.pt; Estoril Jazz Festival – Etabliertes Festival. www.projazz.pt; Cool Jazz Fest – Jazz in Oeiras. www.cooljazzfest.com
August: Jazz em Agosto – Internationales Festival. www.musica.gulbenkian.pt/jazz
September: Queer Lisboa: Internationales Schwulen- und Lesbenfilmfestival
Oktober: Rock 'n' Roll Lisbon Marathon. http://pt.competitor.com/pt/portugal/
November: Arte Lisboa – Internationale Kunstmesse. www.artelisboa.fil.pt

Geld/Währung

Die offizielle Währung ist der Euro. Bargeld lässt sich bequem am Automaten abheben.

Oben: Mit geschwellter Brust – das Denkmal der Entdeckungen
Mitte: Mit Nelken haben die Lisboetas gute Erfahrungen gemacht.
Unten: Lissabon ist ein Dorf – zumindest manchmal.

Gesundheit

Apotheken sind an Werktagen 9–13 und 15–19 Uhr und samstags von 9–13 Uhr geöffnet. Alle Apotheken geben, wenn sie geschlossen sind, an, wo die nächste 24-Stunden-Apotheke ist.

Klima/Reisezeit

In Lissabon ist der Winter sanft und der Sommer heiß, jedoch wegen der Nähe zum Meer erträglich. Im Frühling und im Herbst sind die Temperaturen mild und fallen gewöhnlich nicht unter den Gefrierpunkt. Vom Herbst bis in den Frühling gehört ein Regenschirm ins Reisegepäck. Das atlantische Wetter in der kühlen Jahreshälfte ist sehr unbeständig. Die angenehmsten Monate für einen Lissabon-Aufenthalt sind April bis Juni sowie September und Oktober.

Mietwagen

Meist ist es günstiger, von zu Hause oder vom Hotelzimmer aus einen Mietwagen über das Internet zu buchen. Mietwagenanbieter wie www.billiger-mietwagen.de oder www.check24.de bieten günstige Konditionen. Vor Ort finden sich die bekannten Anbieter wie Avis, Hertz, Europcar. Im günstigen Fall sind mit etwa 30 € pro Tag zu rechnen.

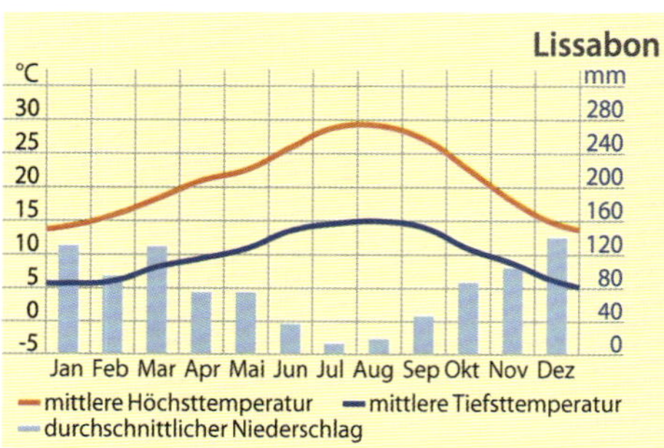

Oben: Bezahlbare Wohnungen sind rar und Häuser stehen leer – ein altbekanntes Problem.
Mitte: Taxi fahren ist günstiger als in Deutschland.
Unten: Macht keinen Dreck – Elektrofahrzeug für Touristen

Mietfahrräder

Bikeiberia. Hier bekommt man Räder für Stunden oder Tage. Es werden auch Radtouren angeboten. Largo do Corpo Santo 5, Tel. 21/347 03 47 oder Mobil: 969 630 369, www.bikeiberia.com,
Tejo Bike. Fahrradverleih im Parque das Nações, Passeio dos Heróis do Mar, Praça do Tejo, Tel. 21/192 28 44, www.tejobike.pt, Metro: Oriente

Notrufnummern

Polizei und Krankenwagen: 112
Touristenpolizei (bei Diebstahl): 21/342 16 34 oder 21/342 16 23
Kreditkartensperre: 0049/116 116

Öffentlicher Nahverkehr

Mit Bus, Metro und Trambahn (Eléctrico) ist man in Lissabon gut unterwegs. Neben Bahn und Bus gehören zum Verkehrsbetrieb *carris* auch die Standseilbahnen, die *elevadores* und der Aufzug Santa Justa. Es ist teurer, das Einzelticket an Bord zu lösen als ein Tages- oder Kombiticket zu kaufen.
Einzelticket Bus: 1,40 €, an Bord 1,80 €
Einzelticket Metro: 1,40 € (gültig 1 Stunde)
Einzelticket Eléctrico: 2,85 €
Bilhete diário/Via Viagem. Ist eine praktische Tageskarte, die man für alle Verkehrsmittel einsetzen kann. Man kauft sowohl die Karte als auch die Fahrten am Automaten und kann die Karte immer wieder aufladen. Sie kostet 0,50 €. Der Tagestarif ist 6 €. www.carris.pt, www.metrolisboa.pt
Lisboa Card. Neben vergünstigtem oder kostenlosem Eintritt in Museen und Sehenswürdigkeiten kann man mit der Karte auch den öffentlichen Nahverkehr nutzen. An einem Sonntag lohnt sie sich nicht, da an diesem Tag die meisten Museen umsonst sind. Man bekommt sie in den Tourismusbüros. Preise: 24 h: 18,50 € (4–15 Jahre: 11,50);

Oben: Praktisch und bequem: der Touristenbus
Unten: Macht Spaß – eine Fahrt mit der Elektrischen

48 h: 31,50 (4–15 Jahre: 15,50 €); 72 h: 39 € (4–15 Jahre: 20,50 €). www.visitlisboa.com

Fähren. Von den Stationen am Paço do Terreiro, dem Cais do Sodré und ab Belém legen die Fähren zur anderen Tejo-Seite ab. Tickets ab 1,20 € pro einfache Fahrt. www.transtejo.pt

Post

Die *correios* (Postämter) sind zwischen 9–18 Uhr an Werktagen geöffnet. Sie sind durch rote Schilder gekennzeichnet. Auch die Briefkästen sind rot. Die blauen Briefkästen sind für Expresssendungen, die ein höheres Porto erfordern.

Rauchen

In öffentlichen Gebäuden sowie in Hotels, Restaurants und Bars ist das Rauchen verboten.

Sicherheit und Polizei

Man kann sich in Lissabon relativ sicher bewegen, allerdings muss man sich vor Trickdieben in Acht nehmen. In der Metro, der Eléctrico und dort, wo viele Menschen unterwegs sind, muss man besonders aufpassen. Den Rucksack und die Handtasche nimmt man in unübersichtlichen Situationen besser vor den Körper. Wertsachen sind im Hotelsafe sicherer. Besonders in der Baixa und in der Alfama ist auf Caféterrassen Vorsicht geboten. Wenn es doch passiert ist, wendet man sich an die Touristenpolizei PSP im Palácio Foz an der Praça dos Restauradores, Tel. 21/342 16 34 oder 21/342 16 23.

Sprache

Neben Portugiesisch kann man sich in Lissabon in Geschäften, Hotels und Restaurants mit Englisch gut verständigen.

Oben: Die Stadt der sieben Hügel
Mitte: Die Stadt der kunstvollen Bodenpflaster
Unten: Die Stadt der Cafés und Pastéis

Stadtführungen

Lisbonwalker. Stadtführungen auch in Deutsch zu unterschiedlichen Themen. Treffpunkt ist das Reiterdenkmal auf der Praça do Comércio. Rua dos Remédios 84, Tel. 21/886 18 40, www.lisbonwalker.com, Metro: Terreiro do Paço

Bikeiberia. Stadttouren auf dem Fahrrad. Largo do Corpo Santo 5, Tel. 21/347 03 47 oder Mobil: 969 630 369, www.bikeiberia.com, Metro: Baixa-Chiado

Lisbon4you. Die Deutsche Claudia Rutschmann lebt seit 2004 in Lissabon und kennt die Geheimnisse der Stadt. Individuelle Spaziergänge zu Kunst, Kultur und Kulinarischem. info@lisbon4you.com, www.lisbon4you.com

Trinkgeld

Im Restaurant lässt man sich das Restgeld herausgeben und lässt 5–10 % der Rechnungssumme zurück. Bei Taxifahrten rundet man auf. Die Parkeinweiser und -wächter kann man mit 50 Cent für ihre Dienste entlohnen.

Umgangsformen

Die meisten Hauptstädter sind freundlich und oft zurückhaltend. Auf höfliche und rücksichtsvolle Umgangsformen sollte man als Besucher Wert legen. So ist es in Restaurants nicht üblich, sich einfach an einen freien Tisch zu setzen. Man wartet, bis der Kellner einen Tisch zuweist. Als unkultivierter Mitteleuropäer outet sich, wer an der Bus- oder Tramhaltestelle drängelt.

Zeit

In Portugal stellt man die Uhr eine Stunde zurück. Man gewinnt bei der Ankunft eine Stunde, während man bei der Rückkehr eine Stunde mehr einplanen muss. Portugal hat die Greenwich-Zeit (GMT).

Oben: Höflich und zurückhaltend: Eigenschaften, die vielen Portugiesen nachgesagt werden.
Mitte: Unverzichtbar nicht nur zum Café, sind Törtchen und Gebäck.
Unten: Lissabon ist jung und international.

Lissabon für Kinder und Jugendliche

ERLEBEN

Castelo de São Jorge. Natürlich macht so eine Burg Kindern großen Spaß. Während sich die Kleinen freuen, hoch oben auf dem Wehrgang entlangzuspazieren, rutscht den Eltern womöglich das Herz in die Hose. Will sagen, man muss schon aufpassen. Ein Erlebnis ganz anderer Art ist für den an Bildschirmen jeglicher Art geübten Nachwuchs die Projektion des Periskops, mit dem die Stadt wie durch Zauberei auf einer breiten Steinschale erscheint. März–Okt. tgl. 9–21, Nov.–Feb. bis 18 Uhr. Periskop: 10–17.30 Uhr, letzter Einlass 30 Min. vor Schließung. Eintritt: 7,50 €, Kinder unter 10 Jahren frei, Familienkarte 2 Erw. + 2 Kinder unter 18: 16 €, www.castelodesaojorge.pt, Tram: 12, 28, Bus: 37

Die Bahn des Elevador da Gloria in der Baixa

Eléctrico 28. In der wunderbaren alten Tram von Lissabon werden sogar Erwachsene wieder zu Kindern. Eine schaukelnde Fahrt durch steile Gassen, und die Kleinen werden auf ewig Befürworter von öffentlichen Verkehrsmitteln werden. Einzelticket 2,85 €, Tagesticket 6 €, www.carris.pt

Parque das Nações. Auf dem ehemaligen Expogelände lässt sich einiges mit Kindern unternehmen. Nicht nur das Oceanário lockt. Eine Fahrt in der Gondelbahn, der Telecabine, ist ein Erlebnis. Je nach Jahreszeit zwischen 10.30 und 11 bis 18, 19 und 20 Uhr. Einfache Fahrt 4, Hin- und Rückfahrt 6 €. 5–14 Jahre 2/3,50 €. Bei Tejobike, die mehrere Leihstationen auf dem Gelände haben, kann man sich Fahrräder, Kinderräder und Gokarts ausleihen. www.tejobike.pt, www.parquedasnacoes.pt. Metro: Oriente

LERNEN

Lisboa Story Center. Kinder ab etwa ca. acht Jahren können mit der Multivisionsshow über die Geschichte Lissabons sicher schon etwas anfangen. Alles wird anschaulich und einfach präsentiert. Tgl. 10–20 Uhr, letzter Einlass 19 Uhr, Terreiro do Paço, nº 79 a 81, Eintritt: 7 €, 6–15 Jahre: 3 €, www.visitlisboa.com, Metro: Terreiro do Paço

Planetario Gulbenkian. Die Kindervorführung *Sessão Infantil* ist auf Portugiesisch, das schon, aber der leuchtende und sich drehende Sternenhimmel ist auch mit dieser Einschränkung ein Erlebnis. So. 11.30 Uhr, Eintritt frei, Praça do Império, Belém, www.planetario.online.pt, Tram: 15

MUSEEN

Museu da Carris. Erst fährt man mit einer 100 Jahre alten Tram über das Werksgelände, dann kann man sich alte Doppeldeckerbusse und Straßenbahnen anschauen. Zum Teil darf man auch hineingehen und so tun, als würde man durch die Stadt fahren. Rua 1° de Maio 103, Mo–Fr 10–17 Uhr, Sa 10–13 und 14–17 Uhr, Eintritt: 3 €, 5–12 Jahre: 2 €, www.carris.pt, Tram: 15, 18

Museu do Oriente. Die Sammlung der Götter Asiens (Deuses da Ásia) ist derart überraschend und anregend, dass sie weder Kinder noch Erwachsene kaltlässt. Geheimnisvolle Masken und Figuren, magische Ritualgegenstände leuchten aus dem Dunkel auf. Avenida de Brasília, Doca de Alcântara (Norte), Di–So 10–18 Uhr, Fr bis 22 Uhr, Eintritt: 5 €, 6–12 Jahre: 2 Euro, Familienkarte 2 Erw. + 3 Kinder: 12 €, www.museudooriente.pt, Tram: 15 E, 18 E

Museu da Marioneta. Figuren und Masken, Scherenschnitttheater aus mehreren Jahrhunderten und Kulturen. Kasperl und Seppel sind natürlich auch dabei, und damit es nicht allzu akademisch beziehungsweise museal wird, werden auch Aufführungen auf Monitoren gezeigt. Live-Aufführungen zu unterschiedlichen Terminen. Convento das Bernardas /Museu da Marioneta. Rua da Esperança 146, Di–So 10–13 und 14–18 Uhr, Eintritt: 5 €, 6–12 Jahre: 3 €, Familienkarte 2 Erw. + 2 Kinder: 12 €, Tel. 21/394 28 10, www.museudamarioneta.pt, Tram: 25

TIERE

Borboletário. Man bekommt sie ja nicht zu fassen, und das soll man hier auch nicht. Aber man ist den Schmetterlingen im Jardim Botânico doch ganz nah. Im Schmetterlingshaus zeigen einem die Mitarbeiter, an welchen Blättern sich die Raupen verpuppt haben oder was da gerade über den Köpfen flattert. Borboletário, im Jardim Botânico, Rua da Escola Politécnica 58, Mo–Fr 9–18, Sa/So 10–18, Apr.–Okt. jeweils bis 20 Uhr, Eintritt: 2 €, Kinder 1 €, www.jb.ul.pt, Metro: Rato

Jardim Zoológico. Über 2000 Tiere leben im Zoo von Lissabon. Der hat schon vor über einhundert Jahren geöffnet und vielen Kindern glückliche Stunden beschert. Auf dem Gelände gibt es auch ein Karussell und eine Gondel, die über den Zoo schwebt. Der Tierpark liegt zwar etwas außerhalb des Zentrums, mit der Metro ist man aber schnell und unkompliziert da. Estrada de Benfica 158–160, Mitte März–Mitte Sept. 10–20 Uhr, Eintritt: 18 Euro (Kinder 3–11 Jahre: 12,50 €), www.zoolisboa.pt, Metro: Jardim Zoológico

Oceanário. Das riesige Meereswasseraquarium ist vor allem am Wochenende ein beliebtes Ausflugsziel für Lissabonner Familien. Schauen, wie Pinguine leben, oder die Haifische bewundern, wie sie elegant und mühelos durchs Wasser sausen oder überhaupt einmal einen Blick in die mitunter seltsame und faszinierende Welt der Meerestiere werfen – hier geht das. Doca dos Olivais, Parque das Nações, tgl. 10–20, im Winter bis 19 Uhr, Eintritt: 13 € (einschl. Sonderausstellung 16 Euro, Kinder 4–12 Jahre: 9/11 €), www.oceanario.pt, Metro: Gare do Oriente

Junge Leute spielen Fußball am Strand von Tamariz mit dem Estorilschloss im Hintergrund.

Kleiner Sprachführer

AUSSPRACHE

ão wie ein nasales au
c wie k vor a, o und u wie ss vor e und i
ç wie ss
es am Anfang wie isch
g wie g vor a, o und u wie sch vor e und i
h stumm
j wie sch
lh wie lj
nh wie nj
o wie u
s wie sch vor Konsonant, wie s vor Vokal

ALLGEMEIN

ja/nein sim/não
bitte se faz favor
danke obrigado (m)/ obrigada (f)
Entschuldigen Sie! Desculpe!
Darf ich ...? Posso ...?
Wie bitte? Como?
Ich möchte ... Queria ...
Haben Sie ...? Tem ...?
Wie viel kostet ...? Quanto custa ...?
Das gefällt mir (nicht). (Näo) gosto disto
gut/schlecht bem/mal
viel muito
zu viel demais
wenig pouco
alles/nichts tudo/nada
teuer/billig caro/barato
mehr/weniger mais/ menos
Hilfe! Socorro!
Achtung! Atencão!
Krankenwagen ambulância
Polizei policia
Feuerwehr bombeiros

BEGRÜSSUNG

Guten Morgen/Tag! Bom dia!
Guten Abend! Boa tarde!
Gute Nacht! Boa noite!
Hallo! Olá!
Auf Wiedersehen! Adeus!
Tschüß! Cião!

UNTERWEGS

offen aberto
geschlossen fechado
Eingang/Einfahrt entrada
Ausgang/Ausfahrt saída
Abfahrt/Abflug partida
Ankunft chegada
Toiletten sanitários
Damen senhoras
Herren senhores
Wo ist ...?/Wo sind ...? Onde é ...? Onde são ...?
links à esquerda
rechts à direita
geradeaus em frente
zurück atrás
nah perto
weit longe
Bus autocarro
Straßenbahn eléctrico
Taxi taxi
Haltestelle/Taxistand paragem
Parkplatz estacionamento
Parkhaus auto-silo
Bahnhof estaçao
Hafen porto
Flughafen aeroporto
Fahrschein bilhete
einfach/hin und zurück só ida/ida e volta
Zug comboio

ESSEN UND TRINKEN

Haben Sie einen freien Tisch? Tem uma mesa livre?
Die Speisekarte bitte. A ementa, se faz favor.
Mittagessen almoço
Abendessen jantar
Teller prato
Serviette guardanapo
Halbe Portion meia-dose
Flasche garrafa
Glas copo
Messer faca
Gabel garfo
Löffel colher
mit/ohne Eis com/sem gelo
mit/ohne Kohlensäure com/sem gás
Vegetarier(in) vegetariano/-a
Allergie alergia
Guten Appetit! Bom proveito!
Prost! Saúde!
Ich möchte zahlen, bitte. A conta, se faz favor.
Alles zusammen tudo junto
Salz sal
Pfeffer pimenta

Zucker açúcar
Essig vinagre
Öl azeite
Milch leite
Suppe sopa/caldo
Meeresfrüchte mariscos
Fisch peixe
Fleisch carne
Gemüse legume
Reis arroz
Kartoffeln batatas
Pommes frites batatas fritas
Nachspeise sobremesa
gebraten assado
medium médio
gut durch bem passado
gekocht cozido
geschmort estufado
frittiert frito
gegrillt grelhado/na brasa
aus dem Ofen no forno
Wasser água
Bier cerveja
Wein vino
Tee chá
Kaffee (Espresso) café/bica

ÜBERNACHTEN

Können Sie mir ein Hotel empfehlen? Seria possível recomendar-me um hotel?
Pension pensão
Wir haben ein Zimmer reserviert. Reservámos um quarto
Kann ich das Zimmer sehen? Posso ver o quarto?
Haben Sie ein Doppelzimmer? Tem un duplo?
... ein Einzelzimmer um quarto individual
... mit eigenem Bad com casa de banho privativa
... mit Frühstück com pequeno almoço
Halbpension meia pensão
Internetzugang accesso à internet
Gepäck bagagem
Ich möchte noch einen Tag bleiben. Queria ficar mais um dia
Ich möchte auschecken. Queria sair se faz favor
Rechnung factura

GESUNDHEIT

Ich fühle mich nicht gut. Não me sinto bem
Können Sie mir einen Arzt empfehlen? Pode indicar-me un bom médico?
Ich habe Zahnschmerzen. Tenho dores de dentes
Ich habe Kopfschmerzen. Tenho dores de cabeça
Es tut mir hier weh. Dói-me aqui
Wo ist eine Apotheke? Onde fica uma farmácia?
Pflaster emplasto
Kopfschmerztabletten comprimidos para dores de cabeça
Kondome preservativos
Tampons tampões

WOCHENTAGE UND ZEITANGABEN

Montag segunda-feira
Dienstag terca-feira
Mittwoch quarta-feira
Donnerstag quinta-feira
Freitag sexta-feira
Samstag sábado
Sonntag domingo
heute hoje
morgen amanhã
gestern ontem
Stunde hora
Minute minuto
Tag dia
Nacht noite
Woche semana
Monat mes
Jahr ano

ZAHLEN

0 zero
1 um, uma
2 dois
3 tres
4 quatro
5 cinco
6 seis
7 sete
8 oito
9 nove
10 dez
20 vinte
21 vinte e um
100 cem
200 duzentos
1000 mil

1/2 um meio
1/4 um quarto

A Ginjinha 49
A Licorista 112
Acácias 271
Alcãntara 198
Alfama 13, 138, 150, 156
Anjuda 248
Aquädukt Áquas Livres 91, 128
Arcada, Martinho da 112
Azulejo-Kunst 179, 181

Bairro Alto 18, 24, 46, 56
Baixa 32, 160, 186
Baixa Pobalina 37
Barreiro 41
Basílica da Estrela 102, 116
Belém 15, 210
Benfica 167
Bica 96
biCas 239
Boca do Infero 240
Borboletário des Jardim Botânico 93
Burg São Jorge 24

Cabo Raso 239
Cabral, Pedro Álvares 211, 232
Cais das Colunas 41
Cais do Sodré 96
Calouste Sarkis Gulbenkian 172
CAM 176
Campo de Santa Clara 161
Campo Mártires da Pátria 56
Campo Pequeno 168
Capitólio 94
Casa Suiça 50
Casa-Museu Dr. Anastácio Gonçalves 166
Casa-Museum Amália Rodrigues 114
Cascais 238, 243, 270
Castelo de São Jorge 47, 80, 134, 140, 146
Catelo dos Mouros 254
CCB 228
Cemitério dos Ingeses 106
Cemitério dos Prazeres 104, 106
Centro Cultural de Belém (CCB) 212, 228
Centro de Arte Moderna 168
Chafariz d'El Rei 139
Chiado 24, 62
Colecção Berardo 70
Convento dos Capuchos 254
Costa da Caparica 270
Costa de Prata 267
Castelo dos Mouros 250

Einkaufszentrum Armazéns do Chiado 66
Elevador de Santa Justa 46
Ericeira 267
Ermida de São Jerónimo 233
Eschwege, Wilhelm Ludwig von 263
Estádio da Luz 167
Estádio José de Alvadale 167
Estoril 238, 270

Fado 10, 134
Fado-Musik 114, 155
Fleming, Ian 21
Fonte da Telha 271
Fundação Arpad Szenes-Vieira da Silva 103
Fundaçao Gulbenkian 172

Gare do Oriente 186, 188
Graça 135
Gulbenkian-Stiftung 70

Hauptbahnhof 50
Heinrich der Seefahrer 211, 214
Heinrich von Burgund 14
Hieronymuskloster 8, 186

Igreja da Graça 160
Igreja de Santa Engrácia 160
Igreja de Santa Maria Maior 151
Igreja de São Roque 78, 116
Igreja do Carmo 47, 67
Igreja dos Mártires 67

Jardim Botânico 81, 92
Jardim Botânico da Ajuda 208
Jardim Botânico Tropical 211
Jardim das Amoreiras 103
Jardim do Campo Grande 168
Jardim do Príncipe Real 90

Kapelle Nossa Senhora dos Remédios 139
Kapelle São João Baptista 85
Kathedrale Sé 116
Kathedrale Sé Patriarcal 143, 150
Kirche Mare de Deus 180
Kirche Santa Engrácia 115
Kloster São Vicente de Fora 139
Königin Maria I. 116
Königspalast 251
Lapa Palace 122
Largo do Carmo 47
Lindaraja-Garten 260
Lisboa Card 247
Lisboa Story Center 44
Lopes, Fátimar 77
Loreto-Kirche 67
Ludwig, Johann Friedrich 89

Mãe d'Áqua 128
Manuelischer Baustil 16
Manuelische Formsprache 134

Marionettenmuseum 107
Medos 271
Miradouro de Nossa Senhora do Monte 135
Miradouro de Santa Luzia 139
Monographisches Museum 170
Mosteiro dos Jerónimos 220
Mouraria 11, 52, 155
Mudéjar-Stil 134
Museu Arqueológico do Carmo 63
Museu Coleção Berardo 229
Museu da Cidade 10, 170
Museu Condes de Castro Guimarães 239
Museu da Marinha 226
Museu de Água 129
Museu de Arte Popular 212
Museu de Artes Decorativas 139
Museu de Carris 199
Museu de Farmácia 97
Museu do Brinquedo 252
Museu do Chiado 70
Museu Macau 200
Museu Nacional de Arqueologia 222
Museu Nacional de Arte Antiga 70, 107, 118
Museu Nacional de História Natural (MNHN) 93
Museu Nacional do Azulejo 10, 180
Museu Nacional dos Coches 214, 216
Museu Palácio Nacional da Ajuda 203
Museum da Água 103
Museum de Macau 16
Museum do Oriente 16
Museum Militar 139

Nelkenrevolution 43, 67
Nossa Senhora da Luz 244

Odysseus 13
Oliveira Salazar, António de 18
Opernhaus São Carlos 67

Paço Real 256
Padrão dos Descobrimentos 214
Palácio da Pena 254
Palácio das Necessidades 203
Palácio de Montserrate 258
Palácio de Regaleira 257
Palácio de São Bento 106
Palácio dos Marqueses 178
Palácio Ludovice 89
Palácio Nacional da Ajuda 202, 209
Palácio Nacional de Mafra 89, 266
Palácio Nacional de Queluz 249
Palácio Nacional de Sintra 256
Palácio von Belém 203
Pantheon 161
Parlamentsgebäude 106
Parque da Liberdade 251
Parque das Nações 185
Parque Eduardo VII. 60
Parque Mayer 94
Pavilhão de Portugal 188
Pavilhão do Conhecimento 189
Pessoa, Fernando 111
Pombal, Marquês de 17, 36
Ponte 25 de Abril 234, 270
Ponte Vasco da Gama 186
Praça da Figueira 33, 48
Praça de Touros 169
Praça do Comércio 32, 40, 117
Praia da Conceição 242
Praia do Guincho 243

Quelez 246
Quinta da Regaleira 252

Real Barraca 203
Rossio 23, 48
Rua da Atalaia 77
Rua da Prata 37
Rua das Portas de Santo Antão 55
Rua do Carmo 62
Rua Garrett 62
Rubens 34

Sachen-Gotha, Ferdinand von 262
Saramago, José 143
Serra de Sintra 251, 263
Silberküste 267
Sintra 250
Solar da Alegria 114
Spielzeugmuseum 252
Sporting Clube de Portugal 167
Surfreviere 243

Tapada das Necssidades 107
Tejo 34
Terras da Costa 271
Terreiro do paço 40, 42
Theater São Luíz 67
Tivoli Palácio de Setaeis 254
Tizian 34
Torre de Belém 232

U/V/W
Ulysses-Turm 146
Vasco da Gama 43, 211, 220, 232
Wassermuseum EPAL 91

Yellow Bus 37

Unser komplettes Programm:

www.bruckmann.de

Produktmanagement: Carina Jungchen-Wenzlick, Ulrich Jahn
Lektorat: Karin Weidlich, München
Korrektorat: Anke Höhne, München
Layout: graphitecture book & edition
Umschlaggestaltung: Ulrike Huber, Kolbermoor
Repro: Repro Ludwig, Zell am See
Kartografie: Kartographie Huber, München
Herstellung: Bettina Schippel
Printed in Slovenia by Korotan, Ljubljana

Alle Angaben dieses Werkes wurden vom Autor Lothar Schmidt sorgfältig recherchiert und auf den aktuellen Stand gebracht sowie vom Verlag geprüft. Autor der Textteile »40 Mosteiro dos Jerońimos«, »43 Torre de Beleḿ« und »44 Cascais und Estoril« ist Christoph Pfaff. Für die Richtigkeit der Angaben kann jedoch keine Haftung übernommen werden. Für Hinweise und Anregungen sind wir jederzeit dankbar. Bitte richten Sie diese an:

Bruckmann Verlag
Postfach 40 02 09
80702 München
E-Mail: lektorat@verlagshaus.de

Bildnachweis:
Alle Bilder im Innenteil und auf dem Umschlag stammen vom Fotografen Holger Leue, außer Lothar Schmidt: S. 6u., 7u. und 2. von u., 55u., 103, 107, 108, 114o. und u., 125, 168u., 171o., 181, 200o., 211u., 229, 239, 243u., 250o., 256o., 257u., 258u., 261u., 266o. und u., 267, 268o. und u., 269, 270o.

Umschlag:
Vorderseite:
Die pompöse Kirche St. Vicent leuchtet weiß über der Stadt. (© shutterstock/prochasson frederic)
Mitte links: Der Straßenmusiker Wilfredo Mergner spielt mit seiner Gitarre Fado-Musik.
Mitte rechts: Die Electrico 28 fährt an der Kathedrale in der Alfama vorbei.

Rückseite:
Links: Azulejo am Pavilhao Carlos Lopes im Park Eduardo VII.
Rechts: Die Brücke Ponte 25 de Abril über den Fluss

Sie sind auf der Suche nach weiterführender Reiseliteratur? Dann empfehle ich Ihnen den Titel «Highlights Andalusien« und «Mallorca – Zeit für das Beste« von Lothar Schmidt. Hier werden Sie bestimmt fündig für Ihre nächste Reise.

Die Deutsche Nationalbibliothek verzeichnet diese Publikation in der Deutschen Nationalbibliografie; detaillierte bibliografische Daten sind im Internet über http://dnb.d-nb.de abrufbar.

© 2013 Bruckmann Verlag GmbH
ISBN 978-3-7654-6074-6